Heinz A. Richter

Aspekte griechischer Geschichte im II. Weltkrieg

PELEUS

STUDIEN ZUR
GESCHICHTE GRIECHENLANDS UND ZYPERNS
HERAUSGEGEBEN VON HEINZ A. RICHTER

BAND 115

HARRASSOWITZ VERLAG WIESBADEN
IN KOMMISSION

VORMALS VERLAG FRANZ PHILIPP RUTZEN
WWW.RUTZEN-VERLAG.DE

Heinz A. Richter

ASPEKTE GRIECHISCHER GESCHICHTE IM II. WELTKRIEG

2022

HARRASSOWITZ VERLAG · WIESBADEN
IN KOMMISSION

PELEUS
Studien zur Archäologie und Geschichte Griechenlands und Zyperns
Herausgegeben von Heinz A. Richter
Band 115

Umschlagvignetten:
Umschlagbild: Staatswappen
Gegenüber Titelblatt: Innenbild einer Schale des Peithinosmalers, Berlin, Pergamonmuseum
(CVA Berlin 2, Taf. 61).

Bibliografische Information der Deutschen Nationalbibliothek
Die Deutsche Nationalbibliothek verzeichnet diese Publikation in der Deutschen
Nationalbibliografie; detaillierte bibliografische Daten sind im Internet
über http://dnb.d-nb.de abrufbar.

Bibliographic information published by the Deutsche Nationalbibliothek
The Deutsche Nationalbibliothek lists this publication in the Deutsche
Nationalbibliografie; detailed bibliographic data are available in the internet
at http://dnb.d-nb.de

www.harrassowitz-verlag.de

ISBN 978-3-447-11852-1
ISSN 1868-1476

INHALT

Die politische Kultur Griechenlands   7

Der 6-Wochen Mythos: Marita, Merkur und Barbarossa   10

Aufteilung in Besatzungszonen und die Hungersnot   17

Die Georg Eckert Gruppe: Deutscher Sozialdemokratischer
Widerstand im besetzten Griechenland   22

Giorgios Dimitrakos: Resistance-Kämpfer, Humanist, Europäer und Erzieher   44

Max Merten: Der angebliche Kriegsverbrecher   70

Reparationen: Griechenlands kontinuierliche Staatsdefizite   85

Die Besatzungsanleihe   92

Felmy und Lanz und die Rettungen von Athen und Epirus   103

Bibliographie   119

Namensindex   123

Ich widme dieses Buch meinem alten Freund

HANS HUMMEL

in Dankbarkeit für seine lebenslange Freundschaft

Die politische Kultur Griechenlands

Wer immer sich mit griechischer Politik befasst, gelangt sehr rasch zur Erkenntnis, dass westeuropäische Kategorien and Theorien, ja sogar westliche Denkstrukturen in Bezug auf das Gemeinwesen in Griechenland nur sehr bedingt gelten. Der erste Kommandeur der britischen Militärmission bei den griechischen Partisanen, Brigadier Myers, beschrieb dieses Phänomen militärisch knapp: *"The Greeks are Asiatic. One cannot judge them by European standards."* Natürlich waren die Griechen keine Asiaten, aber jeder Kenner der griechischen politischen Kultur, wird bestätigen, dass der zweite Teil von Myers' Aussage richtig ist. Wenn die Griechen aber weder Asiaten noch Europäer sind, was sind sie dann? Der Führer einer der Widerstandsbewgungen im Zweiten Weltkrieg, Komninos Pyromaglou, brachte dies auf die aphoristische Formel: *"Die modernen Griechen sind Philhellenen auf der Suche nach ihrer Identität."* So richtig und geistreich diese Sentenz auch ist, in unserem Zusammenhang stürzt sie uns nur in ein neues Dilemma. Es ist daher vielleicht am besten, nach einigen Axiomen der griechischen politischen Kultur zu suchen.[1]

Der Auslandskorrespondent der Sunday Times, David Holden, zeigt in seinem Buch "Greece without Columns", wie alle Autoren, die über das moderne Griechenland schreiben, gezwungen sind, bis ins antike Hellas zurückzukehren: *"If we ask, for example, whether Greece is a 'western' or an 'eastern' country we are obliged to admit that it is a bit of both. Three thousand years ago, when Greek life evolved from the oriental patterns of Egypt, Mesopotamia, Anatolia and the Levant, it gradually acquired what we recognize as in some ways a 'western' character, developing among other things those capacities for natural observation, clear description and precise classification that are still accepted as the distant roots of western science and western rationalism. But 1,000 years of Byzantine and four centuries of Turkish rule re-emphasized the oriental heritage. When Greece was reborn in 1832 in the form of a modern nation-state there was, in consequence, a fundamental ambiguity about her entire national character."*[2]

Es ist verblüffend, wie viele Aspekte des heutigen politischen Lebens Griechenlands - insbesondere Athens - antike Parallelen haben. Nach wie vor nimmt der Grieche leidenschaftlichen Anteil an der Politik. Die Ereignisse werden eifrig diskutiert, aber oft sind die lebhaften rhetorischen Auseinandersetzungen bar jeder Vernunft und geschehen nur um ihrer selbst willen oder zum Spaß an der Demagogie oder Verleumdung. Hass auf jede Art von Despotie und extreme Freiheitsliebe, aber Unfähigkeit zur Errichtung einer stabilen demokratischen Regierungsform

Dies ist erstaunlich, wenn man den Weg der Griechen mit dem ihrer westeuropäischen EU-Partnern vergleicht. Das westeuropäische Katholische Mittelalter, die Renaissance, die Reformation, die Aufklärung und die bürgerliche Revolution fanden in Griechenland nicht statt, Bis ins 15. Jahrhundert war Griechenland ein Teil des byzantinischen Reiches, erlebte aber danach eine vierhundertjährige Türkenherrschaft. Aus dem antiken selstbewussten Bürger der Polis, dem Ellin, wurde der gehorsame Untertan, der Romios. So enstand jene eigentümliche, spannungsreiche und widersprüchliche Verbindung von europäischen und orientalischen Traditionselementen, welche die griechische Mentalität nachdrücklich geprägt hat.

---

[1] Die Darstellung folgt Heinz A. Richter, "Zwischen Tradition und Moderne: Die politische Kultur Griechenlands!, in: Peter Reichel (ed.), *Politische Kultur in Westeuropa. Bürger und Staaten in der Europäischen Gemeinschaft* (Bonn: Bundeszetrale, 1984), pp. 145-166

[2] David Holden, Greece without Columns. The making of the modern Greeks. (London: Faber & Faber, 1972), p. 28

Wer annahm, dass der griechische Nationalstaat Anschluss an die europäische Staatenwelt mit einer eigenständigen Entwicklung finden würde, täuschte sich gewaltig. Vielmehr wurde Griechenland ein Protektorat seiner Schutzmächte, die beständig intervenierten. Die nach der Verselbständigung entstehenden Parteien wurden Klientelverbände politischer Führer und ihrer ausländischen Schutzmächte. Diese Entwicklung ging bis in die Gegenwart weiter.

Die Einflussnahme der ausländischen Schutzmächte wurde zu festen Bestandteil des politischen Systems. Die Griechen haben für dieses Phänomen die Bezeichnung O Xenos paragontas - der ausländische Faktor. Es gab im 19. und auch im 20. Jahrhundert nur wenige politische Entscheidungen oder Veränderungen, die nicht durch diesen Faktor beeinflusst wurden. Die "Schutzmacht" interessierte sich grundsätzlich für alle Aspekte der griechischen Politik: seien es Außenpolitik, die Staats- oder Regierungsform, die klientelistischen Führer der Politik, der Wirtschaft, des Arbeitslebens oder des Militärs. Der amerikanische Historiker und Politologe Theodoros Couloumbis unterscheidet dabei drei Arten von Einmischung: structural, manipulative and perceived.[1]

Zurecht bezeichnet Coloumbis den Klientelismus als zentrales Element der griechischen Politik.Während der osmanischen Herrschaft war es üblich, dass der Ranghöchste des Dorfes sich zugunsten seiner Mitbürger bei den staatlichen Stellen verbürgte, was dessen Ansehen, seine Macht und seinen Reichtum erhöhte. Als Gegenleistung konnte der Beschützer die Anhänglichkeit der Beschützten erwarten. In der osmanischen Zeit schützte dieses System die Individuen vor Übergriffen der osmanische Machtträgern.

Nach 1821 wandelte sich dieses System radikal, denn von nun an diente es dazu, das Individuum in das politische System einzubinden. Die bisherigen Beschützer begannen sich als Parteiführer in die Politik zu mischen, wobei sie ihrerseits zu Klienten der Schutzmächte wurden. Von an gab es eine "russische", "französische" und die "englische" Partei. Im Verlauf der 19. Jahrhundert entstand so ein ausgeklügeltes System aus Favoritismus, Nepotismus und rousfetia (Gefälligkeiten), das die Klientel zusammenhielt. Der Staat wurde dabei zum Ausbeutungsobjekt der Klientelchefs: Postenschacher, Ämterpatronage, Korruption, Korrumpierung der Verwaltung, der Justiz und des Militärs waren natürliche Folgen. Der Kauf von Wählerstimmen und die Fälschung von Wahlen waren an der Tagesordnung.

Ende des 19. Jahrhundert war das Land von Klientelnetzen rivalisierender Parteiführer überzogen. Der jeweils gewählte Abgeordnete wurde zum Lehnsherrn seines Wahlkreises. Die so entstehenden Parteien kannten keine innerparteiliche Demokratie. Der jewilige Parteiführer bestimmte selbstherrlich den Kurs. Konflikte innerhalb einer Partei führten zu Abspaltung ganzer Klientelnetze und letztlich zur Fraktionalisierung. Der griechische Wähler stimmte nicht für eine Partei, sondern gegen die Partei, die ihm in der Vergangenheit den rousfeti (Gefallen) nicht getan hatte.

Auch im 20. Jahrhundert änderte sich daran kaum etwas. Als im Gefolge der kleinasiatischen Katastrophe die Großgrunbesitzeroligarchie ihre Macht verlor, entstanden zwei konkurrierende bürgerliche Parteien: die konservativen Populisten und die liberalen Venizelisten mit jeweils Untergruppierungen. Auch nach Errichtung der Republik blieb das Klientelsystem erhalten, ja, es wurde noch ausgebaut und die Armee hineingezogen. Das Ergebnis war ein politisches Chaos. In den Jahren zwischen 1924 und 1928 erlebte Griechenland 11 Regierungen, 3 Wahlen, 11 Pronunciamentos und eine Militärdiktatur (Pangalos). Angesichts diess politischen Chaos war es kein Wunder, dass die Masse der Wähler sich von der Republik abwandte

---

[1]   Theodore Couloumbis, et al., *Foreign Interference in Greek Policis. Historical Perspective* (New York: Pella, 1976), pp. 61-71

und in die politische Apathie flüchtete. Die erste griechische Republik scheiterte an ähnlichen Gründen wie in Deutschland die Republik von Weimar - am Mangel an systembejahenden Kräften. Die einzige moderne Kraft, die ähnlich, wie in der Türkei Atatürks, eine innovative Rolle hätte spielen können, nämlich die Armee, ließ sich in die Querelen der Tagespolitik hineinziehen und wurde dadurch zum Opfer ihrer eigenen Intrigen. Das Resultat war die Restauration der Monarchie von 1935 und die faschistische Diktatur vom 4. August 1936.

Das Regime des Diktators Metaxas bemühte sich zwar, seine italienischen und deutschen Vorbilder bis ins Detail zu kopieren, tatsächlich aber war es eine radikalen Fortsetzung des alten Klientelsystems. Metaxas selbst erläutert dies in seinem Tagebuch: "*Griechenland erhielt am 4. August eine antikommunistische Herrschaft, eine antiparlamentarische Herrschaft, eine totalitäre Herrschaft, eine Herrschaft auf der Basis der Bauern und Arbeiter und folglich eine antiplutokratische Herrschaft. Gewiss es hatte keine besondere Staatspartei, aber das ganze Volk war Partei, außer den unverbesserlichen Kommunisten und den reaktionären Anhängern der 'Alten Parteien'.*"[1] Das vorhandene Klientelsystem wurde ganz einfach auf den "Führer" (archigos) ausgerichtet, die Schaffung einer Massenpartei wäre geradezu systemfremd gewesen. Wäre Griechenland 1940 nicht das Opfer des italienischen Angriffs geworden, hätte es leicht das Schicksal Spaniens oder Portugals erleiden können.

Nach dem Zweiten Weltkrieg und dem Bürgerkrieg wurde das Klientelsystem in allen Einzelheiten wiederbelebt. Als es Mitte der sechziger Jahre durch Georgios Papandreou in Frage gestellt wurde, intervenierte wieder die Armee und errichtete erneut ein faschistisches Regime. Die zypriotische Katastrophe von 1974 beendete zwar die Diktatur, das Klientelsystem erwies sich jedoch als äußerst zählebig. Der Machtwechsel zur Opposiion im Jahre 1981 erfolgte u.a. auch dadurch, dass es Andreas Papanderou gelang, ein eigenes Klientelnetz aufzubauen, in die bisherigen Klientelnetze einzubrechen und seinen Konkurrenten die Klientel wegzulocken. Die PASOK ähnelte weit mehr einer traditionellen griechischen Klientelpartei, als einer westeuropäischen Partei, Die konservative Nea Dimokratia ist ganz und gar eine traditionelle Klientelpartei. Am ganzen klientelistischen System hat sich bis heute kaum etwas geändert, und dies macht es nach wie vor schwierig für Nicht-Griechen, es zu begreifen.[2]

---

[1] Ioannis Metaxas, *To prosopo tou imerologio*, Vol. IV (Athens, 1960), p. 553
[2] Heinz Richter, "Another type of European democracy: the political culture of Greece", in: Idem, *Greece in the 20th Century. Collected articles* (Wiesbaden: Harrassowitz, 2021), pp. 8-12

DER 6-WOCHEN MYTHOS

MARITA, MERKUR und BARBAROSSA

Viele Griechen sind auch heute noch der Überzeugung, dass weil sie sich sechs Wochen tapfer gegen Hitler verteidigt hätten, dieser deshalb den Krieg verloren hätte, weil er den Russlandfeldzug erst sechs Wochen später beginnen konnte, weshalb er Moskau nie erobern konnte. Die Kämpfe und Eroberung Griechenlands und die Kretas seien kriegsentscheidend gewesen. Niemand weiß in Griechenland, dass zwischen den beiden Operationen vier kampf-freie Wochen lagen. Genauso unbekannt ist, dass die Operationen *Marita* (Griechenland) und *Barbarossa* (Russland) etwa zur selben Zeit Ende 1940 geplant wurden. Hitler unterzeichnete am 13. Dezember 1940 die Weisung Nr. 20, das Unternehmen *Marita*, den Angriff auf Grie-chenland. Am 18. Dezember erfolgte die Unterzeichnung der Weisung Nr. 21, die Operation *Barbarossa*, den Angriff auf die Sowjetunion.[1] *Marita* sollte im März oder April 1941 begin-nen, Die Vorbereitungen für *Barbarossa* sollten Mitte Mai abgeschlossen sein.

Die Ziele beider Operationen waren grundverschieden. Hitler wollte durch Barbarossa rus-sisches Gebiet erobern und annektieren. Der Angriff auf Griechenland sollte letzlich Musso-lini helfen, denn die griechische Armee hatte die italienische nach dem Angriff auf Grie-chenland weit in Albanien zurückgeworfen und Mussolini drohte eine endgültige Niederlage. Die Eroberung Griechenlands durch die Wehrmacht hatte außerdem den Zweck, britische Luftangriffe auf die rumänischen Ölfelder bei Plöesti zu verhindern, die für Hitler kriegsent-scheidend waren. Durch die Operation *Barbarossa* sollte Lebensraum gewonnen werden. Griechenland stand nicht auf Hitlers Expansionsfahrplan. Durch die Operation *Marita* sollten die rumänischen Ölfelder geschützt und letztlich die Flanke der Operation *Barbarossa* gegen britische Angriffe gesichert werden.

Um die Operation Marita durchführen zu können, mussten Jugoslawien und Bulgraien auf der deutschen Seite stehen, denn Griechenland konnte nur angegriffen werden, wenn diese beiden Staaten auf deutscher Seite standen. Nur dann konnte der Angriff auf Griechenland er-folgreich sein. Dies traf besonders auf Bulgarien zu, denn die griechische Grenze war gegen dieses Land durch die sog. Metaxas-Bunkerlinie gesichert.[2] Um diese Befestigungslinie zu überwinden waren große Mengen an Infanterie nötig. Solange Jugoslawien auf der britischen Seite war, konnte Griechenland erfolgreich verteidigt werden. Panzereinheiten konnten gegen diese Linie, die auf dem Grenzgebirge lief, nicht eingesetzt werden.

Am 29. Januar wurde entschieden, dass der Einmarsch in Bulgarien frühestens Ende Fe-bruar beginnen sollte. Der Angriff auf Griechenland sollte erst Anfang April beginnen, wenn der Schnee in den Balkan-Bergen geschmolzen war. Am 1. März trat Bulgarien dem Drei-mächte-Pakt (D, I, Rumänien) bei. Am 2. März begann der deutsche Einmarsch in Bulgarien, der aufgrund der Wetterbedingungen erst am 25. März abgeschlossen werden konnte, denn die Bahnlinien waren unzulänglich und die Straßen unbefestigt und dadurch Schlammpisten.

Am 25. März vollzog der jugoslawische Ministerpräsident Cvetković trotz britischen Wi-derstandes den Beitritt Jugoslawiens zum Dreimächtepakt. Hitler war davon sehr angetan, denn die jugoslawischen Transportwege waren erheblich besser als die bulgarischen. Doch am

---

[1]   Walter Hubatsch (ed.), *Hitlers Weisungen für die Kriegführung 1940-1945* (München: DTV, 1965), p. 94f.

[2]   Zur Metaxas-Linie: Heinz A. Richter, *Griechische Verteidigungsanlagen 1941. Die Metaxas-Linie* (Wiesbaden: Harrassowitz, 2021).

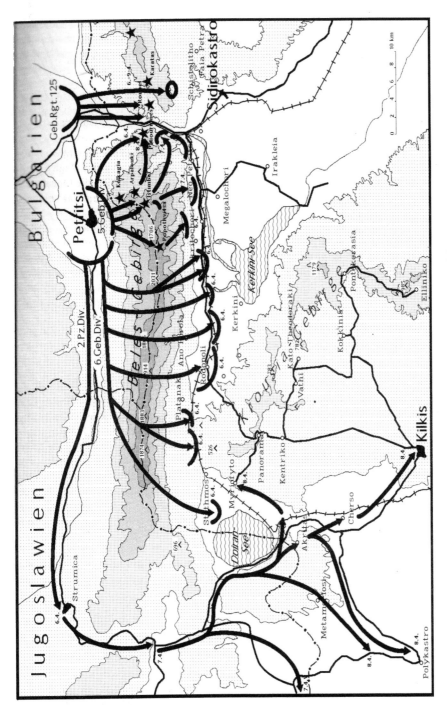

Map 7 Operation Marita: The Fights for the Roupel Entrance

27. März kam es in Belgrad zu einem von den Briten inspirierten Staatsstreich Noch am selben Tag erließ Hitler die Weisung 25. Darin hieß es: *"Der Militärputsch in Jugoslawien hat die politische Lage auf dem Balkan geändert. Jugoslawien muss auch dann, wenn es zunächst Loyalitätserklärungen abgibt, als Feind betrachtet' und daher so rasch als möglich zerschlagen werden."* Bezüglich Griechenland hieß es: *"Im einzelnen befehle ich Folgendes: Möglichst gleichzeitig, keinesfalls früher, ist die Operation Marita zu beginnen, vorläufig mit dem beschränkten Ziel, das Becken von Saloniki in Besitz zu nehmen, und auf dem Höhengelände von Edessa Fuß zu fassen. Das XVIII. A. K. kann hierzu über jugoslawisches Gebiet ausholen. Günstige Gelegenheiten, um den planmäßigen Aufbau einer Front zwischen Olymp und dem Höhengelände von Edessa zu verhindern, sind auszunutzen."*[1] Dies war ziemlich genau die Beschreibung der Operation, die dann tatsächlich stattfand.

Bei der Konferenz soll folgender Satz gefallen sein: *"In diesem Zusammenhang muß der Beginn der Barbarossa-Unternehmung bis zu 4 Wochen verschoben werden"*[2] Der Wortlaut dieses Satzes ist irreführend. Oberflächlich gelesen klingt er wie ein Befehl, tatsächlich handelt es sich um eine Vermutung, die auf der Sitzung geäußert wurde. Dafür spricht auch die Formulierung "bis zu 4 Wochen". Ein Befehl hätte eine präzise Zeitangabe beinhaltet. Dafür spricht auch ein Brief, den Stabschef Halder nach dem Krieg an den britischen General Alexander schrieb. Es war eine Warnung des Generalstabs. Darin hieß es: *"The German General Staff therefore advised Hitler that the advance against Russia planned for mid-May might have been to be postponed for six weeks. This deliberately over-cautious estimate was not borne out by events."*[3] Dafür spricht auch die Formulierung "bis zu 4 Wochen". Wäre dieses Statement ein Befehl gewesen, so hätte es mit Sicherheit seinen Weg ins Kriegstagebuch der Wehrmacht gefunden.

Als *Marita*, der Angriff auf Griechenland, geplant wurde, war eine Umgehung der Metaxas-Linie über jugoslawisches Gebiet ausgeschlossen gewesen. Der einzige Durchlass durch die Bunkerlinie war die sog. Roupel-Enge, die immer als Pass bezeichnet wird. Dieser "Pass" war ein 11 km langes enges Tal, durch das der Fluss Struma floss und durch das die einzige Straße und Bahnlinie zwischen Bulgarien und Griechenland führte. Das Tal ist anfangs 2 km breit, verengt sich aber auf 500 m und steigt auf beiden Ufern steil an. Die engste Stelle war 1935 mit Bunkern geradezu gespickt worden, so dass ein frontalen Durchbrechen nur unter größten Verlusten hätte erfolgen können. Auf den beiden Bergrücken befanden sich weitere Befestigungen. Der deutsche Angriffsplan sah daher vor, durch einen Flankenangriff westlich der Enge über die Berge von zwei Gebirgsdivisionen die Enge zu umgehen. In Westthrakien sollte ein anderes Gebirgskorps eine analoge Operation durchführen. Der Angriff der Operation *Marita* begann am 6. April 1941.

Selbst wenn es der Gebirgtruppe gelang die Höhe zwischen den Befestigungsanlagen zu überwinden, gab es danach nur eine geringe Chance in das Becken von Saloniki vorzustoßen. Die Kämpfe hätten sich lange hingezogen. Aber nun geschah der Putsch in Belgrad, der den Einsatz der 2. Panzer-Division ermöglicht, die vor der Struma-Enge kampflos lag. Nur setzte sie sich im nach Westen führenden Tal nördlich des Grenzgebirges in Marsch. Schon am Ende des ersten Tages erreichte sie die jugoslawische Grenze und überwand die ihr entgegengeworfenen jugoslawischen Einheiten. Nach Überquerung der Grenze entschied ihre Führung, nicht

---

[1] Akten zur Deutschen Auswärtigen Politik, XII, I, Nr. 221, (Bonn: Hermes, 1964), p. 324f. Hubatsch, *op. cit.,* p. 125.

[2] ADAP, Serie D, 1937-1945, Band XII, 1 (Göttingen: Vandenhoek & Ruprecht, 1969), p. 308.

[3] Field Marshal of Tunis, *The Alexander Memoirs 1940-1945* (London: Cassell, 1962), p. 144.

bis zum Vardar-Tal vorzustoßen, um von dort nach Süden zu fahren. Man folgte einer Seiten-
straße durch die Berge zwischen Axios und Doiran-See, wobei die Division auf keinerlei Hindernisse stieß.

Am Nachmittag des 8. April gab der Kommandeur (Bakopoulos) der makedonischen Einheiten seinen Truppen den Befehl, sich auf die Häfen in Ostmakedonien zurückzuziehen. Der
darüber informierte griechische Generalstab (Papagos) befahl ihm, mit den Deutschen Verhandlungen über eine Waffenstreckung aufzunehmen. Gegen 21 Uhr des 8. April nahm Bakopoulos Kontakt mit dem Kommandeur der 2. Panzer-Division Kontakt auf. Am Mittag des 9.
April wurde im deutschen Konsulat in Saloniki die Kapitulation der Armeeabteilung Ostmakedonien vollzogen. Diese war äußerst ehrenvoll: Die Offiziere durften ihre Seitenwaffen behal-
ten, Die einfachen Soldaten - 60.000 Mann - wurden in ihre Heimat entlassen. Eine detaillierte
Darstellung der drei Tage währenden Kämpfe in Makedonien finden sich in meiner Studie
Griechenland im Zweiten Weltkrieg.[1] Die erste Phase der Operation *Marita* hatte also drei Tage gedauert.

Papagos beziffert die griechischen Verluste auf weniger als 1.000 Mann.[2] Die deutschen
Verluste waren relativ hoch. Allein das XVIII. Gebirgskorps hatte 480 Gefallene, 1750 Ver-
wundete und 170 Vermisste.[3] Ohne den Einsatz der Panzer-Division wären die deutschen Verluste viel höher gewesen.

In den nächsten Tagen griff das mot. XXXX. Korps von Jugoslawien aus die sog. Bitola
oder Monastiri Pforte an. Am 10. April besetzte das Korps kampflos Florina. Als in den folgenden Tagen die deutschen Einheiten immer weiter nach Süden vorstießen, erteilten Papagos
und Wilson Rückzugsbefehle. In Weisung 27 vom 13. Aprilm befahl Hitler den Vorstoß auf
Larissa und die Vernichtung der dort stehenden Kräfte durch Umfassung, damit der Aufbau
einer Abwehrfront verhindert werde. *"Im weiteren Verlauf ist durch baldiges Vortreiben
schneller Truppen mit der Hauptstoßrichtung Athen, die Besetzung des restlichen griechischen Festlandes einschl. des Peloponnes einzuleiten."*[4] Inzwischen waren Einheiten des
XVIII. Korps im Osten des Fußes des Olymp nach Süden vorgestoßen und erreichten Larissa
durch die Vikos-Schlucht. Dort fügten sie den Briten große Verluste zu.

In der nächsten Zeit stießen die deutschen Verbände in zwei Richtungen nach Süden vor.
Die aus Epirus Kommenden stießen auf die Meerenge am westlichen Ausgang des Golfes von
Korinth vor. Die anderen Verbände zogen in Richtung der Thermopylen. Das Ziel beider
Gruppen war es, die Briten, in letzterem Fall die neuseeländische Division. zur Evakuierung
zu veranlassen. Den Briten gelang es zunächst, die Angreifer an den Thermopylen aufzuhal-
ten, aber dann mussten auch sie sich am 21. April zurückziehen.

Am 23. April erreichten die ersten britischen Einheiten die Evakuierungspunkte in Ostattika und versteckten sich in Olivenhainen vor der deutschen Luftaufklärung. In der Nacht
des 24. wurden sie in Porto Rafti in Ostattika eingeschifft. Von Nafplion auf der Peloponnes
wurden 5.500 Australier abgeholt. Weite Einschiffungen aus anderen Häfen folgten. Am 25.
April verabschiedete sich General Wilson von Papagos in Athen. Am 26. April besetzten Fallschirmjäger den Isthmus von Korinth, wodurch dieser Fluchtweg auf die Peloponnes blockiert
war. In der Tat endete die Operation *Marita*, soweit es die Griechen betraf, am 20. April mit
der Kapitulation; die letzten britischen Truppen verließen am 28. April Festlands-Griechen-

[1]   Heinz A. Richter, *Griechenland im Zweiten Weltkrieg* (Bodenheim: Syndikat, 1997), pp. 330-353.
[2]   Alexander Papagos, *The Battle of Greece 1940-41* (Athen: Alpha Editions, 1949), p..358.
[3]   Alex Buchner, *Der deutsche Griechenland-Feldzug. Operationen der 12 Armee 1941* (Heidelberg: Vowinckel,
      1957), p. 128.
[4]   Hubatsch, *op. cit.,* p. 132.

land. Danach gab es eine Kampfpause bis zum 20. Mai, an dem die Operation *Merkur*, der
Angriff auf Kreta begann. Die bedeutet, dass die wirklichen Kämpfe in Griechenland, d.h. die
Operation *Marita* etwas über zwei Wochen dauerten und der in Kreta etwas weniger, wie wir
noch sehen werden.. Die tatsächlichen Kämpfe mit den Griechen dauerten drei Tage, bis die
Armee in Makedonien kapitulierte, danach beteiligte sich nur noch kleinere Einheiten an den
britischen Kämpfen..[1]

Am 20. April erschien der Kommandeur der Fallschirmtruppe, Student, bei Göring auf
dessen Semmering-Hauptquartier. Beim Gespräch mit anderen Kommandeuren wurde festgestellt, dass die Eroberung des Peloponnes und damit *Marita* fast beendet sei. Göring gab zu
verstehen, dass er und andere hohe Kommandeure der Luftwaffe für die Eroberung Kretas
seien. Göring gab Student zu verstehen, dass er dies beim nächsten Treffen mit Hitler diesem
vortragen könne.[2]

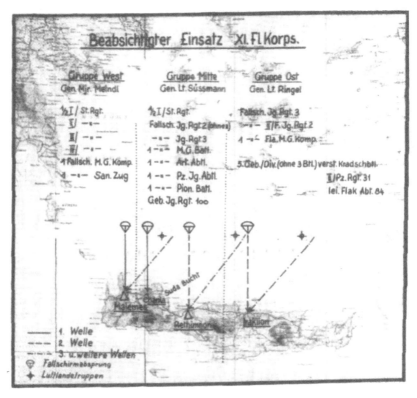

Student's Plan

Als sich am 25. April die Besetzung von ganz Festlandgriechenland einschließlich des Peloponnes durch die Achsenmächte abzeichnete, unterzeichnete Hitler die Weisung 28: Darin hieß

---

[1]   Heinz A. Richter, *Greece in World War II 1939-1941*(Wiesbaden: Harrassowitz, 2020), p. 160.
[2]   Kurt Student, *Kreta - Sieg der Kühnsten. Vom Heldenkampf der Fallschirmjäger* (Berlin, 1942), p. 197; Basil
       Liddell Hart, *Jetzt dürfen sie reden. Hitlers Generale berichten* (Stuttgart, 1950), 290.

es: *"Als Stützpunkt für die Luftkriegführung gegen England im Ost-Mittelmeer ist die Beset-zung der Insel Kreta vorzubereiten (Unternehmen Merkur). Hierbei ist davon auszugehen, dass das gesamte griechische Festland einschließlich des Peloponnes in der Hand der Achsen-mächte ist."* Die Befehlsführung für dieses Unternehmen übertrug Hitler dem Ob. d. Luft-waffe, der für das Luftlandekorps and die im Mittelmeerraum eingesetzten Verbände der Luft-waffe verantwortlich sei.[1] Am 21. April trafen Student und sein Stabsoffizier Hitler, Keitel und Jodl. Als Student vorschlug, auch Zypern zu erobern, lehnte Göring dies ab, da dies Hitler ablehnen werde. Am Nachmittag dieses Tages erreichte Student Hitlers Zustimmung zu sei-nem Plan, Kreta zu erobern. Hitler stimmte zu, dass diese Operation ungefähr am 15. Mai be-ginnen sollte. Am 25. April erließ Hitler die Weisung 29, die den Angriff auf Kreta vorsah.[2]

Der Angriff auf Kreta wurde also schon geplant, als Festlandsgriechenland schon fast erobert und besetzt war. Von Kreta aus sollten Luftangriffe auf die Front in Nordafrika und auf den Suez-Kanal durchgeführt werden. Die Planung von Operation Barbarossa hatte sechs Monate gedauert, Marita hatte drei Monate benötigt. Merkur sollte nur einen Monat benö-tigen, was natürlich sehr riskant war.[3] In der Tat begann der Angriff auf Kreta am 20. Mai 1941. Die Kämpfe in Kreta endeten am 31. Mai, dauerten also nur 10 Tage. Kreta wure primär von neuseeländischen und australischen Truppe verteidigt. Griechische Verteidiger waren Gendarmen und die wenigen Rekruten.

Dennoch waren diese 10 Tage verblüffend lang. Der Grund war folgender. Student hatte von Kreta aus, einen Funkspruch über seine genauen Kampfpläne nach Berlin gesandt. Darin wurden die Angriffsorte der Fallschirmjäger genannt. Wären diese Informationen per Fern-schreiben gesandt worden, hätte dies keine Folgen gehabt. So aber schaffte es der britische Abhördienst ULTRA, den Text zu entschlüsseln und die darin erwähnten vier Angriffspunkte zu besetzen, so dass als die Fallschirmjäger dort landeten, durch Maschinengewehrfeuer em-pfangen wurden und riesige Verluste erlitten. Nur beim Flughafen Maleme im Westen Kretas blieben die Angreifer verschont, da ein nahe gelegener Hügel nicht verteidigt wurde. Von dort konnte am folgenden Tag der Flughafen Maleme besetzt werden und für die Landung von Ge-birgsjäger-Einheiten frei gemacht werden. Diese und ihr Nachschub besetzten dann ganz Kre-ta und vertrieben die britischen Besatungen. Nach zehn Tagen waren auch diese Kämpfe vorü-ber, aber der Mythos von den sechs Wochen lebte weiter.

Am 23. Oktober 1941 stellte Außenminister Eden im Unterhaus folgendes fest: *"Greece's brave defence upset the time table of Hitler's plans and delayed his prearranged attack on Russia for at least six nost important weeks. What would those six weeks of campaiging weather be worth to Hitler now."*[4] Dies war natürlich genauso spekulativ. Damit darf wohl als sicher festgestellt werden, dass weder *Marita* noch die *Operation 25 oder Merkur* irgendeinen Einfluss auf den Beginn von *Barbarossa* hatten.

Am 15. Februar 1945 beklagte sich Hitler in Bunker unter der Reichskanzlei, dass der idio-tische italienische Angriff auf Griechenland ihn gehindert habe, den Angriff auf die Sow-jetunion einige Wochen später zu beginnen. Zwei Tage später wiederholte er diese Anschul-

---

[1]   Hubatsch, *op. cit.,* p. 134.
[2]   *Ibidem*, pp. 156-159.
[3]   Karl Gundelach, "Der Kampf um Kreta", in: Hans-Adolf Jacobson, Jürgen Rohwer (eds.), *Entscheidungs-schlachten des Zweiten Weltkriegs* (Frankfurt: Bernard & Graefe, 1969, pp. 95-134.
[4]   American Council on Public Affairs, (ed), *The Greek White Book. Diplomatic Documents Relating to Italy's Aggression Against Greece* (Washington, 1943), p. 12.

digung und beklagte sich, dass Italien ihn dadurch gezwungen habe, auf dem Balkan einzu-
greifen. Ohne diese Intervention hätte man schon am 15. Mai Russland angreifen können.[1]
Vor dem Nürnberger Gericht äußerte sich Göring ähnlich.[2] General Paulus gab eine Verschie-
bung um fünf Wochen zu.[3] Andere Generäle äußerten sich ähnlich.

2010 war ich in Kreta, um vor Ort die Operation Merkur zu recherchieren. Dabei wurde
ich vom dortigen Militär tatkräftig unterstützt. Darunter befand sich auch der ehemalige Ober-
kommandierende der griechischen Streitkräfte, General Manousos Paragioudakis, der in Kreta
seine Pension verbrachte. Er war von meinem Forschungsprojekt sehr angetan und unterstützte mich nach Kräften.

2011 erschien die deutsche Ausgabe meines Buches über die Operation Merkur.[4] Wenig
später kam die griechische Übersetzung bei Govostis heraus:[5] Der Verleger Govostis organisierte zwei Präsentationen, eine in Athen in der Buchhandlung Eleftheroudakis und im
historischen Museum in Irakleion in Kreta. Bevor dort die Buchpräsentation begann, erschien
Paragioudakis und plauderte mit Govostis und mir und gratulierte mir zu der Erscheinung des
Buches. Die Präsentationsveranstaltung war voll von interessierten Kretern.

Doch als der Präsentator sagte, dass der Autor auch in diesem Buch überzeugend nachge-
wiesen habe, dass weder die Operation *Marita* noch *Merkur* irgendeinen Einfluss auf *Barbarossa* hatten, sprang Paragioudakis auf und brüllte "Lügen", beschuldigte mich, Nazi zu sein,
und verließ den Raum zusammen mit seinem Chauffeur. Offensichtlich glaubte er an den Nationalen Mythos. Die Anwesenden stimmten mir voll zu.

Einige Wochen später wurde ich vor Gericht angeklagt, ich würde Nazi-Propaganda machen. Als mir drei kretische Anwältinnen als Verteidigerinnen angeboten wurde, lehnte ich
diese ab, denn ich wusste, dass sie zur angreifenden Clique gehörten. Ich heuerte zwei brilliante Athener Rechtsanwälte an, die für meinen Freispruch sorgten. Der General und seine
Anhänger waren frustriert und versuchten nun zu verhindern, dass die Universität Kreta mir
einen Dr. h.c. verlieh. Sie schafften es, die Verleihung in der schön geschmückten Stadthalle
zu verhindern, aber die Universität verlieh mir den h.c. am nächsten Tag in einem Hörsaal der
Universität. Der General gab nicht auf und versuchte immer wieder, mir den h.c. entziehen
zu lassen, was meine brillianten Anwälte immer wieder verhinderten.

Die ganze Affäre ging zu jenem Zeitpunkt über die Bühne, als Griechenland in großen finanziellen Schwierigkeiten war. Vernünftige Griechen stimmten mir von Anfang zu, dass
die 6-Wochen-Affäre ein Mythos war und dies war die Mehrheit.

---

[1] Hitler, *Le Testament Politique de Hitler. Notes receuillies par Martin Bormann* (Paris: Fayard, 1959), pp. 95, 101,
     107.
[2] Andrew Zapantis, *Greek-Soviet Relations 1941* (New York: Columbia UP, 1982), p. 504.
[3] Internationaler Militärgerichtshof, Der Prozess gegen die Hauptkriegsverbrecher vor dem IMG Nürnberg
     (Nürnberg, 1947) VII, p. 286.
[4] Heinz A. Richter, *Operation Merkur. Operation Merkur. Die Eroberung der Insel Kreta im Mai 1941* (Mainz:
     Rutzen Verlag, 2011).
[5] Heinz Richter, *Η μάχη της Κρήτης* (Athen: Govostis, 2011).

AUFTEILUNG IN BESATZUNGSZONEN
UND DIE HUNGERSNOT

Noch bevor Kreta am 31. Mai 1941 besetzt war, erließ Hitler am 17. Mai die Weisung 29.[1] Das Ziel des deutschen Einsatzes im Südosten sei es, die Engländer vom Balkan zu vertreiben. und den Einsatzmöglichkeiten der deutschen Fliegerkräfte im östlichen Mittelmeer zu erweitern und diese werde nach Abschluss von *Merkur* weiter verbessert. Die zukünftige Sicherung des griechischen Gebietes sei primär die Sache der Italiener. Das Heer werde nach dem Abschluss von *Merkur* zurückgezogen mit Ausnahme einer Division, die bei Saloniki und auf einigen Inseln stationiert werde. Saloniki werde auch der Sitz des Oberbefehlshabers aller deutschen Truppen auf dem Balkan. Nach der Eroberung Kretas werde er, Hitler, die Besetzung anordnen. Die geschah mit der Weisung 31 am 9. Juni.[2]

Hitler ernannte Generalfeldmarschall Wihelm List zum Wehrmachtsbefehlshaber im Südosten mit Sitz in Saloniki. Er sei der Chef aller Wehrmachtseinheiten auf dem Balkan. Ihm unterstellt war der Befehlshaber Saloniki-Ägäis, dem Saloniki und die Inseln Limnos, Mytilini, Chios und Skyros unterstanden. Die Luftwaffe sollte den Befehlshaber Südgriechenland ernennen, dem Teile von Attika, Kreta, Kythira, Antikythira und Milos unterstanden.

Nun wurden die Besatzungszonen festgelegt. Entlang der türkischen Grenze wurde das sog. Sicherungsgebiet Dimotika eingerichtet, das unter deutscher Kontrolle blieb. Westlich davon erhielt Bulgarien den ihm von Hitler versprochenen Zugang zur Ägäis. Das bulgarische Gebiet reichte im Westen bis zur Struma und umfasste auch die Inseln Thasos und Samothraki. Bulgarien leitete sofort Maßnahmen zur Bulgarisierung ein und 1942 annektierte es das Gebiet formell. Das deutsche Gebiet umfasste Saloniki und Hinterland, sowie die seestrategisch wichtigen Inseln Chios, Limnos, Skyros und Lesbos. Das restliche Griechenland einschließlich Athens kam unter italienische Besatzung.

Nur ein Teil des Hafen von Piräus, die Inseln im saronischen Golf und Teile der Ost-Küste von Attika kamen unter deutsche Verwaltung, ferner die Inseln Milos, Kythira und Antikythira. Kreta wurde zwischen Italien und Deutschland geteilt; der Westen der Insel wurde deutsch. Die Italiener annektierten die ionischen Inseln Kerkyra, Lefkas, Ithaki, Kefalonia und Zykynthos. Die Aufteilung in eBesatzungszonen hatte bis zum italienischen Seitenwechsel 1943 Bestand.

Die Auslieferung des größten Teil Griechenlands an die Italiener war ein Missgriff erster Güte. Ohne diesen hätte das wenig gute Einvernehmen zwischen der griechischen Führungsschicht und der deutschen Besatzungsmacht stören können. Hätte Hitler tatsächlich beabsichtigt, die vorhandenen Sympathien zu beseitigen, Widerstand um jeden Preis zu provozieren, und die Autorität der kollaborierenden Regierung zu untergraben, hätte er es nicht besser machen können. Diese Entscheidung Hitlers machte es sogar den Germanophilen schwer, deutschfreundlich zu bleiben, schließlich hatten die Griechen im Winter die Italiener in Albanien besiegt. Die deutschen Stellen vor Ort hatten dies genau erkannt und die Führung gewarnt: Nach den Siegen über die Italiener in Albanien, war eine italienische Besetzung psychologisch unerträglich und musste zu Hass und zwangsläufig Widerstand führen. Offensichtlich unterschätzte Hitler die Möglichkeiten, auch ohne reguläre Armee Widerstand zu leisten

---

[1] Hubatsch, *op. cit.*, pp. 136-139
[2] *Ibidem*, pp. 142-145

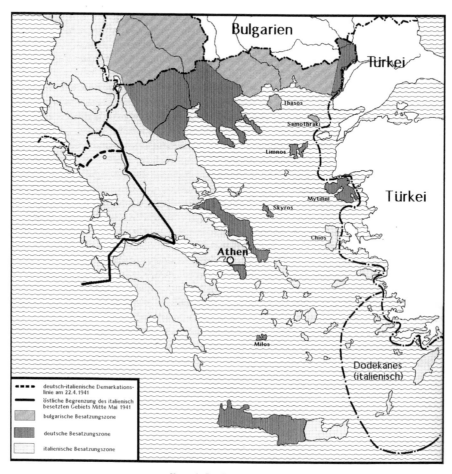

Karte 6   Die Besatzungszonen

Die Aufteilung Griechenlands in drei Besatzungszonen und die wirtschaftliche Ausplün-
derung schränkte natürlich den Aktionsradius der ersten Besatzungsregierung unter General
Tsolakoglou massiv ein und untergrub dadurch ihre Autorität. Während sich die Exilregierung
im Wesentlichen aus Politikern zusammensetzte, waren die Mitglieder der Kollaborations-
reegierung im wesentlichen Generäle. Aber es gelang Tsolakoglou auch einige bekannte Persönlichkeiten aus germanphilen Kreisen zu gewinnen, so z.B. als stellvertretenden Ministerpräsidenten den Medizinprofessor Konstantinos Logothetopoulos, der in Deutschland studiert
hatte und mit einer Deutschen (Elisabeth Hell aus Hamburg, verheiratet war. Aber insgesamt
gesehen, war die erste Kollaborationsregierung eine Fortsetzung des Regimes. Manche ihrer
Mitglieder wollten einen Kurs steuern, der sie egal wie der Krieg ausging, auf der Seite der
Sieger finden würde.

Obwohl wirtschaftlich betrachtet Griehenland zu jener Zeit ein Agrarstaat war, hatte es
sich nie mit Brotgetreide selbst versorgen können. 1938 hatte Griechenland 983.000 t Weizen
produziert und 447,000 t importiert. 1939 lauteten die Zahlen 1.042.000 t Produktion und

366.000 t Import. 1940 sank die Produktion kriegsbedingt auf 905.000 t und der Import auf 271,000 t. Damit war die Getreideversorgung schon während des Krieges mit Italien in Albanien knapp. In der Tat führte dieser Krieg zu Produktionsrückgang. Der Krieg in Allbanien verursachte Produktionsausfälle, da viele Bauern eingezogen waren und ihre Felder nicht bestellen konnten. Die meisten der ca. 1.000 in Griechenland vorhandenen Traktoren und 95 Prozent der Zugtiere wurden zum Transport von Kriegsmaterial benötigt. Nur 150 der Traktoren und 30 Prozent der Zugtiere wurden nach dem Ende der Kämpfe an ihre Besitzer zurückgegeben, Die 100 von Deutschland nach der Besetzung gelieferten Traktoren konnten dies nicht ausgleichen.

Der Grund für die geringe Getreideproduktion lag in den geographischen Gegebenheiten Griechelands. Fast das ganze Land war gebirgig, Getreide konnte hauptsächlich nur in Westthrakien und Ostmakedonien angebaut werden. Da diese beiden Gebiete unter bulgarische Be-satzung kamen, fiel die Getreideproduktion 1942 auf etwa 700.000 t. 1939 hatte die Produktion noch 1,6 Mio t betragen. Sweet-Escott beschrieb die Lage auf klassische Weise: *"Less than a fifth of the area of Greece is cultivated and the cultivable area can be little greater. From classical times the country has been unable to provide enough food for its people. Thus in terms of value imports of commodities habitually exceed exports by a large margin."*[1] Die Anwendung von chemischen Düngemitteln blieb den griechischen Bauern fremd, da noch 1920 die Hälfte von ihnen Analphabeten waren.[2] Die Folge war, dass bis zum Zweiten Weltkrieg Griechenland die Hälfte seines Brotgetreides importieren musste.[3]

Schon als die Wehrmacht in Griechenland einmarschierte, herrschte also eine gewisse Nahrungsmittelknappheit. Der deutsche Gesandte Altenburg in Athen warnte sofort nach dem Einmarsch, dass es zu einer Hungersnot kommen könnte. Doch Außenminister Ribbentrop war der Meinung, dass dies ein Problem Italiens sei. Als Berlin Rom unter Druck setzte, und aufforderte Griechenland mit Lebensmitteln zu versorgen, drückte die sich italienische Regierung davor und Außenminister Ciano behauptete, dass Deutschland dafür zuständig sei, schließlich habe Deutschland Griechenland bis auf den letzten Schnürsenkel ausgeplündert.

Der Brite Medicott behauptet in seinem Buch "The Economic Blockade" die Wehrmacht habe Griechenland systematisch ausgeplündert. In erster Linie seien Lebensmittel konfisziert und nach Libyen geschickt worden.[4] Aus dem Bericht des Internationalen Roten Kreuzes geht klar hervor, dass 1941 die Hauptrequirierungen aus den traditionellen Exportgütern des Landes, nämlich aus getrockneten Feigen, getrockneten Trauben und Olivenöl bestanden, die die griechische Regierung zur Verfügung stellte.[5]

Mitte Juni 1941 hielt der Stabschef des 12. Armeekorps List folgendes fest: *"Die Ernährungslage hat sich weiter verschlechtert. Der gesamte Peloponnes, Epirus und die Inseln sind seit mehreren Wochen ohne Brot, das die Hauptnahrung darstellt. Die Landwirtschaft hat kaum Erzeugnisse zu bieten. Es fehlt zudem an den Möglichkeiten des Transports und der Erfassung. Es muss befürchtet werden, dass durch die eintretende Hungersnot Epidemien ausbrechen. Zudem beeinflusst die Ernährungslage sehr stark die Stimmung des Volkes. "..." Die durch die Ernährungslage bedingte Mißstimmung des Volkes bildet den Nährboden für die*

---

[1] Bickham Sweet-Escott, *Greece. A Political and EconomicSurvey* (London: Royal Institute of International Affairs, 1954), p. 9.
[2] Leften S, Stavrianos, *The Balkans since 1453* (New York: Rinehart & Winston, 1965), p. 679.
[3] *Ibidem*, p. 678.
[4] William Norton Medlicott, *The Economic Blockade* (London: HMSO, 1959), II, p. 181.
[5] Raport final de la Commission de Gestion pour le Secours en Grèce sous les auspices du Comité International de la Croix Rouge, *Ravitaillement de la Gèce pendant Occupation 1941-1944* (Athen, 1949), p. 19.

kommunistische Propaganda. Während zunächst in Athen und Piräus nur Maueranschläge festgestellt wurden, kam es in Nordgriechenland des öfteren zu Überfällen und Plünderungen. Die Polizeigewalt reicht nicht aus, um solche Ausschreitungen zu verhindern."[1]

Den ganzen Sommer und Herbst über bemühten sich Altenburg und List, die drohende Katastrohe abzuwenden. Die italienischen Stellen vor Ort versuchten ebenfalls ihr Bestes, Sie erreichten zwar, dass etwas Getreide nach Griechenland geschickt wurde, aber weder Rom noch Berlin waren zu einer echten Hilfe bereit. Im Herbst bemühte sich Italien tatsächlich darum, größere mengen Getreide zu liefern, aber Italien selbst litt zu diesem Zeitpunkt an einem erheblichen Mangel on Brotgetreide. Versuche Bulgarien und Drittländer zu bewegen, Getreide nach Griechenland zu schicken, scheiterten ebenfalls.

Innergriechische Faktoren verschärften die Lage. Die Abtrennung von Thrakien und Ostmakedonien verhinderte die Lieferung des dort geernteten Getreides. Die Bulgarisierung dieser Gebiet löste eine Fluchtbewegung nach Saloniki und Athen aus, wo sie die Zahl der zu Versorenden erhöhten. Clevere Bauern legten geheime Depots an und erzielten so auf dem Schwarzmarkt höhere Preise. Dieser florierte und die Behörden konnten nichts dagegen tun. Der Nahrungsmittelmangel traf in erster Linie die wirtschaftlich Schwächsten. Die Hungerkatarophe traf vor allem die wirtschaftlich schwachen Schichten; aber selbst während der schlimmsten Hungerperiode war es in bestimmten Athener feudalen Lokalen möglich, Essen à la carte zu bestellen.[2]

Festgehalten werden muss an dieser Stelle, dass in den deutschen Besatzungsgebieten kaum jemand Hungers starb. Wie mir ältere Einwohner von Saloniki berichteten, gab es dort keine Hungertoten. Der Befehlshaber Süd-Griechenland Felmy, der einige Dörfer in Ostattika kontrollierte, gab sich größte Mühe, den Hunger zu bekämpfen. Felmy's eigentliche Aufgabe in jener Zeit war der Aufbau der deutsch-arabischen Lehrabteilung, des Sonderverbandes F, die später im Irak gegen die Briten eingesetzt werden sollte. Felmy machte diese Aufgabe in Personalunion als Befehlshaber Süd-Griechenland.[3] Ähnliches galt für die von den Deutschen besetzten Inseln.

Der Hunger wurde durch mehrere Faktoren ausgelöst bzw. verursacht. Als der Krieg ausbrach, erließ Metaxas in Erinnerung an die Blockade im Ersten Weltkrieg ein Gesetz, das die private Speicherung von Lebensmitteln verbot. Im Ersten Weltkrieg hatten diese Vorräte eine Hungersnot verhindert, als die Entente eine Blockade verhängte. Diese Blockade war damals von den Franzosen vorgeschlagen worden, um die Neutralitätspolitik von König Konstantin zu beenden. Die Briten hatten diesen Schritt anfangs abgelehnt, weil er eine Hungersnot provozieren werde. Aber am 8. Dezember 1916 wurde die Blockade verhängt, die eine schlimme Hungersnot unter dem ärmeren Teil der Bevölkerung auslöste. Die Blockade wurde aufgehoben, als der König ins Exil ging und Venizelos die Macht übernahm.[4]

Als im Juni 1941 der letzte britische Soldat Griechenland verließ, verhängte London eine totale maritime Blockade über Griechenland und schnitt damit das Land von ausländischen Lebensmitteln ab. Nicht einmal die Lebensmittel, die die Regierung Koryzis in Australien gekauft und bezahlt hatten, durften passieren, obwohl sie schon in Ägypten eingetroffen waren,

---

[1]   Martin Seckendorf, *Die Okkupationspolitik des deutschen Faschismus in Jugoslawien, Griechenland, Albanien, Italien und Ungarn (1941-1945)* (Heidelberg: Hüthig, 1892), p. 157.

[2]   Interview des Autors mit dem ehem. EDES-Partisanenkommandeur Komninos Pyromaglou im August 1969.

[3]   Gerhard Weber, *Hellmuth Felmy. Stationen einer militärischen Karriere* (Ruhpolding; Rutzen, 2010).

[4]   Über die Hungersnot im 1. WK Heinz A. Richter, *Geschichte Griechenlands im 20. Jahrhundert, Vol. I, 1900-1939* (Mainz: Rutzen, 2015), pp. 63, 101 und Idem, *Aspekte neugriechischer Geschichte. Gesammelte Aufsätze* (Wiesbaden: Harrassowitz, 2018), pp. 21-29

In London war man der Meinung, dass gemäß der Haager Landkriegsordnung von 1899 und 1907 der Eroberer eines Landes verpflichtet ist, die Bevölkerung des besetzten Landes mit Nahrung zu versorgen. Aber Eden war schon der Meinung, dass die Blockadepolitik abgeschwächt werden sollte. Aber die Hardliner im Foreig Office und Hugh Dalton, der Minister für Special Operations Executive, der für den Aufbau von Widerstandsbewegungen zuständig war, lehnten dies ab. Er hoffte, dass es durch den Hunger zu Aufständen kommen werde, was den Achsenmächten Schwierigkeiten bereiten werde. Die Hungertoten nahm man in Kauf. Auch in der Exilregierung gab es Kräfte, die der Meinung waren, dass der Hunger die Griechen zur Rebellion treiben werde.

Auf der deutschen und italienische Seite betrachtete man die britische Blockadepolitik als völkerrechtswidrig und betonte. dass man einer Hilfsaktion des Roten Kreuzes nichts in den Weg legen werde. Diese sture Politik führte zur Hungerkatastrophe des Winters 1941.

Im April 1942 behauptete die BBC, dass es in Griechenland 500.000 Hungertote gegeben habe. In der griechischen Nachkriegsliteratur wurden daraus 800.000, ein Zehntel der Bevölkerung. Als die Aufgeregtheit langsam nachließ, wurden daraus 300.000, eine Zahl, die auch heute noch genannt wird und auch von offiziellen Stellen in Deutschland zu hören ist. Dies ist umso erstaunlicher, als der Bericht des IRK von 30.000 spricht. Tatsache ist, dass im Winter 1941 im Raum Attika etwa 35.000 Menschen an Hunger starben. In Gesamtgriechenland sind in der Besatzungszeit etwa 90.000 Menschen an Hunger gestorben. Übertreibungen schaden der Wahrheit, denn diese war schrecklich genug.

Die britischen Hardliner in den Blockadefrage wurden zunächst von US-Außeminister Cordell Hull unterstützt. Der ehemaligen Präsident Herbert Hoover lehnte diese Politik ab, denn die britische Politik sei eine Politik des Todes. Im Oktober forderte er den Abschluss eines Abkommens, das die Verteilung von Lebensmitteln unter der Aufsicht einer neutralen Regierung erlauben sollte, Auch Eden stimmte dem zu und Dalton und Hull waren im Oktober einverstanden, dass ein türkisches Schiff unter IRK-Flagge eine erste türkische Hilfslieferung nach Griechenland brachte. Die beiden Besatzungsmächte waren einverstanden und bis Sommer 1942 brachten zwei türkische Schiffe unter IRK-Flagge 45.000 t Lebensmittel nach Griechenland.

Schließlich wurde im Juni 1943 ein Abkommen des IRK mit Rom und Schweden geschlossen, das es ermöglichte, dass zwischen September 1942 und Mai 1945 611.608 t Lebensmittel nach Griechenland geschafft werden konnten. Präsident Roosevelt sorgte dafür, dass die USA die Transportkosten für die schwedischen Schiffe übernahmen.[1]

Als in Griechenland später nach der Schuld für die Hungersnot gefragt wurde, wurde Italien weggelassen, und alle Verantwortung auf Deutschland übertragen, obwohl Großbritannien eine große Rolle gespielt hatte, aber nach dem Seitenwechsel der Italiener blieb alle Schuld an den Deutschen hängen.

---

[1] *Foreign Relations of the United States 1943,* IV, p. 167f.

DIE GEORG ECKERT GRUPPE
DEUTSCHER SOZIALDEMOKRATISCHER
WIDERSTAND IM BESETZTEN GRIECHENLAND

Deutscher kommunistischer Widerstand im besetzten Griechenland wurde von der DDR Historiographie beschrieben und dokumentiert.[1] Sozialdemokratischer Widerstand wird in keiner dieser Publikationen erwähnt. Nicht einmal in der umfassenden Darstellung "Die mit dem blauen Schein" wird der Name Georg Eckert im Namensindex erwähnt. Die Namen Fred Faatz und Ludwig Gehm werden in einer Fußnote erwähnt.[2] In der BRD erschienen zwei Bücher über dieses Thema. Eine Studie über die Geschichte der Division 999 enthält einen Bericht über deren Operation in Griechenland und die antifaschistischen Aktivitäten vieler ihrer Mitglieder und eine Biographie. In der Geschichte der Division 999 werden einige sozialdemokratische Widerstandsaktionen erwähnt. Aber auch in der BRD Publikationen existiert kein sozialdemokratischer Widerstand, genau wie in der DDR.[3] Die Biographie hingegen befasst sich fast ausschließlich mit sozialdemokratischen Widerstand, aber beschränkt sich ausschließlich auf die Gruppe, die in der Volos-Ära aktiv war,[4] Sozialdemokratischer Widerstand wurde in der BRD zum ersten Mal im Katalog der Ausstellung *"Deutscher Widerstand im Besetzten Griechenland"* erwähnt, die 1987 von Hagen Fleischer und dem Goethe Institut in Athen organisiert wurde.

In der griechischen Literatur wurde er schon früher erwähnt. 1966 veröffentlichte das in Prag von Andreas Tzimas herausgegebene Journal *Ethniki Antistasi* eine anonyme Dokumentation über den deutschen antfaschistischen Widerstand. Zum ersten Mal wurden in diesem Artikel die Aktivitäten von Georg Eckert und seine Gruppe erwähnt, die in Saloniki aktiv gewesen waren. Der Artikel beruhte auf dem Bericht des ehemaligen ELAS-Verbindungsoffiziers Georgios Dimitrakos, der diesen Bericht schon 1944 verfasst hatte.[5] Der damalige ELAS-Kommandeur in Makedonien betrachtete die Kontakte mit Eckert als so wichtig, dass er sie in seinen Memoiren erwähnte und relevante Dokumente aus jener Zeit veröffentlichte.[6] Die erste detaillierte Darstellung wurde 1991 von Georgios Dimitrakos veröffentlicht, der ebenfalls der erste war, der die Dokumente im Archiv der Sozialen Demokratie in Bonn analysierte.[7]

Die Geschichte des sozial-demokratischen Widerstandes in Makedonien ist aufs engste mit

---

[1] *Strafdivision 999. Erlebnisse und Berichte aus dem antifaschistischen Widerstandskampf* (Berlin: Deutscher Militärverlag, 1966); Heinz Kühnrich, *Der Partisanenkrieg in Europa 1939-1945* (Berlin: Dietz, 1968), p. 401f; Hans Oley & Joachim Hellwig, (eds.), *Kampf um Deutschland* (Berlin: Verlag der Nation, 1968), dieses Buch enhält einen Artikel über Gerhard Reinhard; Gerhard Koch, "Die deutsche antifaschistische Bewegung im griechischen Widerstand während des Zweiten Weltkrieg" Diss. (Jena, 1970); und Hans Burkhardt, Günter Erxleben, Kurt Nettball, (eds.), *Die mit dem blauen Schein. Über den antifaschistischen Widerstand in den 999er Formationen der faschistischen deutschen Wehrmacht (1942-1945)* (Berlin: Deutscher Militärverlag, 1982).

[2] *Die mit dem blauen Schein,* p. 350 Fußnote 21.

[3] Hans-Peter Klausch, *Die 999er. von der Brigade "Z" zur Afrika-Division 999: Die Bewährungsbataillone und ihr Anteil am antifaschistischen Widerstand* (Frankfurt: Röderberg, 1986).

[4] Antje Dertinger, *Der treue Partisan. Ein deutscher Lebenslauf: Ludwig Gehm* (Bonn: Dietz, 1989).

[5] "Επίσημα κείμενα. Σχετικά με την οργάνθση και δράση Γερμανών αντιφασιστών στρατιωτικών στην κατεχομένη Ελλάδα" *Εθνική Αντιστασή* 9 (Prague 1966), p. 926. Quoted as *Ethniki Antistasi*.

[6] Markos Vafeiadis, *Απομνημονύματα*, III, *1944-1946* (Nea Synora, 1985), pp. 348-353.

[7] Giorgios Dimitrakos, *Απολογισμός και απολογία "από του φοβερού βήματος* (Athens: Polytypo, 1991) Ab hier zitiert als *Apologismos*..

dem Namen von Dr. Georg Eckert verbunden. Eckert wurd am 14 August 1912 in Berlin geboren. Sein Vater was einer der Herausgeber der *Frankfurter Zeitung*.[1] Seine Mutter Lisa Eckert-Ryschawy war in Rußland geboren und hatte an der 1905er Revolution teilgenommen.[2] Während der großen Depression in den späten 20er und frühen 30er Jahren verlor Eckerts Vater seinen Job und der Gymnasiast Georg musste arbeiten, um die letzten Jahre im Gymnasium zu finanzieren. 1931 bestand er das mittlere Reifeexamen und das Abitur. Von Sommersemester 1931 bis Wintersemester war er Werkstudent und studierte Geschichte, Geographie, Germanistik und Ethnologie. 1930 mit 17 Jahren wurde er SAJ (Sozialistische Arbeiter Jugend) und ein aktives Mitglied der *Sozialistische Schülergemeinschaft*. 1931 wurde er ein aktives Mitglied der Sozialistischen Studentenorganisation und schloss sich dem paramilitärischen SPD-Reichsbanner und dem Sportbund (Arbeiter-Turn- und Sport-Bund). an.

Im März 1932 wurde er Präsident der Studentenorganisation in Berlin. In den letzten Monaten der Weimarer Republik kämpfte in der Frontreihe gegen den *Nationalsozialistischen Deutschen Studentenbund* (NSDStB).. Er wurde mehrmals verwundet.

Als Hitler an die Macht kam, wurde seine Situation schlimmer. Er wusste, dass er verhaftet werden sollte und schlief daher jede Nacht woanders. Daher wurde er bei zwei Suchungen nach ihm auch nicht gefasst. Als Mitte Februar 1933 die Massenverhaftungen begannen, versuchte er mit zwei Kameraden in die Tschechoslowakei zu fliehen, hatte aber keinen Erfolg. Eine Zeitlang tauchte er in Hildesheim unter. Nachdem er seinen Rücktritt von der Führung der nun illegalen sozialistischen Studentenorganisation organisiert hatte, wechselte er im Sommersemester zur Uni Bonn. Um sich zu tarnen, wurde er Mitglied einer Studentenverbindung und setzte sein Studium fort. Als es bekannt wurde, dass die Studenten in Bonn politisch überprüft wurden, ging er zurück an die Uni Berlin.

Im Wintersemester 1933/34 verfasste er seine Doktorarbeit über ein ethnologisches Thema und in Kontakt mit der SPD-Führung in Prag begann er illegale Organisationen aufzubauen. Politische Schulungskurse, Mundpropaganda und das Verfassen von Flugblättern war typisch für seine Arbeit in dieser Zeit. Von Februar bis Mai 1934 nusste er sich dem RAD (Reichsarbeitsdient) anschließen. Anschließend wurde er Zwangsmitglied der Studenten-SA. Von außen gesehen war er nicht länger verdächtig und war vorläufig sicher vor Verfolgungen. Um sicher zu sein, kehrte er 1935 an die Uni Bonn zurück. Wo er wenig später im Hauptfach Ethnologie und dne Nebenfächern Geographie und Geschichte promoviert wurde. 1936 legte er das erste Staatsexamen ab. In dieser Zeit versammelte er oppositionelle Studenten und trainierte die Unerfahrenen in illegaler Arbeit. Seine Gruppe schloss sich der Bonner Unruhegruppe an und 1934 kämpfte mit ihr gegen die HJ und die Studentenkorporation. Um sich zu tarnen wurde er 1937 NSdAP-Mitglied. Die SPD stimmte diesem zu, wie aus seinem 1948 verfassten Lebenslauf hervorgeht,[3]

1936 kehrte Eckert wieder nach Berlin zurück und wurde Studienreferendar. 1938 legte er das zweite Staatsexamen ab und wurde Lehrer am Schiller-Gymnasium in Berlin-Zehlendorf.

---

[1]   Der Bericht folgt einem Lebenslauf, den Eckert Ende der 1940s schrieb. *Archiv der Sozialen Demokratie* (Bonn) heritage Eckert; von hier als ASD.zitiert. Ich möchte Christoph Stamm von der FES (Friedrich Ebert Stiftung) danken, der mir half.

[2]   Hans-Peter Harstick, "Georg Eckert: Wegbereiter einer neuen Konzeption von Geschichte in Wisseschaft und Unterricht (1912-1974)", in: Ursula A. J. Becher und Rainer Riemenschneider, (eds.), *Internationale Verständigung - 25 Jahre Georg-Eckert-Institut für internationale Schulbuchforschung* (Hannover: Hahnsche Buchhandlung, 2000), pp.105-115.

[3]   Eckert erhielt die Parteinummerr 4.825.829. Eckerts Benennung in einem Fragebogen am 4 November 1942. Wehrmacht Auskunftstelle (WASt); Ich danke Prof. Dr. Hans-Peter Harstick, der mir Kopien besorgte. Personalakte Eckert E 210 Bd. 1-4. Prof. Dr. Helmut Castritius besorgte mir frendlicherweise diese Informationen.

Bis zum Kriegsausbruch lehrte er außerdem an der Luftfahrtschule in Jüterbog.

In Berlin erneuerte er seine anti Nazi-Aktivitäten, indem er eine Oppositionsgruppe um sich sammelte, die Mund-zu-Mund-Propaganda machte, aber zugleich verdächtigten und politisch Verfolgten und Juden half auf sehr konkrete Weie. 1936 überlebten sie ihre eigene Verfolgung durch die Polizei und setzten ihre Aktivitäten bis zum Ausbruch des Kriegs fort. Die Mobilmachung riss die Gruppe in Stücke. Eckert wurde am 20. Februar 1940 als Rekrut der 3. Fernmeldeeinheit einberufen. Am Frankreichfeldzug nahm er als Funker der 3. Infanterie-Division teil. Am 1. Juli 1940 wurde er zum Oberfunker befördert und am 1. September zum Obergefreiten.[1] Im November 1940 geschah etwas unerwartetes. Das Oberkommando der Marine forderte am 12 November vom Heer, dass er entlassen werde und für die Dauer des Krieges als Meteorologe zur Marine in Wilhelmshafen komme.[2]

Am 5, Februar 1941 wurde Eckert aus der Armee entlassen und am 10. Februar wurde er zum Hilfsregierungsrat ernannt und dem Meteorologischen Dienst der Marine in Wilhelmshafen und später Gotenhafen (Gdingen) unterstellt, wo er ein weiteres Training zum Meteorologen erhielt.[3] Im Juli 1941 wurde Eckert als zweiter Meteorologe in das Marine Observatorium in Saloniki versetzt.[4] Im Winter 1941 übernahm er das Kommando des Observatoriums als Vertreter des Kommandeursund am 10. Februar 1942 wurde zum Kapitänleutnant (Kaleu) befördert. Obwohl er ein Zivilist im Dienste der Marine war, musste er Uniform tragen. Da er Zivilist war musste er die Uniform eines Heeresmajors tragen, wie alle Zivilisten im Dienst der Wehrmacht. Von Beginn des Herbstes 1942 war er Kommandeur des Observatoriums.[5] Die Arbeit im Observatorium ermöglichte es Eckert, seine wissenschaftliche Arbeit fortzusetzen. Während eines Urlaubs im Februar 1943 qualifizierte Eckert sich als ein Professor an der Universität Bonn, und es wurde ihm der Titel Dr. phil. habil verliehen. Im Mai 1944 wurde ihm an der Universität Bonn der Titel Privatdozent verliehen. unter der Voraussetzung, dass er dort lebte, was während des Krieges ausgeschlossen war. Im August 1944 wurde Eckert zum Regierungsrat im Oberkommando der Marine befördert, was eine lebenlange Stellung war.[6] Von dem offiziellen Lob in Verbindung mit der Beförderung wird deutlich, dass er seine Abteilung sehr erfolgreich geleitet hatte und dass er von seinen Kameraden hoch respektiert wurde. Aber das Lob kritisierte, dass er keine militärisches Verhalten an den Tag lege und dass seine Abteilung kein militärisches Erscheinungsbild hatte.[7]

Der Krieg hielt Eckert nicht davon ab, gegen die Nazis zu arbeiten. In Frankreich kam er in Kontakt mit den Sozialisten in Le Creusot und Perreoy-le-forge. Seine große Chance kam

---

[1]   Dokument vom 11. Januar 1996. WASt.

[2]   Oberkommando der Kriegsmarine B. Br. 7851/40 A/TW VIII an Wehrkreiskommando III vom 12. November 1940. Das Oberkommando der Marie rechtfertigte dies so: Eckert ziviler Beruf sei Geograph und als solcher habe er die Qualification als Meteorloge für die Marrine zu arbeiten. Die Notwendigkeit für Meteorologen sei so hoch weil sie an Bord und an den langen Küsten in West-Europa benötigt würden, so dass der Chef des Marinewetterdienst gezwungen sei, alles ausgebildete Personal zu ordern. *E. ist im Zivilberuf Geograph und als solcher auf Grund seiner Vorbildung hervorragend geeignet, als Marinemeteorologe während des Krieges Verwendung zu finden. Der Bedarf an Meteorologen ist infolge der großen Anforderungen von seiten der Marinefrontstellen an Bord wie auch an den langgestreckten Küstengebieten Westeuropas so groß, daß der Chef Marinewetterdienst sich gezwungen sieht, auf alle entsprechend vorgebildeten Fachkräfte zurückzugreifen.* WASt.

[3]   Document vom 11. Januar 1996. WASt.

[4]   Die Darstellung folgt dem handschriftlichen Manuskript von Eckert *"Kurze Geschichte des Komitees 'Freies Deutschland' in Saloniki bis November 1944"* written in June 1946. ASD.

[5]   Harstick, *op. cit.*, p. 106.

[6]   Dokument vom 11 Januar 1996. WASt.

[7]   Beurteilung des Marine Gruppenkommando Süd-O. vom 2. Mai und 2. Juli 1944. WASt.

Georg Eckert als Marine Meteorologe

in Griechenland. Als Kommandeur der Marine-wetterstation in Saloniki unterstand er dem Chef-meteorologen der Marine in Sofia und dem des Marineoberkommando (OKM) und in Saloniki unterstand er dem Seekommando Saloniki. Diese lockere Kommandokette gab Eckert viel Bewe-gungsfreiheit, zumal kaum jemand seine Arbeit verstand. *"Dank meiner großen Landeskenntnis-se, die Folge zahlreicher Land- und Seereisen und meiner Beziehungen zur Bevölkerung wurde ich in vielen wirtschaftlichen und politischen Fragen als Sachverständiger herangezogen. Die in Saloniki stationierten Generäle und Admiräle waren mir z.T. privat bekannt, da es üblich war, sich durch mich in Saloniki und Umgebung füh-ren zu lassen. Diese halbprivaten Zusammen-künfte gaben mir oft Gelegenheit politischer Ein-wirkung. Bekannt war ich u. a. mit General-oberst Loehr, General Winter (Heeresgruppe E), Admiral Schuster (OB Marinegruppe Süd), Ad-miral Lange (Admiral Ägäis) u. a. m. Mit ver-schiedenen Stabsoffizieren verband mich z.T. en-ge Freundschaft, die sich oft auch auf das politi-sche Gebiet erstreckte. Größeren Einfluß besaß ich beim Ic der Heeresgruppe E und beim Ab-*wehroffizier Major Hammer, der sich von mir oft beraten ließ, und meinen an sich verbotenen gesellschaftlichen Verkehr mit Griechen deckte. Da ich 4 Jahre in Saloniki stationiert war, kannte ich fast alle irgend maßgeblichen Leute und auch bei den politischen Stellen ... den Sonderführer der Propagandastaffel, sogar einen Agenten der GFP, durch den ich über alle gefährlichen Aktionen unterrichtet wurde. Da ich so von den verschiedensten Seiten unter-richtet wurde, verfügte ich praktisch über einen eigenen Nachrichtendienst, der mir ermög-lichte, das Risiko der illegalen Arbeit wesentlich herabzumindern."[1]

Außerdem pflegte Eckert Kontakte mit Rumänen und Bulgaren und den Lehrern der deut-schen Schule. *"Aus all diesen Kreisen zog ich die Antinazis an mich heran, wobei ich sie je nach Eignung mehr oder weniger einweihte. So bildete sich im Lauf der Zeit eine feste Zelle von Antifaschisten aller Richtungen, für die meine Dienststelle den Mittelpunkt bildete. ... Die Tätigkeit unseres Kreises bestand in Mundpropaganda (später auch Flugblätter), Vorberei-tung eines Militärputsches, Sabotage in den NS-Stellen, Hilfe für die griechische Bevölkerung, später Aufstellung deutscher Partisanenverbände und offener Bruch mit dem Regime."[2]* Die ganze Zeit war Eckert in Kontakt mit illegalen SPD-Gruppen in Deutschland und sein Büro

---

[1] Eckert *"Kurze Geschichte"* .
[2] *Ibidem.*

wurde zum Treffpunkt von SPD-Mitgliedern.[1]

Schon im August 1941 kam Eckert in Kontakt mit den Griechen. Sein Kontaktmann war der Direktor der Universitätsbibliothek Dr. P. E. Formozis, der ein Heidelberger Studentenpartner von Eckerts Schwager war.[2] Formozis' Bibliothek war der Treffpunkt akademisch gebildeter Menschen, Deutschen und Griechen. Formozis und seine Frau Smaragda öffneten die Tür zur griechischen Gesellschaft in Saloniki und stellten Eckert wichtigen Leuten vor. Um seine häufigen Besuche bei der Familie Formozis zu verstecken und um sie vor Nachstellungen durch den Sicherheitsdienst (SD) zu schützen heuerte er beide als Dolmetscher für sein Büro an. Vom Ic (heute G2) Offizier erhielt Eckert die Erlaubnis private Kontakte mit Griechen zu pflegen.[3]

Eckert informierte vieler seiner Kontakte über seine wirklichen Ansichten und über die Arbeit der deutschen Opposition. So schuf er eine große Gruppe, die es lernte zwischen dem echten Deutschland und dem Dritten Reich zu unterscheiden, was später von großer Bedeutung war. Außerdem nahm Eckert Kontakt mit einfachen Menschen in der Stadt und auf dem Land auf. Unter der Deckung von ethologischen Studien veröffentlichte er zusammen mit Formozis eine Zeitschrift, die zehnmal veröffentlicht wurde.[4]

Dies brachte ihn in Kontakt mit vielen Lehrern, Priestern, Dorfbürgermeistern, örtlichen Würdenträgern und anderen einflussreiche Persönlichkeiten. Sein Einfluss reichte bis zum Struma-Fluss und Westmakedonien und Epirus. In der Hungersnot im Winter 1941 gelang es ihm, Hilfe zu organisieren,[5] und befreite 23 Gefangene aus einem lokalen KZ der Geheimen Feldpolizei und des SD (Sicherheitsdienst),[6] and verhinderte das Abbrennen von Dörfern

---

[1]   Eidliche Erklärung von Notar Dr. Wolfdietrich Eichler von Ravensburg am 25 May 1946: *"Ich traf in Dr. Eckert einen einwandfreien Antifaschisten, der seine Gesinnung nicht nur im Gespräch unter vier Augen bekannte, sondern sich auch nicht scheute, durch geeignete Verbreitung von zu seiner Kenntnis gelangten Tatsachen planmäßige antinationalsozialistische Propaganda zu treiben. Er gestaltete seine Dienststelle zu einem ausgesprochenen Oppositionskreis und war dafür bekannt, daß er seine militärische Stellung als Dienststellenleiter dazu nützte, um Griechen Hilfe angedeihen zu lassen. ... Daß er bei dieser Gelegenheit auch Verbindung mit der griechischen Widerstandsbewegung hatte, war mir schon lange vor dem Abzug der deutschen Truppen aus Griechenland bekannt."* ASD.

[2]   Rosemarie Sievers, *"Deutscher Widerstand in Griechenland - Versuch einer Deutung"* MS (Braunschweig, 1969). Ich danke Frau Rosemarie Rümenapf-Sievers, die mir eine Kopie ihrer Staatsexamensarbeit zukommen ließ.

[3]   Rosemarie Sievers, *"Deutscher Widerstand in Griechenland - Versuch einer Deutung"* MS (Braunschweig, 1969). Ich danke Frau Rosemarie Rümenapf-Sievers für die Überlassung einer Kopie ihrer Staatsexamensarbeit.

[4]   Drei Bände befassten sich mit *"Volkskundliche Beobachtungen und Materialien aus Zentralmazedonien und der Chalkidike"* und sieben mit *"Volkskundliche Miszellen aus Makedonien"*.

[5]   *"Vor allem im ersten Hungerwinter (41/42) war ich bemüht, im Rahmen meiner Möglichkeiten durch Beschaffung von Lebensmitteln, Kleidung etc. zu helfen. Ähnliche Maßnahmen, vor allem für die Arbeiter meiner eigenen Dienststelle, führte ich in den folgenden Jahren durch. ... Um unser griechisches Personal anständig zu versorgen, verzichteten die Soldaten meiner Dienststelle sogar auf einen Teil ihrer Ration. Beim Abzug der Wehrmacht sorgte ich dafür, daß alle zurückgelassenen Möbel, Textilien etc. an Bedürftige verteilt wurden."* Notizen von Eckert vom Juni 1946. ASD.

[6]   *Ibidem*; dort finden sich die Namen der Geretteten. In einem anderen Dokument findet man eidesstattliche Aussagen von sieben Griechen, die 1945 gerettet wurden. Smaragda Formozis sammelte diese und handigte sie 1952 Eckert aus bei der Gelegenheit des amerikanisch-deutschen Treffens von Historkern in Braunschweig. Unter den aus dem Konzentrationslager Pavlos Melas Befreiten wer: Der Lehrer und EAM-Mitglied. Xantos from Thessaloniki, vier Fischer von der Insel Tinos, drei Bauern von Vasilika, der Bäcker Nikolaos Kalpis von Thessaloniki, die Lehrerin und EAM-Functionärin Eftichia Printzou von Ioannina; darüber: Spyros Ergolavos, *H δίκη της Πρίντζου και οι εκτελεσμένοι των Ιωαννίνων* (Athen: Sokolis, 1988).

durch die SS.[1] Er verhalf Juden[2] und politisch Verfolgten zur Flucht.[3] *"In den ganzen Jahren besorgte ich zahlreichen Griechen Reisegenehmigungen, Auslandspässe, schützte sie vor Wohnungsbeschlagnahmungen, besorgte Transporte, Hilfssendungen aus Deutschland, schützte sie vor Übergriffen aller Art etc., insbesondere auch die Bauern, die vielfach nicht in der Lage waren, sich allein gegen die Erpressungen korrupter Deutscher und der griechischen Dolmetscher durchzusetzen."*[4] Auf der Chalkidiki Halbinsel half Eckert vielen Bauern gegen Angriffe von bulgarischen Soldaten, die in vielen Dörfern die deutschen Besatzer abgelöst hatten. Ο Κύριος Γιώργος war in vielen Dörfern gut bekannt.[5] In einer ethnologischen Studie in 1943 verwarf Eckert die bulgarischen Ansprüche auf die Chalkidiki Halbinsel, was von den Griechen mit großer Genugtuung registriert wurde.[6]

Im Sommer 1943 rettete Eckert das Dorf Krini, das südlich von Vasilika auf der Chalkidiki lag, vor der Zerstörung. In seiner Nähe befand sich eine Außenstelle des Marineobservatorium. Eckert berichtet: *"Es stellte sich heraus, daß Krini in äußerster Gefahr war. Die Einsatzgruppe Schubert, eine verrufene, dem SD unterstehende Sondereinheit, die zu einem großen Teil aus griechischen Verbrechern und Asozialen bestand, war danach im Marsch auf Krini und drohte, das Dorf zu vernichten. Der Anlaß war die angebliche "Desertion" zweier Bauernburschen aus Krini, die zum Eintritt in das Kommando Schubert gezwungen worden waren. Da ich über die Verbrechen des Einsatzkommandos informiert war, es war die gleiche Gruppe, die später Frauen und Kinder von Chortiatis bestialisch massakriert hat, zweifelte ich keinen Augenblick, daß Krini in höchster Gefahr war. Ich fuhr sofort nach Vasilika, um mit dem dortigen Ortskommandanten, einem Major der Reserve aus Dresden, zu sprechen. ... Ich könnte dabei nicht mit humanitären, sondern nur militärischen Erwägungen argumentieren. Ich erklärte dem Major, der offensichtlich in großer Verlegenheit geriet, daß eine eventuelle Zerstörung von Krini erhöhte Partisanentätigkeit zur Folge haben werde. In diesem Falle sei jedoch die Tätigkeit der Peilstation in Vasilika und Agia Triada gefährdet. Die Arbeit der Peilstationen sei aber für den U-Bootkrieg von höchster Bedeutung und müsse auf jeden Fall gesichert werden. Ich bäte daher um umgehende Abkommandierung eines Schutzkommandos nach Krini, ... Der Major, der offenbar vor einem Zusammenstoß mit dem SD Angst hatte, versuchte auszuweichen und den Fall dilatorisch zu behandeln. Ich erklärte ihm daraufhin sehr bestimmt, daß ich in diesem Fall umgehend den Ic der Heeresgruppe verständigen und gegebenenfalls ein Matrosenkommando nach Krini senden würde. Der Major, der um meine guten Beziehungen zur Heeresgruppe wußte, gab daraufhin umgehend den Befehl, eine Patrouille nach Krini zu senden. Schubert, der nach 1945 in Athen gehenkt wurde, verzichtete daraufhin auf weitere "Strafmaßnahmen"*[7]

Eckert verhielt sich auch hilfreich gegenüber den Juden von Saloniki. Als einige Juden sich an Formozis um Hilfe wandten, stellte Eckert einige von ihnen als ungelernte Arbeiter in sein Büro ein; einer von ihnen erhielt den Auftrag, einen Aufsatz über sephardische Bräuche zu schreiben und entging so der Verfolgung. Als im März 1943 die Deportation der Juden

---

[1]   *Ibidem*, Eckert nennt Dörfer aus der West Chalkidiki und aus Skopelos and Skiathos.
[2]   *Ibidem*, Er war in der Lage einige Zwangsarbeiter zu befreien (z. B. Bassou), anderen verhalf er zur Flucht in die italienische Besatzungszone uand, als die Transporte in die Extermination lager beganne zur Flucht in die Berge..
[3]   Eckert, "Zur Geschichte des Komitees 'Freies Deutschland' in Mazedonien." ASD.
[4]   Notiz vom Juni 1946. ASD.
[5]   Brief von Smaragda Formozis vom 30 Januar 1969. ASD.
[6]   Georg Eckert, *Siedlungsgeographische Beobachtungen aus der Chalkidike* (Thessaloniki, 1943); Sievers, *op. cit.*, p. 33 berichtet, dass der damalige Guverneur von Makedonien Chrysochoou eine große Besprechung dieser Studie in der Zeitung *I Proodos* (Kilkis, 14. August 1943) veranlaßte .
[7]   Sievers, *op. cit.*, p. 35.

nach Polen begann, warnte Eckert, der von der Existenz von Vevrnichtungslagern wusste, die jüdische Führung über Formozis und riet ihnen, in Massen zu fliehen. Unglücklicher Weise missachtete der Oberrabiner von Saloniki Cevi Koretz diese Warnung. Eckert selbst schaffe es, ein Dutzend Juden zu retten, indem er sie als griechische Arbeiter getarnt auf einen LKW lud und sie nach Verroia and Pella brachte, von wo sie sich leicht den Partisanen in den Bergen anschließen konnten.[1].

Neben diesen großen Hilfsaktionen half Eckert in vielen Einzelfällen. Das Ehepaar Formozis dokumentierte 1944/45 eine große Zahl solcher Fälle, und als sie 1951 Eckert in Braunschweig besuchten überreichten sie ihm Bescheinigungen und eidestattliche Erklärung.[2] Im Februar 1945 bezeugten fünf Bürger von Saloniki gegenüber den britischen Verwaltung schriftlich, dass Eckert sich comme il faut verhalten habe:

Le majeur allemand Mr George Eckert ... nous est parfaitement connue depuis Juillet 1941. Nous déclarons ... qu'il n'a pas manqué, en toute occasion de montrer une attitude sympathique vis-à-vis de la population grecque. ... Mr Eckert a puissamment contribué à aider les réfugiées hellènes provenant des territoires grecques cédés à la Bulgarie; avec l'aide des officiers allemands antifascistes, ses amis, il a réussie à loger des centaines des réfugiées, à leur fournir des vivres, des vêtements etc.

Il a sauvé plus de 20 Hellènes, détenus dans les camps de concentration allemands, comme "Pawlu Mela", "Chaidar" etc. Plusieurs d'entre eux lui doivent la vie. Parmi ces derniers nous sommes en état de citer 2 paysans de Wassilika, 4 pêcheurs de Tinos, le capitain Kostas avec son équipage de 7 hommes, de plus les nommes: Pritzu, Kassis, Sierros, Serrassis, Xanthos etc.

Mr Eckert a toujours employé son influence personnelle auprès les généraux allemands qui se sont succédé à Salonique, pour empêcher des destructions et crimautées [sic?] imminentes; c'est ainsi qu'il a sauvé de la destruction le village Krini et d'autres établissements en Chalcidique. Il est notoire, que s'est grâce à ses conseils qu'a été évité la destructions projetés de l'usine électrique de Salonique, du quai Nikis, des réservoirs d'eau etc.

Les étudiants de l'Université de Salonique, sujets britannique arrêtés par les autorités allemands, furent mis en liberté grâce à son intervention.

Lors de la persécution contre les juifs, plusieurs d'entre eux furent sauvés par lui des travaux forcés; lorsque les expéditions vers la Pologne eurent lieu, Mr Eckert essaya de cacher quelques-uns; d'autres purent se sauver auprès les insurgents grâce à son aide. Contre les efforts bulgares Mr Eckert a travaillé à tout occasion; en collaboration avec Prof. Formozis il a publié 10 volume des recherches folkloriques sur la Macédoine, tendant a contre carrer les aspirations bien connues des bulgares; se derniers, bien entendu, l'ont dénoncé à ses supérieures.[3]

Bis 1943 waren Eckerts Kontakte mit der griechischen Seite eingeschränkt. Aber im Som-

---

[1] *Ibidem*, p. 39. Während seiner Gespräche im Deutschen Kulturinstitut in Belgrad im Frühjahr 1942 Eckert hatte gehört, dass die Juden von Belgrad in einem Gaswagen umgebracht wurden und er erfuhr von der Existenz von Ausschwitz. *Ibidem*, p. 38. Die chronologische Einordnung der Warnungen erscheint etwa schwierig. Sie müssen stattgefunden haben bevor die Deportationen begannen. Denn die Juden wurden in einem Interim-Ghetto konzentriert, als diese begannen.z.B. im Baron Hirsch Ghetto und eine Flucht von dort wäre extrem schwierig gewesen. Im Falle einer Massenflucht wäre es zweifelhaft gewesen, ob die Partsanen in der Lage gewesen wären sie logistisch zu versorgen. Molho erwähnt diese Warnung nicht. Michael Molho, *In Memoriam. Hommage aux victimes juives des Nazis en Grèce* (Salonique, 1948).

[2] *Ibidem.*

[3] ASD.

mer dieses Jahres kam er in Kontakt mit einem Funktionär der EPON (Jugendorganisation der EAM) namens Fotiadis. Binnen kurzem entwickelte sich ein gegenseitiges Vertrauensverhältnis, das 1944 reiche Früchte trug.

Im Frühsommer 1944 erfuhr Eckert aus Deutschland, dass ein Militärputsch gegen Hitler bevorstand. Angesichts dieser Lage hielt es Eckert für sinnvoll, die Ziele seiner Gruppe schriftlich festzuhalten. Nach dem Krieg erinnerte er sich: *"An den Gesprächen, die zu der Formulierung führten, haben verschiedene Offiziere teilgenommen. Die vorliegende Fassung stammt von Herrn Dr. [Ernst] Cremer, meinem Stellvertreter ... und von mir. An der Vorbesprechungen haben außerdem der jetzige Professor Dr. Eichler,[1] der Kommandant der Küstenschutzflotille Mazedonien Schmidt und Oberleutnant Krohne vom Ic der Heeresgruppe E teilgenommen. Besonders wichtig war die Mitarbeit von Herrn Dr. Cremer, einem gläubigen Katholiken ... Cremer hatte vor seiner Einberufung als wissenschaftlicher Mitarbeiter am Bonner Museum König gearbeitet. ... Wir trafen uns bald in unserer gemeinsamen Ablehnung des nationalsozialistischen Regimes, ungeachtet mancher Nuancen in den positiven Programmzielen. Das vorliegende Programm stellt einen Kompromiß zwischen katholisch-konservativen und sozialdemokratischen Auffassungen dar. Der Inhalt mag in der Rückschau naiv klingen, man muß aber diesen Text, wie alle ähnlichen, aus der Situation des Jahres 1944 begreifen.*

Der Name DAK = Deutscher Antifaschistischer Kampfbund dürfte vermutlich von mir stammen. Hier klingen noch Erinnerungen an die 'antifaschistischen' Kämpfe der Zeit vor 1933 nach. Der Text war für unsere eigene Selbstverständigung gedacht: Er sollte darüber hinaus als gemeinsame Plattform dienen, falls es nach einer militärischen Erhebung zu Aktionen kam." Das Programm der DAK überlebte nicht ganz. Die noch existierenden Fragmente wurden von Formozis bewahrt und kamen 1952 zu Eckert zurück. Viele Elemente des Programms erinnnern uns an die Ideen der Verschwörer des 20 Juli und viele waren schon obsolet geworden. Nichtsdestotrotz gibt das Programm Einblicke in die Gedanken einer Gruppe deutscher Antifaschisten in Saloniki und soll hier veröffentlicht werden:

Außenpolitik

1) Der DAK kämpft für ein freies, unabhängiges Großdeutschland, dessen Grenzen auf Grund des Selbstbestimmungsrecht der Völker festgelegt werden sollen.

2) Der DAK vertritt eine enge wirtschaftliche, kulturelle und politische Zusammenarbeit aller Völker der Erde auf dem Boden völliger Gleichberechtigung und gegenseitiger Achtung. Er bekennt sich insbesondere zu der durch die gemeinsame Geschichte und Kultur bedingten europäischen Solidarität. Er kämpft gegen Chauvinismus, Völkerverhetzung, Rassen- und Religionsvorurteile und fordert eine allgemeine, aufrichtige Verständigungspolitik.

3) Der DAK verwirft jede imperialistische Kriegspolitik, fordert allgemeine Rüstungsbeschränkung und internationale Schiedsgerichtsbarkeit.

4) Der DAK fordert freie internationale Abmachungen, die eine gerechte Verteilung der Rohstoffe- und Nahrungsvorräte der Welt ermöglichen. Er kämpft für wirtschaftliche Gleichberechtigung, Handels- und Verkehrsfreiheit.

Innenpolitik

1)Der DAK kämpft für eine freiheitliche, demokratisch-parlamentarische Verfassung. Zur Vermeidung von Vermassungserscheinungen fördert er eine stärkere Betonung des ständischen Gedankens und eine die Gemeinschaftsbildung fördernde Form der lokalen

---

[1]   Nach Sievers, *op. cit.*, p. 41 Eichler lebte in the 1960er in the DDR.

und ständischen Selbstverwaltung.

Er wird gegen jede offene oder versteckte Form der Diktatur mit allen Mitteln kämp fen. Er fordert die sofortige Einberufung einer gesamtdeutschen Nationalversammlung.

2) Der DAK fordert eine zentralistische Reichsreform.

3 Der DAK fordert die Wiederinkraftsetzung der "Weimarer Verfassung". Die notwendi gen Reformen werden von einem durch die Nationalversammlung einzusetzenden Ver fassungsausschuß beschlossen.

4) Der DAK fordert die Reinigung des öffentlichen Lebens von allen faschistischen Ein flüssen und die Aufhebung bzw. Revision der nationalsozialistischen Gesetzgebung. Zur Sicherung des republikanischen Staates wird die Errichtung einer "Republikanischen Miliz" angestrebt. Die Aufstellung von militärischen oder halbmilitärischen Verbänden aller Art wird verboten.

5. Der DAK fordert Maßnahmen gegen ein ungesundes Überwuchern der Parteieinflüsse auf die Staatsführung.

6) Der DAK fordert den besonderen Schutz aller die Staats- und Volkskraft erhaltenden Stände, insbesondere des Bauerntums.

1944 schätzte der Stab der Heeresgruppe E und besonders der Ic (G2) die Lage im Süd-osten zunehmend schlecht ein Eckert strengte sich an, die Skeptiker zu Aktion zu bewegen.[1] Nach Aussagen von Frau Fprmozis hatte Eckert Informationen über die Vorbereitungen des Anschlagversuchs auf Hitler am 20 Juli 1944.[2] Eckert selbst berichtet, dass man über das fehl-geschlagene Attentat im Radio gehört habe. Er und seine Freunde waren enttäuscht und hoff-ten, dass die Radionachricht falsch war. Die Marineagenturen in Saloniki waren nicht sicher, ob die Armee in den Putsch verwickelt war oder nicht, und erließ den Befehl, dass den Be-fehlen der Armee nicht gehorcht werden sollte. Die Marine folgte nur den Befehlen des Oberkommandos der Marine und der SS. Löhr glaubt jedoch nicht an den Widerstand und er-klärt dem Führer seine Loyalität.

Anscheinend gab es einigen Widerstand in der Heeresgruppe E. Der Adjutant von Löhr, Oberst Leyherr, angeblich ein Schwiegersohn von Halder wurde nach Deutschland zurück-gerufen und erschossen. Der Sonderführer Ückert der Propagandaeinheit sagte zu Eckert, dass die Heeresgruppe über Funk Kontakt mit den Briten aufgenommen hätte. Sie seien bereit nach einigen symbolischen Widerstand gegenüber den Briten zu kapitulieen. Dies könnte ein Ge-rücht gewesen sein. Tatsache ist jedoch, dass der ehemalige Kommandant von Saloniki, Major Lotze, sich mit einem Teil seines Bataillons in die Türkei begab angeblich unter dem Druck von Partisanen. Gerüchte aus Athen besagten, dass es zu Schießereien zwischen Stabsoffi-zieren und der SS gekomen sei. Angeblich sei General Hellmut Felmy ein Mitglied des 20 Juli gewesen. All dies veranlasste Eckert, sich zu bewegen.

Er führte Gespräche mit höheren Offizieren. Kapitänleutnant, Schmidt, Kommandeur der Küstenverteidigungflotille spielte mit der Idee sich mit seiner ganzen Flottille in einen türki-schen Hafen zu begeben und sich selbst gegen Hitler zu erklären. Unglücklicherweise wurd er zu früh versetzt. Ein ähnlicher Fall war der Kommandeur der Flak. Doch viele junge Offiziere waren in der Wolle gefärbte Nazis und daher nicht ansprechbar. Ältere Offiziere waren schon demoralisiert und fürchteten die Rache der Partisanen. Nur wenige konnten überzeugt werden. Aber Eckert gab nicht auf und hoffte, dass es einen zweiten Anschlag auf Hitlers Leben

---

[1] Eckert, "Zur Geschichte", p. 2. ASD.

[2] "In early July 1944 professor Eckert gave the impression, that he was in sorrow and emotional expectance. One day he told us confidentially that a conspiracy was organized in the army to kill Hitler." Brief von S. Formozis. ASD. Eckert selbst sprach nicht über dieses Thema.

geben werde und darauf wollte er vorbereitet sein.[1]

Inzwischen erreichte durch den 20. Juli ausgelöste Verhaftungswelle Saloniki. Eckert wurde dreimal angezeigt, einmal bei den Bulgaren und einmal beim Maarineoberkommando (OKM). Eine Anzeige stammt von seiner eigenen Einheit. Ein gewisser Neubert, der ein "alter Kämpfer"der Nazi-Partei und ein ehemaliger SA Sturmbannführer war, denunzierte Eckert bei allen höheren Marinekommandos. Aber Eckert gelang es alle Anschuldigungen von Neubert zurückzuweisen und es gelang ihm sogar, ihn bestrafen zu assen. Gefährlicher waren die Angriffe des Luftwaffenmeteorologen Prof. Schott weil Eckert mit ihm offen geredet hatte und er einige seiner Verbindungen kannte. Aber auch diesen Fall überstand Eckert, weil er ein Ehrengericht anrief. Im dritten Fall informierte ein deutscher Major die Bulgaren über Eckerts kritische Bemerkungen über bulgarische Grausamkeiten in Ostmakedonien und Westthrakien. Ein bulgarischer Offizier, der Eckert kannte, schaffte es den Fall zu verschieben, aber eine Zeitlang wurden Eckert und Fomozis von den Bulgaren überwacht. Es wurde klar, dass es bald zu einer Verhaftung kommen könnte.. Angesichts dessen bereiteten Eckert und seine Freunde eine Flucht vor.

Kurz nach dem 20. Juli nahme Eckert mit der Hilfe von Formozis Kontakt zur EAM von Saloniki und zum Stab der 2. ELAS-Division auf.[2] Die EAM/ELAS beauftrage Giorgis Dimitrakos, der in Hamburg studiert hatte und fließend Deutsch sprach, mit Eckert Kontakt aufzunehmen und in Kontakt zu bleiben. Über ihr erste Treffen schreibt Eckert: *Ich erklärte Herrn Dr. Dimitrakos, daß es nicht in erster Linie um meine Sicherheit ginge, sondern daß ich mich mit Angehörigen meiner politischen Gruppe zum Anschluß an die griechische Widerstandsbewegung entschlossen hätte. Ich erklärte Dimitrakos, daß ich ein alter Sozialist sei, vor 1933 Vorsitzender der SSt in Berlin, und daß ich nun nach dem Scheitern des Militärputsches keine Chance für einen effektiven Widerstand sähe.*[3] Natürlich wusste Dimitrakos davon nichts, aber er kannte Eckert vom Sehen in der Universitätsbibliothek und sagte, dass er seine politischen Freunde konsultieren werde. Er tat dies und als die EAM Informationen über Eckert erhalten hatte und seine Aussagen überprüft hatte[4] begannen konkrete Verhandlungen, die mit folgenden Übereinkommen endeten:

Eckert werde sein Bestes tun, u Zerstörungen beim Abzug der Wehrmacht zu verhindern; nur militärisch absolut notwendige Dinge sollten vorgenommen werden.Die EAM garantierte, dass aus Saloniki abziehende deutsache Truppen nicht angegriffen würden.[5] Über Eckerts Gruppe wurde folgendes beschlossen:

1) Mein engerer Kreis tritt sofort zur ELAS über, bleibt aber solange bei der Wehrmacht, wie es unsere Arbeit erfordert.

2) Sämtliche deutschen Nazigegner, die sich bei den Partisanen befinden bzw. meiner Organisation angehören, werden in dem Komitee "Freies Deutschland" in Mazedonien vereinigt. Das Komitee untersteht meinem Befehl und gilt als ein Teil der ELAS. Als Komiteeleiter gehöre ich zum Stab der 2. Division (später 11. Division bzw. Armeeoberkommando).

3) Durch Flugblätter etc., deren Text wir entwerfen, wird die Wehrmacht aufgefordert,

---

[1] Eckert, *Kurze Geschichte*, ASD.
[2] Heinz A. Richter, "Georg Dimitrakos" *THETIS* 7 (2000), pp. 253-284.
[3] Eckert, "Die Geschichte der Kontaktaufnahme" ASD.
[4] The report of the result of this examination is found in a letter from Dimitrakos to the chief of staff Langouranis der OMM (Omada Merarchion Makedonias - group of the Macedonian divisions) of 13 November 1944, which was published in Επίσημα Κείμενα, p. 924f. Also in the article on Georgios Dimitrakos in THETIS and this volume.
[5] Sievers, *op. cit.*, p. 52.

den Kampf einzustellen und sich den deutschen Komiteeinheiten anzuschließen. Die ELAS garantiert ihnen absolute Sicherheit, sorgt für Verpflegung, Kleidung usw. Bei Abschluß des Waffenstillstandes werden die Freiwilligen sofort nach Deutschland geschickt.

4)Nach dem Abzug der Wehrmacht werden die deutschen Freiwilligen und Gefangenen in drei Gruppen geteilt: a) aktive Nazis, die abgesondert werden, b) Nazimitläufer und Indifferente, die wir propagandistisch bearbeiten und zu gewinnen suchen, c) aktive Antinazis, die als ELAS-Soldaten gelten.

5)Wir versprechen weiter alles zu tun, um die Leiden der griechischen Zivilbevölkerung zu mildern. Die ELAS verspricht dafür anständige Behandlung der deutschen Gefangenen.

Im September entwickelten Eckert und Dimitrakos Konzepte für die zukünftige Aktivitäten unter den deutschen Kriegsgefangenen.[1] Mitte September gelang es, Funkkontakt mit dem *Nationalkomitee Freies Deutschland* in Moskau herzustellen,[2] Dimitrakos schlug vor, dass sich Eckerts Kommittee "Antifaschistisches Komitee - Freies Deutschland" nenne.[3] Die sich nun entwickelnden Ereignisse waren ein Katz und Maus-Spiel zwischen den anti-Faschisten auf der einen Seite und der GFP (Geheimen Feldpolizei) und dem SD (Sicherheitsdienst), wobei Letztere bereit waren, der Person 200 Goldfrancs Belohnung zu bezahlen, die helfen würden die Verräter zu verhaften.[4]

Eckert betrachtete es als seine Hauptaufgabe, unnötige Zusammenstöße zwischen der Wehrmacht und der ELAS in der Stadt zu verhindern, die nur zu blutigen Verlusten in der Bevölkerung geführt hätten und beschloss, bis zum letzten Augenblick in der Stadt zu bleiben. Mit Unterstützung von Cremer und Bruno Skibbe[5] verhandelte Eckert fast täglich mit der Armeegruppe, dem Kampfkommandanten und der ELAS. Die Heeresgruppe unterstützte seine Aktivitäten, indem sie eine Ausweiskarte der Abwehr besorgte, die seine Aktivitäten legitimierte. Während den letzten beiden Besatzungsmonaten gab es eine Art Koexistenz zwischen der Wehrmacht und der ELAS. Die Wehrmacht zog sich auf zentrale Stellen der Stadt zurück und duldete die Infiltration der ELAS-Einheiten in die Vororte und in die höher gelegene Stadtteile. Zwar griff die ELAS gelegentlich Kollaborateure an, vermied aber jeden Zusammenstoß mit der deutschen Seite. Die deutsche Seite war ähnlich kooperativ und entließ gefangene Partisanenn. Sie tolerierte sogar eine Demonstration am Tag des italischen Angriffs 1940.[6] Dank Eckerts Mut und Verhandlungsgeschick kam es zu keinen Zusammenstößen bis und während des Rückzugs. Saloniki blieb praktisch unzerstört.[7]

Eckert hatte Dimitrakos über die Rückzugspläne der Wehrmacht informiert, die einen Marsch auf der Straße nach Westen durch Egnatia und Tsimski zum Lager von Kavalaki

---

[1] Nach Dimitrakos, *Apologismos*, p. 70 händigte Eckert ihm das wöchentlich erscheinende Informationsbulletin der Armee Gruppe aus; es muss das Feindblatt von der Gruppe Ic/AO gewesen sein. Vgl. den Artikel von H. F. Meyer in THETIS 7. Hermann Frank Meyer, "Die Erinnerungen des Hans Wende von 1942 bis 1944" *THETIS 7* (2000), pp. 320-3343. Dimitrakos erwähnt zwei Documente, die Sarafis veröffentlichte, aber diese stammten vom XXII. Geb. A. K. und von der Luftwaffe. Stefanos Sarafis, *in den Bergen von Hellas* (Berlin: Deutscher Militärverlag, 1964), p. 349f.

[2] *Επίσειμα Κείμενα*, p. 924.

[3] Dimitrakos, *Proschorisi*, p. 65.

[4] Eckert, "Die Geschichte der Kontaktaufnahme" ASD.

[5] Bruno Skibbe war ein altes Mitglied der Berliner SPD. Vor dem Krieg war er einer der bekanntesten Buchillustrationer gewesen..Im Krieg wurde Führer der Funkpeilstation in Rhodos. Skibbe und Dr. Cremer hatten den Rank eines Inspectors (entsprach dem eines Leutnants).

[6] Sievers, *op. cit.*, p. 55 und Artikel von Dimitrakos in THETIS.

[7] Vgl. Richter, Dimitrakos, p.

vorsah. Die EAM versprach eine kampföosen Rückzug und hielt ihr Wort. Wie Dimitrakos berichtet, informierte Eckert die EAM über die geplanten Sprengungen im Hafengebiet und ermöglichte es der EAM so, die Sprengkabel durchzuschneiden.[1]

Georg Eckert, Bleistiftzeichnung von Bruno Skibbe, Athen 1945

Neben diesen Bemühungen, den deutschen Abzug zu unblutig wie möglich zu gestaltenm gab es Kräfte in der Ic Abteilung der Heeresgruppe E die ihr Bestes teten, um die Spannungen zwischen rechts und Links zu vertiefen, um die zunehmende Spannung zu verstärken. Das eigentliche Ziel war, auf Befehl Hitlers, einen Zusammenstoß zwischen den Russen und den Briten zu provozieren.[2] Am 29. Oktober 1944[3] setzten sich Eckert, Cremer, Skibbe and

---

[1]   Eckert, *Die Geschichte der Kontaktaufnahme* ASD. Dimitrakos berichtet, dass dadurch das Elektrizitätskraftwerl, das Wasserwerk und dase Straßebahnzentrum nicht zerstört wurden. Dimitrakos, *Apologismos*, p. 74.
[2]   Vgl. Heinz Richter, *Griechenland zwischen Revolution und Konterrevolution, 1936-1946* (Frankfurt: EVA, 1973), pp. 488ff; Sarafis, *op. cit.*, p. 376.
[3]   Dimitrakos, *Apologismos*, p. 80; Eckert nennt irrtümlicheweise den 28 Oktober. Der Übergang der Eckert Gruppe wurde auf der deutschen Seite nicht bemerkt, wie ein Brief des the Direktors des Marin observatorium an Frau. Eckert vom 22 December 1944 beweist; man nahm an, dass Eckert noch auf dem Rückmarsch war. WASt.

Welfering[1] zur ELAS ab..[2] Auf ihrem Marsch wurden sie von bewaffneten Zivilisten auf unauffällige Weise gedeckt. Die weitere Entwicklung ist so faszinierend, dass Eckerts Bericht aus dem Jahr 1946[3] zitiert werden soll:

"Vor dem Gefängnis wurden wir von einer ELAS-Schutzwache in Empfang genommen und in den von der ELAS besetzten Stadtteil Tsinar-Sykies gebracht. Hier wurden wir auf das freundlichste empfangen und in einem Privathaus bis zum Einbruch Dunkelheit einquartiert. Da sich bald herumsprach, wer ich war, kamen zahlreiche Partisanen, mit denen es zu sehr interessanten Diskussionen kam. Am Abend hatte ich noch eine letzte Besprechung mit dem Kapitanios der Division [Lasanis - Athanasios Genios], in der ich eine Ausbreitung der am Bahnhof aufgeflammten Kämpfe zwischen Usbeken (Hiwis) und ELAS-Gruppen, die bereits 10 Tote gefordert hatten, verhinderte. Der Kapetanios erklärte den Widerstand der Usbeken für einen Bruch des Waffenstillstandes durch die Wehrmacht. Das Volk von Saloniki fordere jetzt den offenen Kampf. Ich erklärte ihm, dass das Volk von Saloniki, wenn die Stadt in Brand geschossen würde, die ELAS verdammen würde. Meine Argumente machten auf ihn sichtlich Eindruck und dürften die Entscheidung herbeigeführt haben. Einige Zeit darauf erschien der berühmte Kommandeur der 2. [sic] Division 'Jannis' [Ioannis Papathanasiou], um mir in einer griechischen Ansprache im Namen des Volkes von Saloniki für alle Hilfe zu danken. Er erklärte, unsere Zusammenarbeit wäre der Beginn neuer Beziehungen zwischen Griechenland und Deutschland. Er versprach vor allem, mit aller Kraft die deutsche antifaschistische Bewegung zu unterstützen.

Am folgenden Tag [1. November]... geleiteten [wir] einen ganzen Zug von Gefangenen und Überläufern (Deutsche, Usbeken, Italiener, griechische Faschisten etc.) nach Chortiatis, einem Dorf, das von griechischen Faschisten unter Führung des deutschen Feldwebels Schubert verbrannt worden war, wobei zahlreiche Frauen und Kinder ermordet, z. T. in Backöfen verbrannt worden waren. Als man unsere Begleitpapiere sah, wurden wir herzlich empfangen ... Ich ließ die Gefangenen versammeln und sprach zu ihnen. Da ich ersichtlich Eindruck machte (ein Teil der Gefangenen weinte), drängte mich der begeisterte griechische Kommandant, auch zu den Italienern zu sprechen. Mein Einwand, ich könne nicht italienisch sprechen, störte ihn in keiner Weise. Glücklicherweise schliefen die Italiener ... Statt dessen kam es zu einer völlig spontanen, tief bewegenden Solidaritätskundgebung mit der griechischen Dorfbevölkerung auf dem Marktplatz von Chortiatis. Als wir durch die geschwärzten Ruinen zu dem Dorfplatz gingen, kamen die Überlebenden des Massakers, die mich von früheren Besuchen her als einen Freund der Griechen kannten. In gebrochenem Griechisch sprach ich zu ihnen ... Meine Worte wurden mit großer Rührung aufgenommen. Der Bürgermeister, ein guter Bekannter, dessen Frau und 2 Kinder im Backofen lebend verbrannt worden waren, umarmte mich vor allem Volk und küßte mich. ... Am nächsten Morgen [2. November] zogen wir nach Asvestochorion, wo sich größere Partisaneneinheiten sammelten. Im Dorf, in dem ich von früher viele Freunde besaß, fanden begeisterte Siegesfeiern statt. Wir selber wurden im Gemeindehaus empfangen ..." Eckert kommentiert die Reactionen der grieehischen Bevölkerung :*"Es war ein unvergeßlicher Augenblick, der für die Menschlichkeit des griechischen Volkes zeugte. Ich kann mir nicht vorstellen, dass eine gleiche Szene 1944 oder 1945 in Oradour oder in Lidice möglich gewesen wäre."*[4]

---

[1]   Lecturert Welferinger stammte aus Lothringen. Sievers, *op. cit.*, p. 41.
[2]   Wie Dimitrakos in *Episima Keimena*, p. 925 schreibt, gab Eckert angeblich einige Hundert Handgranaten und einige Tausend Munition an die ELAS.
[3]   Eckert, *Geschichte des antifaschistischen Komitees Saloniki* (continuation); ASD
[4]   Sievers, *op. cit.*, p. 58.

Am Nachmittag marschierten die Partisaneneinheiten nach Saloniki. Ich bildete mit meiner Gruppe eine kleine Formation, mit der wir in Neapolis, einem Arbeitervorort Salonikis einmarschierten. Der Empfang war begeistert. Überall bildeten sich Sprechchöre: 'Es leben die deutschen Antifaschisten', 'Thälmann, Thälmann..' (Der in Griechenland sehr bekannt ist) etc. Besonders wurde beachtet, dass wir noch unsere Waffen trugen. Von den Frauen wurden wir mit Getreide- und Reiskörnern überschüttet, die nach griechischem Glauben Segen bringen. Als wir aus dem griechischen Zug abschwenkten, um den Divisionsstab in der Stadt aufzusuchen, wurden wir das Objekt einer Massendemonstration von ca. 1000 Arbeitern, die alles Vorstellbare überbot. Von einer großen Gruppe begleitet, marschierten wir in die Stadt, überall jubelnd begrüßt. Am Vardarplatz wurde eine Straßenbahn angehalten und für uns geräumt. Unter riesigem Krach fuhren wir durch die Stadt und wurden zum Divisionsstab am Nikiskai geführt, von wo uns der Kapetanios der Division in das Haus der EAM, der ehem. deutschen Stadtkommandantur geleitet. Wir erhielten dort eine eigene 'exterritoriale' Etage, in der jedem von uns ein eigenes Zimmer angewiesen wurde. Den Abend verbrachten wir in Gesellschaft einer ELAS-Kompanie, der wir betreuungsmäßig angeschlossen wurden. Am nächsten Morgen nahmen wir vom Balkon des EAM-Hauses mit unseren griechischen Freunden (darunter auch Formozis und Frau) die Siegesparade ab, die sich über den Nikiskai bewegte und von südländischer Begeisterung getragen wurde. Bezeichnend war, dass kein einziges antideutsches Transparent mitgeführt wurde. Die Demonstration stand ganz im Zeichen innerpolitischer Forderungen. Die Sprechchöre der Hunderttausende, die pausenlos wiederholt wurden, forderten 'Laokratia' (Volksherrschaft), Volkspolizei, KKE (Komm. Partei Gr.), EAM etc. Alliierte Fahnen waren relativ selten, die alles beherrschende Farbe war rot. Unter anderem marschierte auch eine Gruppe deutscher Kommunisten im Zug. ... Am Nachmittag wurde unser Komitee durch eine besondere Massendemonstration geehrt, die mit dem Ruf 'Thälmann, Thälmann' vor dem EAM-Haus an uns vorbeimarschierte. Mit dem Abklingen dieser ersten Tage der Volksbegeisterung, bei der nach außen straffe Disziplin geübt wurde (Alkoholverbot!), begann auch unsere praktische Arbeit.[1]

Am 2. November 1944 befahl das 2. Büro der 11. ELAS Division unter der Protokollnummer 1254 die Errichtung eines anti-faschistischen Komitees unter dem Kommando des deutschen Majors Georg Eckert. Dieser Befehl wurde von dem Divisionskommandeur Oberst Ioannis Papathanasiou and Kapetanios Lassanis unterzeichnet.[2] Eine Kopie dieses Befehls wurde an das ELAS-Kommando Makedonien (OMM) gesandt. Die Antwort kam am 14. November und war von general Evripidis Bakirtzis und kapetanios Markos Vafeiadis unterzeichnet_ *"Das von ihnen [11. Division] gebildete antifaschistische Komitee deutscher Soldaten "Freies Deutschland" wird uns direkt unterstellt. Als Führer des Komitees wird der deutsche Major Eckert eingesetzt."*[3] In enger Zusammenarbeit mit Dimitrakos wurde ein Entwurf für die Behandlung deutscher Kriegsgefangener der ELAS erarbeitet. Die deutschen Kriegsgefangenen und Deserteure sollten nach Saloniki gebracht werden. Dort sollte sie in folgende drei Gruppe aufgeteilt werden: a) Antifaschisten mit sozialitischer Orientierung, alte Revolutionäre und linke Kämpfer, b) Antifaschisten ohne Neigung zu einer politischen Partei, c) knallharte Anhänger Hitlers, Faschisten. Gespräche konnten mit den besseren Elementen geführt werden. Die Gefangenen sollte in ein Lager gebracht werden und entsprechend ihrer Erfahrung eingeschilt werden. Alle zwei Wochen sollte ein achtseitiges Blatt (*Das Freie Deutschland*) zur Auflärung der Gefangenen gedruckt werden. Eckert schlug der mazedoni-

---

[1] *Ibdem.*
[2] Der Originalbefehl und eine deutsche Übersetzung aus Eckerts Erbe. ASD.
[3] *Ibidem.*

schen ELAS (OMM) vor, die meteorologische Station wiederzubeleben. Die vier Spezia-
listcne der Station sollten den Status von ELAS-Freiwilligen erhalten. Er war bereit, Vorlesungen über Meteorologie für griechische Studenten zu halten. Am 15. November fasste
Dimitrakos diese Vorschläge zusammen und formulierte einen Bericht über die bisherige Zusammenarbeit und sandte ihn an das ELAS-Oberkommando in Makedonien.[1]

In den folgenden Wochen versuchten Eckert und seine Kollegen die Kriegsgefangenen der
ELAS zu registrieren und die Anti-Faschisten auszusortieren. Die ELAS sachätzte die Zahl
der Gefangene in Makedonien auf 3-4.000, davon allein 1.000 in Saloniki.[2] Bis zum Abzug
der Wehrmacht hatte die ELAS Gefangenenlager in den Bergen unterhalten, z.B. in e.g. in
Arnea (Chalkidiki) und in der Nähe von Kozani. Antifaschistische Gefangene konnten sich
den deutschen Partisaneneinheiten anschließen. Die anderen wurde als Kriegsgefangene behandelt, waren aber nicht unter der Überwachung des Roten Kreuzes.

Nach dem Abzug der Deutschen wurden die Gefangene in Arnea in das ehemaligen KZ
Pavlou Melas gebracht. Mitte November Traf eine Vorausabteilung der 4. Indischen Division
in Saloniki ein und kampierte außerhalb der Stadt. Da Pavlo Melas unter britisches Kommando kam, wurden die deutschen Kriegsgefangen britische POWs und wurden per Schiff ab-
transportiert. Unter diesen Deutschen war eine Gruppe von Partisanen, die mit Hilfe der ELAS
die britische Gefangenschaft vermieden.[3] Ende November erschien ein großes Kontingent
deutscher Gefangener.

Unter ihnen war der deutsche Sozialdemokrat Fred Faatz. Er hatte eine Laufbahn, die der
von Eckert stark ähnelte. Seit der Zeit von Kaiser Wilhelm II war sein Vater Gewerkschafts-
mitglied und Leiter der SPD gewesen . 1933 war er zur Auswanderung gezwungen worden.
Seit 1925 war sein Sohn Miglied der SAJ (Sozialistische Arbeiter Jugend). Später schloss er
sich der sozialistischen Schülerunion an. 1928 wurde er SPD-Miglied. In sener Studienjahren
1929 bis 1932 baute er in Frankfurt, Heidelberg und Darmstadt die sozialistsiche Studen-
tenunion mit auf und kämpfte leidenschaftlich gegen die Einfluss der SA in den Universitäten.
Als Faatz begriff, dass er keine Chance hatte, das juristische Staatsexamen zu bestehen,
bewarb er sich um den höheren Polzeidienst. Obwohl er das Examen bestand, wurd er in den
Dienst nicht aufgenommen. Nach 1933 schuf ein Netzwerk von Sozialdemokraten und
Gewerkschaftern, das bis 1938 funktionierte und etwa 49-50 Mitglieder hatte. Im Oktober
1938 wurde Gruppe entdeckt und ihre führendem Mitglieder zu 15 Jahren Gefängnis
verurteilt.[4]

Im Februar 1943 wurde Fatz zum Strafbataillon 999 versetz. Nach einer brutalen Aus-
bildung auf dem berüchtigten Heuberg wurde das Bataillon nach Griechenland versetzt. Nach
einem kurzen Intermezzo in Athen wurde das Bataillon auf eine der ionischen Inseln verlegt.
Zusammen mit anderen ehemaligen Sozialdemokraten gelang es Faatz, eine Untergrundgruppe
zu formen und kam mit der griechischen Resistance in Kontakt. Von da an waren die Anti-Pa-
tisanen-Angriffe immer erfolglos. Aber sie musste sehr vorsichtig sei, denn Gefahr drohte
nicht nur von den Hardlinern im Bataillon sonder auch von Kriminellen, die sich zu reha-
bilitieren versuchten, indem sie die Linken denunzierten. Ende Sommer 1944 wurde das
Bataillon aufs Festland verlegt und nach Norden gesandt. In Veroia schaffte es Faatz angeblich mit Gewalt gekidnapped zu werden, umso seinen Wechsel zu den Partisane zu verdecken.

---

[1] *Episima Keimena*, pp. 924-6.
[2] Eckert, *Zur Geschichte*, ASD.
[3] Eckert, *"Die Verhältnisse im ELAS-Gefangenenlager Saloniki und das Komitee Freies Deutschland, niederge-
     schrieben Mai 1946"*, ASD.
[4] Fred Fatz, *Bericht aus dem Jahr 1948*, ASD.

Er hatte Angst, dass wenn er einfach desertierte, seine Frau in ein KZ käme wegen Sippenhaft. Ein wenig später wurde Faatz in eine Soldatengruppe verlegt, die entweder desertiert war oder gefangen genommen war und nach Kozani verlegt wurde. Da diese Gruppe oft das Ziel plündernder Partisanen war[1] Faatz und eine Gruppe ehemaliger 999er verließen mit der Zustimmung der ELAS die Gruppe und traf nach einem abenteuerlichen Marsch in Saloniki ein.

Dort meldeten sie sich beim ELAS-Kommando und erfuhren zu ihrem großen Erstaunen von der Eckert-Grppe. Sie informierten die ELAS, dass sie die Führungs-Offiziere von 400 anderen Deutschen waren , die ihnen folgten. Die ELAS sandte sie zu der Leoforou Stratou Kaserne. Faatz und seine Gruppe unternahmen die notwendigen Vorbereitungen. Nach einem zweitägigen Marsch kam die Gruppe an. Faatz beschrieb, was dann geschah: *"Inzwischen hatten die Kommunisten die deutschen Männer eingeteilt. Sie bildeten zwei Kompanien und zwar eine, in der sie nur Leute aufnahmen, die sich als Antifaschisten erklärten und eine andere, in der sie alle jene steckten, die ihnen als Faschisten bekannt waren oder die sich nicht zum Antifaschisten bekannten oder sich als Kriegsgefangene der Partisanen betrachteten. Es war ohne Zweifel eine sehr unglückliche Einteilung, denn in der ersten Kompanie befanden sich, wie ich nachher feststellen konnte, mehr Kroppzeug als verläßlich Leute - abgesehen von ein paar eingeschriebenen Parteimitgliedern der KP - und in der zweiten waren eine Menge brauchbare Leute, die bei entsprechender Belehrung, sich sicherlich als besseres Material als die Mehrzahl in der erste Kompanie erwiesen hätten. Diese wurden aber durch die Methoden, wie man sie von Seiten der KP-Leitung aus behandelte, verbittert und abgestoßen. Die KP versuchte nun, die gesamte Gewalt in die Hände zu bekommen. Durch Zufall erfuhr ich von der geplanten Verteilung der Kommandostellen und konnte mich so einschalten und versuchen, die gröbsten Mißgriffe zu verhindern. Ibidem.* Eine Hauptfigur der Kommuisten war Ernst Hansch, ein ehemaliger Funktionär der KJVD Hamburg. Später wurde Hansch Redakteur der "Berliner Zeitung" in der DDR. Hansch versuchte größeren Einfluss durch die KKE zu gewinnen, musste aber feststellen, dass Eckerts Position unerschütterbar war.[2]

Inzwischen hatten sich Faatz und Eckert getroffen und mit großer Freude stellten sie fest, dass sie sich aus der Zeit ihrer illegalen Aktivitäten kannten, aber nicht persönlich sondern von ihren Veröffentlichungen. In enger Zusammenarbeit mit der ELAS und Eckert wurden die ehemaligen deutschen Soldaten erneut aufgeteilt. Dies erwies sich als schwierig.weil man zwischen unpolitischen Deserteuren, die aus persönlichen Gründen desertiert waren und den echten politischen Aktivisten. Eckert erinnerte sich später:

"Diese Unterscheidung war nicht immer ganz leicht, da sich alle als Nazigegner zu tarnen suchten. Tatsächlich aber gelang es uns aber, eine scharfe Scheidung durchzuführen und den Ausschluss aller nichtvöllig einwandfreien Leute aus dem Komitee durchzusetzen. In Saloniki blieben zuletzt ca. 250 Mann, denen wir die Rechte organisierter Antifaschisten einräumten. Sie wurden in zwei Kompanien zusammengefasst, in einem großen Kasernengelände untergebracht und einer strengen Disziplin unterworfen. Da es sich vorwiegend um Illegale usw. aus den Einheiten der 999 oder um zuverlässige Antifaschisten handelte, herrschte eine hervorragende Disziplin und Kameradschaft. Neben Arbeitsdienst wurde eine eingehende politische Schulung betrieben. Die beiden Kompanien stellten auch den Wach- und Streifendienst, der nötig war, um Übergriffe der in der Stadt befindlichen Deutschen zu verhindern. ... Deutsche, die geeignet waren, unser nationales Ansehen zu schädigen, wurden in die Gefangenen-

---

[1] Während den letzten Besatzungsmonaten hatten sich ungute Elemente den Partisanen anschlosen, die ihre eigenen perönlichen Interessen verfolgten und nichts mit den alten "klietelistischen Partisanen zu tun hatten.

[2] Sievers, *op. cit.*, p. 63.

lager überführt."[1]

Eckerts Komitee kümmerte sich auch um die Kriegsgefangenen. In größeren Camps gab es jeden Tag politisch und wissenschhaftliche Vorlesungen. Es gab Lesestunden und Sprachstudien. Durch Verhandlungen mit der ELAS wurde erreicht, dass die Gefangenen dasselbe Essen bekamen wie die ELAS-Partisanen. Eckert Kompanien nahmen die Überwachungspflicht für die Gefangenenlagern was Verfolgungen und Jagden verhinderte. Kranke Personen wurden in ELAS-Krankenhäusern behandelt, wo deutsche Ärzte, Apotheker und männliche Krankenpfleger arbeiteten. In den Camps waren sie formal unter der Kontrolle der ELAS und diese hatte keinen offiziellen Kontakt zum Roten Kreuz weshalb keine Briefer gesandt werden konnten. Aber Eckert schaffte es informell, dass alle Gefangenen auf Rotkreuz-Briefformularen schreiben konten. Er erhielt den Befehl, die Briefe zu zensieren und übergab sie persönlich dem Roten Kreuz. So erreichten sie sicher ihre Adressen.[2] Jeden zweiten Tag informierte Eckert die Gefangenen über die Tagesnachrichten.

"Am Anfang stieß ich auf eine gewisse Ablehnung, die sich aus der Propaganda einiger Nazis und den schlechten Erfahrungen mit den Bergpartisanen ergab. Auch die unpsychologische Propaganda einiger kommunistischer Genossen hatte mehr geschadet als genützt. Als die Gefangenen nach einigen Tagen erkannten, daß wir für sie alles taten, was in unseren Kräften stand, bildete sich bald ein Vertrauensverhältnis, das sie für die SPD zugänglich machte. Am Schluß stand die große Mehrheit hinter uns."[3]

Das Komitee war in Kontakt mit den britischen militärischen Kommandostellen und dem Vertreter des Roten Kreuzes. Zugleich versuchten wir, Deutsche, die mit Griechinnen in Saloniki verheiratet waren, mit den Gefangenen in Kontakt zu bringen. Sogar eine deutsche Zeitung „"Das freie Deutschland", wurde veröffentlicht und an die Gefangenen verteilt. Informations Blätter über die Arbeit des Komitees wurde an Griechen verteilt, was die Funktionäre von EAM und ELAS beeindruckte; *"Am Anfang stieß ich auf eine gewisse Ablehnung, die sich aus der Propaganda einiger Nazis und den schlechten Erfahrungen mit den Bergpartisanen ergab. Auch die unpsychologische Propaganda einiger kommunistischer Genossen hatte mehr geschadet als genützt. Als die Gefangenen nach einigen Tagen erkannten, daß wir für sie alles taten, was in unseren Kräften stand, bildete sich bald ein Vertrauensverhältnis, das sie für die SPD zugänglich machte. Am Schluß stand die große Mehrheit hinter uns."*[4]

Wahrscheinlich hatte Eckert in dieser Zeit ein Gespräch mit dem G2 der 4. Indischen Division. Eckert informierte ihn über seine Gruppe und die Bewegung "Freies Deutschland" in Griechenland. Er beeindruckte ihn als einen echten anti-Nazi und dies wurde bestätigt. Eckert und die Mitglieder seiner Gruppe waren zur jeder Zusammenarbeit bereit, sogar zu Fallschirmaktionen. Er und seine Gruppe hatten persönliche Personalausweise der ELAS von Makedonien, die es ihnen erlaubte, sich in der Region von Saloniki frei zu bewegen.[5]

Als im Dezember 1944 die Dekemvriana, der Kampf zwischen der ELAS und den Briten ausbrach, gab es deutsche Kommunisten, die auf der Seite der Griechen mitkämpfen wollten. Eckert und Faatz lehnten dies als Einmischung in innergriechische Affären abund stießen auf volle Zustimmung der ELA-Führung. Eckert erhielt sogar einen Befehl von Lassanis an die ELAS, die Deutschen in den Kampf zu ziehen. Das Komitee selbst verbot jede Einmischung in inner-griechische Angelegenheiten. Die Mehrheit der deutschen Anti-Faschisten waren der-

---

[1]   Eckert, *Zur Geschichte*, ASD.
[2]   Eckert, *Die Verhältnisse im ELAS-Gefangenenlager Saloniki und das Komitee N.D.* ASD.
[3]   *Ibidem.*
[4]   *Ibidem.*
[5]   PRO FO 371 48.256 R 3.339 Main 4 Ind. Div. No. 806/G. 18 Jan. '45.

selben Meinung, was die Kommunisten verärgerte. Nichtsdestotrotz versuchte die griechische Rechtspresse die Anwesenheit deutscher Anti-Faschisten für ihre Propaganda zu instrumentalisieren. In der rechten Presse in Saloniki erschienen Artikel, in welchen behauptet wurde, dass uniformierte deutsche Soldaten in Athen gekämpft hätte. Nach ihrer Meinung war es inakzeptabel, dass Deutsche, Italiener und Bulgaren sich in Saloniki frei bewegen konnten. Die Forderung war besonders übel, da damit versucht wurde, den Hass auf die Bulgaren auf die EAM/ELAS umzulenken.[1]

Nach der Niederlage der ELAS in Athen und der Unterzeichnung des Varkiza-Vertrags am 11 Januar 1945 entstand auch eine schwierige Situation für die deutschen Anti-Faschisten. Das ELAS-Oberkommando befahl, dass sich alle Regimenter und Divisionen aus den Städten zurückzogen und sich in jene unzugänglichen Gebiete zurückzogen, von denen aus die ELAS den Kampf gegen die Wehrmacht geführt hatte.[2]

Dies bedeutete, dass die 11. ELAS-Division Saloniki verlassen musste und Einheiten der 4. Indischen Division die Stadt besetzen würden. Eckert und seine Freunde hatten nicht vor, die Partisanen in die Berge zu begleiten. Sie hatten Sorge vor dem Stress und den Plünderungen der ELAS-Mitglieder, die nicht länger den Befehlen ihrer Führer gehorchten. Faatz erinnerte sich an ein anderes Problem: *"Ein weiterer Mißstand war, daß die ELAS, die sich ursprünglich aus allen Parteien zusammensetzte, immer mehr und mehr in die Hände der Linksradikalen geriet. Die Mitglieder der anderen Parteien liefen gegen diese Entwicklung innerhalb der ELAS - besonders die Sozialdemokraten - Sturm. Die Folge war, daß sich die Kämpfe in der Organisation zuspitzten. Allmählich wurden die Demokraten und Sozialdemokraten daraus verdrängt. In Saloniki kam es sogar dazu, daß die Parteiräume der SP im Januar 45 gestürmt und geplündert wurden. Diese Dinge hielten uns davon ab, weiter mit der ELAS zu gehen. Das besagt aber nicht, daß wir uns der ELAS nicht zu Dank verpflichtet fühlten. ... Da sich die Dinge aber nun zum innenpolitischen Kampf zuspitzten, konnten wir nicht mehr mitmachen. ... Die Frage war für uns nur die, wie wir auf einigermaßen anständige Weise aus diesem Kreis herauskommen sollten, um nicht mit in die Berge zu müssen. Unser Ziel war ja nicht, in Griechenland zu bleiben, sondern so schnell als irgend möglich mit den Westmächten, bzw. durch deren Hilfe nach Deutschland zu kommen."*[3] Außerdem fürchtete Eckert, dass nach der Niederlage der griechischen Rechten sie ihren Hass auf die Linke auch auf die deutschen Anti-Faschisten richten könnten. Eckert informierte den Kommunisten-Führer Hansch über seine Bedenken. Hansch entgegnete, dass er und die Kommuisten sich zur Sowjetunion durchschlagen würden. Sie stimten überein, dass jede Gruppe das tun sollte, was sie für richtig hielt.[4]

Um nicht unerwünschte gewaltsame Reaktionen zu provozieren, wurden alle möglichen Tricks angewandt. Die Briten wurden gebeten, am 16 und 17 Januar jeden Deutschen, der erschien und sagte, dass er der Eckert-Gruppe angehörte und ihn als Ant-Faschisten zu akzeptieren und ihn einer besonderen Kategorie von Gefangenen zuzuteilen. Die Briten stimmten zu und so schlossen sich ihnen viele SPD orientiere Antifaschisten an. Die kommunistisch orientierten Anti-Faschisten erhielten Waffen von der ELAS und machten sich auf den Weg nach Norden. Eine Gruppe vo 50 Mann marschierte in Richtung auf Jugoslawien und eine 40 Mann

---

[1]   Sievers, *op. cit.*, p. 65. Wenig später taauchte das Wort EAMo-Voulgaros womit die EAM Mitglieder als Bulgaren denunziertwurden..

[2]   Sarafis, *O ELAS*, p. 525.

[3]   Fatz, *Bericht aus dem Jahr 1948*, ASD; wahrscheinlich bedeutete SP meant SKE (Sosialistiko Komma Elladas - Socialist Party of Greece)..

[4]   Sievers, *op. cit.*, p. 67; die kommunistisch Version findet sich in Burkhadt, *op. cit.*, p. 302.

zählende Gruppe steuerte in Richtung Bulgarien.[1] Das Schicksal der nach Jugoslawien steuernden Gruppe ist unbekannt.[2] Die anderen wuden von den Bulgaren an die Soviets übergeben und in ein sowjetisches Gefangenenlage gesandt, von wo sie wie z.B. Hansch erst 1948 zurückkehrten.[3]

Der Fall der Kriegsgefangenen der ELAS ist komplizierter. Als die 11. Division ihren Rückzug aus Saloniki nach Klkis vorbereitete, wollte sie die deutschen Gefangenen mitnehmen. Eckert erkannte, dass dies den Tod vieler Gefangener bedeuten würde, weil viele krank waren und keine geeignete Kleidung für das Winterwetter hatten. Eckert wandte sich an den Divisions-Kapetanios Lassanis und bat ihn, ihm die Kranken und Marschunfähigen zu überlassen. Lassanis und der Kommandeur der Division Ioannis Papathansiou lehnten den Vorschlag ab: *"Am Morgen des Abmarschtages, einem Regentag, der unsere Leute zur Verzweiflung brachte, versuchte ich zusammen mit dem Genossen Faatz erneut den General zu sprechen. Leider war kein verantwortlicher Offizier anzutreffen. Im letzten Augenblick gelang es mir, einen mir befreundeten ELAS-Funktionär, Dr. Georg Dimitrakos, der ... lange Zeit mein illegaler Verbindungsmann zur EAM und ELAS gewesen war, zur Ausstellung eines Freigabescheins für die Kranken zu bewegen. Inzwischen waren die Gefangenen bereits abmarschiert, Faatz und ich, die im Dauerlauf hinter ihnen herhetzten, holten sie noch in der Stadt ein. Durch Überredung des griechischen Transportführers gelang es mir, fast sämtliche Gefangenen freizubekommen."[4]*

Die Gefangenen wurden als Kranke dem Roten Kreuz ausgehändigt.und diese übergaben sie dem Roten Kreuz; so wurden ihre Leben gerettet, nur wenige hätten den Marsch durch die Berge überstanden.

Wie schon erwähnt hatten Eckert und Faatz und die anderen Mitglieder des Komitees ein Interesse daran die ELAS begleiten, die in die Berge marschierte. Um nicht ihre Freunde im ELAS-Kommando zu verärgern, fanden sie eine gesichtswahrende Lösung. Sie ließen sich von den Briten für einige Tage festnehmen. Sie hatten vereinbart, dass sie nach dem Abzug der ELAS wieder freigelassen würden. Die Vereinbarung wurde eingehalten. Nach drei Tagen wurden die Gefangenen frei gelassen. In den folgenden drei Tagen wurden sie Augenzeugen des beginnenden weißen Terrors. Die Briten hatten den Mitgliedern des Komitees Ausweise gegeben, die es ihnen gestatteten, sich in Saloniki frei zu bewegen. *"Inzwischen waren in der Stadt Angehörige der staatserhaltenden und Rechtsverbänden aufgetaucht. Nun ging die Sache erst richtig los. ... An manchen Tagen trauten wir unseren Augen kaum. Sahen wir doch einige - und zwar nicht wenige - der ehemaligen ELAS-Anhänger und meistens waren es gerade die blutrünstigsten, nun stolz in der anderen Uniform herumlaufen und nach ELAS-Anhängern fahnden."[5]*

Eckert und Faatz wollten bis zum Kriegsende in Saloniki bleiben.und von dort nach Deutschland zurückkehren. aber inzwischen hatte man im britischen Hauptquartier anders entschieden und befahl ihnen zur Vernehmung nach Athen zu kommen. Deshalb wurden Eckert und die Komiteemitglieder freiwilige Kriegsgefangene der Briten. Die Briten transportierten Eckert, Faatz und die anderen Mitglieder des Komitees nach Athen und steckten sie in das Kriegsgefangenelager Goudi. Nach erneuten Verhören gewannen die Deutschen den Ein-

---

[1]   Burkhardt, *op. cit.*, p. 303f.
[2]   Oley, *op. cit.*, p. 113.
[3]   Faatz, *Bericht aus dem Jahr 1948*, ASD. In "Zur Geschichte" Eckert gibt mehr Namen von deutschen Kommunistens, die, als er seinen Bericht schrieb, immer noch in einem sowjetischen Gefangenenlager waren, so Emil Dröse, Karl [?] Müller, Friedrich Vogel, August Pirker.
[4]   *Ibidem*
[5]   *Ibidem.*

druck, dass die Briten ihre bisherigen Aktivitäten ehrten und sie anständig behandeln würden. Aber die Dinge liefen anders. Sie wurden nach Italien überführt und Eckert wurde von den anderen getrennt und nach Rom gebracht. Dort entwickelte er einen üblen Lungenabzess und wurde in ein Krankenhaus gebracht. Im August 1945 wurde er in dem ersten Lazarettzug nach Deutschland gebracht. Bis November 1945 blieb er in einer Spezialklinik in Goslar. Seit 1945 war er wieder ein aktives SPD-Mitglied.

Wenn man zurückschaut, kann man den Eindruck gewinnen, dass vieles was Eckert und seine Gruppe getan haben, als wenig wichtig erscheint, weil es keine politischen Ergebnisse hatte, aber es gibt keinen Zweifel, dass es echter Widerstand gegen das Nazi-Regime war, wie dies Fritz Bauer definierte. Einige Aussagen mögen dem kritischen Auge eines Historikers nicht standhalten, und gelegentlich erscheinen sie leicht übertrieben. Aber dies ändert nichts an den Tatsache, dass Eckert und seine Gruppe substantiell den schlechten Eindruck verringert hat, den der deutsche Faschismus in Griechenland hinterließ und die verdient unsere größte Hochachtung.

Faatz und den anderen ging es schlecht, Sie hatten ebfalls geglaubt sie würden über London nach Deutschland gebracht werden zusammen mit Eckert- Aber Faatz wurde nach Tarent gebracht und in ein normales Kriegsgefangenenlager gesteckt. Als Faatz protestierte und sagte dass der Secret Service versprochen habe, ihn nach London zu bringen, wollte sie ihn in ein Lager stecken, wo nur Nazis einsaßen. Als Faatz heftig protestierte, wurde er in Einzelhaft gesteckt und etwas später nach Afrika verlegt. Die Geheimienstoffiziere dort konnten oder wollten nicht zwischen Kommunisten und Sozialisten unterscheiden und betrachteten ex-Nazis als ein geringeres Übel als Kommunisten. Faatz wurde entsprechen behandelt. Aber es gelang ihm über den Schweizer Gewerkschaftsbund die Labour Party zu kontaktieren und wurde Anfang 1947 nach Deutschland entlassen.

Die anderen Mitglieder von Eckerts Gruppe erlitt ein ähnliches Schicksal. Als Eckert seine Erinnerungen zu Papier brachte, als er Lungenhospital in Goslar war, waren die meisten seiner Gruppe noch in Ägypten. Cremer arbeitete als Lehrer und Rundfunksprecher. Skibbe arbeitete als Maler in Kairo. Johann Welferinger aus Diedenhofen in Lothringen, der in Bonn Geschichte studiert hatte und in Eckerts Station als Unteroffizier gedient hatte, wurde sofort entlassen und schloss sich sofort de Gaulles Armee an. Wolfgang Simon, der aufgrund seiner Sprachenkenntnisse als Dolmetscher der Gruppe gearbeitet hatte, wurde nun Dolmetscher im Camp in Bagdad. Andere Mitglieder der 1. und 2. anti-faschistischen Kompanie waren auch in Ägypten.[1] Die Behandlung dieser Sozialdemokraten spricht nicht für die Weitsicht der verantwortlichen Offiziere zumal bekannte Nazis viel früher entlassen wurden. Dies scheint in einigen britischen Camps in Nahost üblich gewesen zu sein.[2]

Im November wurde Eckert Dozent für Geschichte an der Pädagogischen Hochschule in Brauschweig. In den nächsten drei Jahren befasste er sich wissenschaftlich in drei Richtungen. Erstens überwachte er die Reform der Lehrerausbildung und die des Geschichtsunterrichts und veröffenlichte unter anderem die "Beiträge zum Geschichtsunterricht" . Zweitens befasste er

---

[1] Eckert erinnerte sich an die folgenden Namen Meyer, SPÖ, Ingenieur aus Wien; Leo Pöckel, SPÖ, Mondsee; v. Hagen, SPD, Buchdrucker aus Plettenberg; Dr. Finkeldey, Stabsarzt, Assistanzaarzt in der Charité; Gruber, ADGB; Dr. Abendroth, SAP; Hans Reinhold, SPÖ, Wien.

[2] Man vergleiche den Bericht von Ludwig Gehm in Dertinger, *op. cit.*, p. 158. Als der ehemalige Partisan im Lager 379 im Januar 1945 ived in camp 379 akam. Saah er Nazi Symbole und Nazi Flagen. Er bemerkte dass die Nazis unter den Gefangene in jeder hinsicht begnstigt wurden.Später fanden sie die Gründe für das seltsame Verhalten heraus. Die verantwortlichen Militärs waren als Strafe drthin versetzt worden, weil sie Anhänger des britischen Faschistenführers Oswald Mosley waren. Mehr in *Gewerkschaftliche Praxis* 3 (1995), p. 11

sich mit der Geschichte der deutschen Arbeiterbewegung, d.h. der SPD.[1] Drittens versuchte er zusammen mit anderen Historikern und einem Lehrerverband eine Revision der Geschichtsbücher der formaligen Kriegsgegner durchzusetzen, d.h. er versuchte, sie von nationalen Vorurteilen und Feindbildern zu säubern. Zu diesem weck gründete er 1951 das "Institut für internationale Schulbuchverbesserung"

Seit 1956 veröffentlichte er und seine Anhänger das *"Internationale Jahrbuch für den Geschichtsunterricht"* und die *"Schriftenreihe des Internationalen Schulbuchinstituts"*[2] Eckerts größter Erfolg war die Entgiftung der polnischen und deutschen Schulbücher mitten im Kalten Krieg.

Eckert mischte sich auc weiterhin in die Politik ein. Neben seinen parteipolitischen und kulturellen Aktivitäten innerhalb der SPD schuf er und vergrößerte er die Geschichtsabteilung der Friedrich Ebert-Stiftung in Bonn. Zugleich unterstützte er die Gewerkschaften. Er war einer der Gründer der GEW (Gewerkschaft Erziehung und Wissenschaft. 1950 gründete er den Verband der Geschichtslehrer in Deutschland. Von 1949 bis 1964 war er Schatzmeister dieser Gesellschaft. Seit 1950 war er Vorstandsmitglied des berühmten Institut für Sozialgeschichte in Amsterdam.[3]

Für seine europäische Versöhnungsarbeit wurde er mit dem Straßburger Europa-Preis ausgezeichnet. 1961dekorierte ihn der französische Botschafter mit dem Preis "Palme Academique"; im selben Jahr erhielt er das Offizierskreuz Italiens. An seinem 60. Geburtstag wurde auf Anrgung des Außenministeriums mit dem großen Verdienstkreuz ausgezeichnet. 1973 folgte der Kulturpreis des DGB.[4]

Trotz seiner vielen Aktivitäten vergaß Eckert seine Zeit in Griechenland nicht. Loyalität und Solidarität mit alten Freunden war typisch für ihn. Ein Brief aus Griechenland in den 1950er Jahren beweist dies. 1966 trafen sich Eckert und Dimitrakos und verfaßten ein Gedächtnisprotokoll über die Ereignisse jener Jahre. Als die Junta 1968 seinen alten Freund Dimitrakos als Vize-Direktor der deutschen Schule in Athen feuerte, wandte sich Eckert an Außenminister Willy Brand und etwas später konnte Dimitrakos wieder auf seinen Posten zurückkehren. Die ganzen Jahre hindurch blieb Eckert wissenschaftlich an Entwicklungen in Griechenland interessiert, besonders Bücher über die Okkupation interessierten ihn. Er verfolgte die Literatur zu diesem Thema mit großen Interesse.[5] 1974 starb er plötzlich während eines Vortrags; er war erst 62 Jahre alt. Aber seine Arbeit ging weiter. Im Jahr 2000 zelebrierte sein Institut die 25 Jahr-Feier. Das Institut bemühte sich zu einer Versöhnung zwischen Griechenland der Türkei und Zypern beizutragen, indem man die dort verwendeten Schulbücher entgiftete - leider vergeblich bislang.

---

[1] Georg Eckert, *Hundert Jahre Braunschweiger Sozialdemokratie* (1965).
[2] Horst-Rüdiger Jarck und Günter Scheel (eds.), *Braunschweigisches Biographisches Lexikon 19. und 20. Jahrhundert* (Hannover: Hahnsche Buchhandlung, 1996), p. 154.
[3] Harstick, *op. cit.,* p. 108.
[4] *Ibidem.*
[5] Als 1973 mein Buch *Griechenland zwischen Revolution und Konterrevolution* erschien, erhielt ich einen äußerst freundlichen Brief von Eckert, in welchem er mir ein persönliches Treffen vorschlug, welches unglücklicher Weise leider nicht stattfand, weil er plötzlich starb.

Eckerts Personalausweis der ELAS

GIORGIOS DIMITRAKOS
Resistance-Kämpfer, Humanist, Europäer und Erzieher

Die deutsch-griechischen Beziehungen im 20. Jahrhundert gingen durch Höhen und Tiefen, die von ernsthafter Freundschaft bis zu tiefer Feindschaft reichten. Obwohl sie sich in den 1950er Jahren aussöhnten, litt die griechische Seite immer noch an Traumata von der Erfahrung der Besatzungszeit, die erkannt und respektiert werden mussten. Gedankenlose deutsche Handlungen können Reflexe wiederbeleben, von denen man angenommenr hatte, dass sie nicht länger existierten. Sie zeigen, dass der Schorf über den Wunden, die im Zweiten Weltkrieg zugefügt wurden, noch immer sehr dünn ist. Taktvolles Benehmen auf der deutschen Seite wird sicher dazu beitragen, den Vernarbungsprozess voranzubringen. In den vergangenen 50 Jahren hat die Diplomatie viel dazu beigetragen, das Erbe der Vergangenheit zu beseitigen, aber die entscheidenden Schritte zur Aussöhnung wurden auf der zwischenmenschlichen Ebene gemacht. Die kulturelle Arbeit der Goethe-Institute trug beträchtlich dzu bei, und die deutschen Schulen in Athen and Thessaloniki spielten auch eine wichtige Rolle in dem Prozess der deutsch-griechische Wiederannäherung. Hier kamen griechische und deutsche Erzieher zusammmen, die es als ihre Aufgabe betrachteten, eine deutsch-griechische Schule mit gegenseitigem Respekt zu schaffen, die nicht nur die Vergangenheit überwinden und die deutsch-griechischen Beziehungen auf eine neue Grundlage stellen wollten, sondern auch beabsichtigten, ihre Schüler zu guten Europäern zu erziehen.

Die Anfänge waren schwierig und begleitet von gegenseitigen Mißtrauen, aber es gab große Menschen, die der Vision einer friedlichen Vergangenheit folgten und sie nahmen diesen Weg unabgestoßen durch die tägliche Politik und Diplomatie und verloren nie ihr Ziel aus den Augen. Einer von ihnen war Georgios Dimitrakos und es ist sein Lebensweg, den wir in diesem Artikel verfolgen wollen. Wenn am Ende dieses Weges es wieder Missverständnisse zwischen den Griechen und Deutschen gab, sollte dies als eine erneute Erinnnerung und Verpflichtung verstanden werden, die andere Seite mit größerem Respekt zu behandeln, und zwar nicht oberflächlich, sonder als Pflege der Freundschaft.

Kindheit in Kleinasien, Flüchtlingselend, Studien 1909-1927
Georgios Simonos Dimitrakos wurde am 21. Mai 1909 in einer Vorstadt von Bursa, der Hauptstadt der ehemaligen römischen Provinz Bithynien, im Osmanischen Reich geboren. Sein Vater war ein fortschrittlich denkender Agrarunternehmer. Im Ersten Weltkrieg wurde er in eine jener speziellen berüchtigten Einheiten einberufen, in die alle "verdächtigen" Minderheiten des Osmanischen Reiches einberufen und nach Ostanatolien deportiert wurden; dort starb er 1918 in einem Camp für Zwangsarbeit.

Ein Jahr später zog Mutter Dimitrakos mit ihren drei Söhnen nach Bursa; wo der junge Georgios die Invasion der griechischen Armee 1920 erlebte; die griechische Megali Idea von einem Großgriechenland bestehend aus zwei Kontinenten und fünf Meeren schien Realität geworden zu sein. Zwei Jahre später kam die Katastrophe: die griechische Armee musste sich aus Kleinasien zurückziehen. Die Dimitraakos-Familie wusste genau wie zehntausender anderer Familien, was ihnen drohte. Sie flohen vor der anrückenden türkischen Armee übers Meer, und entkamen so den üblen Massakern der ersten Monate, bevor ein geordneter Bevölkerungsaustausch begann.[1]

---

[1] Die Darstellung folgt einer autobiographischen Skizze von Dimitrakos from E.K.D.E.F. (Ed.), Γιωργος Συμ. Δημητράκος (ο Αγωνιστής, ο Δάσκαλος, ο Στοχαστής) (Athen, 1995), pp. 27-36. Zitiert als Dimitrakos, *Skizze.*

Im Oktober 1922 kam die Familie, wie andere 1,5 Mio Griechen, in ihrem Mutterland an, das bei einer Bevölkerung von 7 Million zu diesem Zeitpunkt diese enorme Zahl von Flüchtlingen aufnehmen musste. Die Dimitrakos-Familie blieb in Thessaloniki und fand eine miserable Unterkunft in einer ehemaligen Moschee, wo sie bis 1928 lebten., Mutter Dimitrakos arbeitete als Taglöhnerin und die Kinder trugen zum Lebensunterhalt nei, indem sie nach der Schule Zeitungen und Süßigkeiten verkauften. Giorgios legte ein so gutes Aufnahmeexamen für das Gymnasium ab, dass er sofort in die zweite Klasse aufgenommen wurde.

Ein wohlwollender Unternehmer aus Naoussa nahm den begabt Jungen im Schuljahr 1922/23 in sein Heim auf. Nach dem Abschluss des zweiten Schuljahres wurde beschlossen, dass Giorgos einen dauerhaften Job im Unternehmen seines Patrons übernehmen sollte, um so das Überleben der Familie zu sichern.

Nach einigen Monaten Arbeit in der Gießerei erhielt der junge Dimitakos eine einmalige Gelegenheit: Die Wohltätigkeitsstiftung Fönix gewährte ihm einen Unterhaltszuschuss und dieser finanzielle Grundzuschuss ermöglichte ihmm den Schulbesuch bis zum Abitur, dennoch musste er durch Arbeit zusätzliche Mittel beischaffen. Seine Politisierung geschah auch in diesen Jahren. Wie die meisten Familien aus Kleiasien unterstützte die Dimitrakos-Familie die Liberalpartei von Venizelos, aber Giorgos engagierte sich auf den linken progressiven Flügel der Venizelisten, als er Mitglied von Alexandros Papanastasious "Demokratischer Jugend" wurde.1926, nach dem Ende der Diktatur von Theodoros Pangalos, kam es zu einem Zwischenspiel in der Jugend der Liberalen (Fileleftheron), aber 1928 kam es zu einem Ereignis, das ihn zur kommunistischen Jugendorganisation OKNE (Omospondia Kommounistikon Neolaion Elladas) führte.

Die Familie hatte mit großer Mühe 30.000 Drachmen gespart und kauften 1928 ein altes Haus im Ag. Foreini-Viertel (heute Universitätsviertel). Drei Tage später erfuhr die Familie, dass das Viertel abgerissen werden sollte. Die Bewohner des Viertel organisierten sich und kämpften dagegen. Harte Auseinandersetzungen waren das Ergebnis, die erreichten, dass das Viertel noch Jahrzehnte bestehen blieb.

In der Tat war die Lage der Flüchtlinge immer noch sehr schlecht. Obwohl in den vergangenen Jahren 254 neue Dörfer gegründet worden waren, hatten 17.000 Familien immer noch keine anständige Bleibe gefunden. Was Sozialpolitik anging, hatte die Venizelos-Regierung wenig vorzuweisen.[1] Die vorhandenen sozialen Spannungen wurden durch die Auswirkungen der Weltwirtschaftskrise auf Griechenland verschärft. Obwohl die soziale Unruhe zunahm, reagierte die Venizelos-Regierung einfallslos indem sie zum Mittel der Repression überging. Sie entließ 1929 ein spezielles Gesetz (idionymo) das es ermöglichte, gegen die Kommunisten vorzugehen. Die Sicherheitspolizei (asfaleia) begann Akten über widerspenstige Bürger zu führen. Georgios Dimitrakos erkannte, dass die Kommunisten die einzigen waren, die sich für ihre Nachbarschaft einsetzten und für die Interessen der Arbeiterklasse arbeiteten. Als das Idionymo erlassen wurde, schloss er sich der OKNE an. Dieses Engagement erregte prompt die Aufmerksamkeit der Asfaleia und sie legte eine Akte über ihn an, was bedeutete, dass er in den Kreis der Verdächtigen geriet, die nie einen Posten im öffentlichen Dienst erhalten würden.

Doch dies interessierte den Studenten Dimitrakos zu diesem Zeitpunkt nicht. Er hatte sein Studium an der frisch 1927 eröffneten Universität von Thessaloniki begonnen. Die ersten Semester waren nicht erfolgreich, denn er musste immer noch als Werkstudent zum Unterhalt der Familie beitragen. Nur als sein jüngerer Bruder Stavros diese Aufgabe übernahm, konnte

---

[1]   Heinz A. Richter, *Griechenland im Zwanzigsten Jahrhundert*, I (Köln: Romiosini, 1990), p. 122.

sich Georgios auf das Studium von klassischer Philologie und Erziehung konzentrieren. Gleichzeitig fuhr er fort, sich aktiv in der Studentenbewegung zu engagieren. Nachdem er seinen Militärdienst absolviert hatte, legte er 1934 in beiden Fächern mit 1 (arista) sein Examen ab.

Im Winter 1934/35 begann er als Lehrer zu arbeiten. Er gab stundenweisen Unterricht in einer griechischen und zwei französischen Schulen. 1935 erwarb er ein Promotions-Stipendium der griechischen Stiftung (Omiros Pizanis) und begab sich nach Hamburg. Dort studierte er Alte Geschichte, Epigraphie, Archäologie und klassische Philologie. 1937 verlieh ihm der Altphilologe Bruno Snell mit dem Thema "Demetrios Poliorketes und Athen" den Doktorgrad magna cum laude.

Lehrer an der deutschen Schule in Thessaloniki 1937-1944
Als Fimitrakos nach Griechenland zurückkehrte, fand er auch dort eine Diktatur vor, nämlich das Regime vom 4 August 1936. Metaxas und König Georg II hatten ein faschistisches Regime errichtet. Dimitrakos erkannte, dass er mit seiner Vergangenheit keine Chance hatte, weder an einer Universität noch an einer öffentlichen Schule. Die Franzosen lehnten ihn ebenfalls ab, da er in Hitlers Deutschland studiert hatte und wahrscheinlich von Nazi-Ideen infiziert war. Nach einigen Monaten, in denen er stundenweise an öffentliche Schulen arbeitete, wurde er im Winter 1938 als Lehrer von der deutschen Schule übernommen. Dies löste seine materiellen Probleme in dieser Zeit.

Die deutsche Schule in Saloniki war anscheinend dem Regime nicht so loyal eingestellt, wie ihr Athener Gegenstück unter Direktor Romain,[1] denn noch 1939 attestierten kritische Beobachter dem Direktor und dem Lehrerkollegium gute berufliche Qualifikationen und eine weitreichende Abkehr von Propaganda.[2] Insgesamt sorgte die deutsche Schule für eine ausgezeichnete Erziehung, aber der Lehrplan machte Konzessionen zum neuen "Ungeist".[3] Insgesamt lieferte die deutsche Schule eine ausgezeichnete Erziehung, aber die Schüler wurden erst zu Griechen durch die Erfahrung des italienischen Angriffs und der deutschen Besetzung.[4] Wir haben keine direkte Informationen über Dimitrakos' Verhalten zu dem braunen Umfeld seiner Schule, aber von seinem späteren Verhalten ausgehend, darf man schließen, dass er feindlich gegen den Nationalsozialismus eingestellt war.

Als im Sommer 1940 die Zeichen für eine italiensichen Angriff zunahmen, verfügte die griechische Regierung eine Art verdeckter Mobilmachung. In diesem Zusammenhang wurde Dimitrakos zu seiner Feldartillerieeinheit einberufen; am 28. Oktober begann der italienische Angrif. In den Monaten bis zum deutschen Angriff im April 1941 durchlebte er das, was die Griechen das Epos von 40 nennen, den Krieg in Albanien. Sein 3. Artillerieregiment wurde im Norden eingesetzt und Dimitrakos war dabei als die griechische Armee Anfang Dezember Pogradec am Ochridsee einnahm.[5] Bis zum Frühling überlebten er und seien Kameraden den harten Winter trotz ihrer miserablen Winterausrüstung und wiesen jeden italienischen Angriff zurück. Als die Wehrmacht im April in Griechenland eindrang und die bislang siegreiche

---

[1]   Hagen Fleischer, "Zwischen Goebbels und Goethe. 100 Jahre deutsche kulturelle Präsenz in Thessaloniki und Mazedonien" THETIS 5/6 (1999), p. 328. Quoted as *Präsenz*.

2   PRO, F.O. 395/655, P 333: *"... enjoy a very good reputation; unlike the teachers at the Italian school, they are careful to refrain from obvious national propaganda."* Aber die deutschen Lehrer an der Universität betrieben *"very forceful and aggressive propaganda"*. Zitiert nach Fleischer, *Präsenz*.

3   *Ibidem.*

[4]   Evgenios Santorini, "Αναμνήσεις από την προπολεμική Γ. Σ. Α." *Der Dörpfeldianer* 9 (1995), p. 22.

[5]   Heinz A. Richter, *Griechenland im Zweiten Weltkrieg, August 1939 - Juni 1941* (Bodenheim: Syndikat, 1997), p. 109.

Armee zum Rückzug zwang, Als eine Kollaborationsregierung unter General Tsolakoglou gebildet wurde, empfang dies Dimitrakos wie viele andere Frontkämpfer als Verrat, als Messerstich in den Rücken der kämpfenden Truppe.[1] Als Hitler die Besetzung Griechenlands an die Italiener und Bulgaren übertrug und damit die Selbstachtung der Griechen (filotimo) zutiefst verletzte, war Widerstand zwangsläufig.

Hitler war von der Leistung der griechischen Streitkräfte so beeindruckt, dass er sie nicht zu Kriegsgefangenen machte. Sondern sie in allen Ehren nach Hause entließ. So kehrte Georgios Dimitrakos schon Ende Mai nach Thessaloniki zurück.

Die deutsche Schule war wie alle anderen ausländischen Institute im November 1940 von den griechischen Authoritäten geschlossen worden.und die deutschen Lehrer und Lektoren waren von den Deutschen nach Deutschland zurückgezogen worden.[2] I Sommer 1941 wurde die deutsche Schule in Saloniki wieder geöffnet und Dimitrakos wieder als Lehrer installiert-

In den nun folgenden Besatzungsjahren wurde die deutsche Schule, im Gegenstz zur "deutschen Akademie" unter ihre, propagandistisch sehr aktiven Direktor Kielmeyer, scheint ein kleines Profil gehalten zu haben, denn sie verursachte keine Schlagzeilen.[3] Das Klima muss bis zu einem gewissen Grad tolerant gewese sein, denn sonst wäre es für die griechischen Lehrer unmöglich gewesen, alles zu tun, um ihre Schüler zu guten Griechen zu erziehen, wie Dimitrakos berichtet.[4]

Im Zusammenhang mit dem deutschen Einmarsch waren viel griechischen Kommunisten aus den Gefängnissen entkommen. Sie und die wenigen Parteimitglieder, die den Verfolgungen der Metaxas-Diktatur entkomen waren, reorganisierten sich und - gemäß dem Komintern Kurs - gründeten im September 1941 die Nationale Befreiungsfront - (EAM - Ethniko Apeleftherotiko Metopo) zusammen mit anderen links gerichteten Politikern. Anscheinend hatte sich Dimitrakos nach seiner Rückkehr nach Saloniki bei der lokalen Organisation der KKE (Kommounistiko Komma Elladas) gemeldet, un diese hatte ihm den Befewehl erteilt, mit der EAM zusammenzuarbeite, Deshalb schloss er sich im November 1941 der EAM an.[5] In den folgenden beiden Jahre war er in die Aktionen der EAM von Saloniki einbezogen. Im Hungerwinter trug die EAM beträchtlich zum Überleben der Bevölkerung bei durch die EA (Ethniki Allilengii - National Solidarity) mit ihren Suppenküchen. 1942 Streikaktionen der EAM erzwangen bessere Lebensbewdingungen und verhinderten, dass verhinderte die Rekrutierung von Arbeitskräften für die deutsxhe Kriegsindustrie. Zusätzlich bekämpfte die EAM kollaborierende Gruppen und baute die bewaffneten Gruppen der ELAS (Ethnikos Laikos Apeleftherotikos Stratos - Nationale Volksbefreiungsarmee) aus, die seit Sommer 1942 entstand und versorgte sie mit Informationen. Wir wissen nicht, was Dimitrakos Aufgaben waren; sein Bruder Stavros arbeitete im Nachrichtendienst der EAM. Im August 1943 beschloss die EAM-Führung, in den großen Städten Reserve-Divisionen der ELAS aufzustellen. IN Saloniki wurde die 11. Reserve-Division aufgestellt. Stavros wurde Chef des II: Büros und Gergios einer von seinem Stab. Obwohl die Gestapo mehrfach Dimirakos verdächtigte, Mitglied der Resistance zu sein, war seine Arbeit an der deutschen Schule eine ausgezeichnete Deckung und sie ließen ihn in Ruhe.

---

[1]   Dimitrakos, *Skizze*, p. 31.
[2]   Fleischer, *Präsenz*, p. 331.
[3]   *Ibidem*, p. 333.
[4]   Dimitrakos, *Skizze*, p. 31
[5]   Giorgios Dimitratos, Απολογισμός και απολογία "από του φοβερού βήματος..." (Athen: Polytypo, 1991), p. 56. Ab hier zitiert als *Apologismos*.

Verbindung zum sozialdemokratischen Widerstand in Thessaloniki 1944[1]

Das fehlgeschlagene Attentat am 20. Juli 1944 hatte eine direkte Einwirkung auf Dimitrakos' Leben, da er nun Einsichten in zwei Welten bekam, über die er zuvor wenig gewusst hatte: bürgerlicher griechischer und deutscher soziademokratischer AntiFaschismus. Am 21. Juli erhielt Stavros Dimitrakos die Notiz von Kostas Galanopoulos, eines Angestellten der Bibliothek der Universität, der dort Verbindungsmann der EAM war. Sie besagte, dass der Bibliothekar, der ein enger Freund des Bibliothesdirektors, Prof. Pantelis E. Formozism war, sehr nervös war. Stavros instruierte Georgios, sich um die Sache zu kümmern.[2] Letzterer erschien am nächsten Tag in der Bibliothek und nach sorgfältigem gegenseitigen Abtasten, informiert Formozis seinen Gesprächspartner, dass der deutsche Offizier, Major Eckert, Angst hatte, innerhalb der Verhaftungswelle verhaftet zu werden, die in der Folge des fehlgeschlagenen Attentats begonnen hatte. Formozis wollte dann wissen, ob es möglich wäre, Eckert in den Bergen zu verstecken. Dimitrakos antwortete bejahend und bot an, dass Eckerts sich sofort in seine Wohnung begeben sollte, wenn er in Gefahr war, von wo aus er weitere Hilfe erhalten werde.

Einige Tage später trafen sich Dimitrakos und Eckert in der Wohnung' von Formozis. Dimitrakos kannte Eckert vom Sehen, denn beide hatten in der UB gearbeitet und Eckert hatte an einer Feier der deutschen Schule teilgenommen.[3] Eckert erklärte Dimitrakos, dass er nur sekundär über seine Sicherheit besorgt war, aber er und die Mitglieder seiner Gruppe hätten sich entschieden, sich der griechischen resistance anzuschließen. Eckert informierte seinen Gesprächspartner über sich und seine Gruppe. Dr Georg Eckert war vor 1833 Vorsitzender der sozialistischen Studenteliga in Berlin gewesen. Seit 1941 war er Chef der Marinewetterstation in Saloniki und hatte seine Stellung benützt, einerseits eine antifaschistische Gruppe beträchtlicher Größe in der Heeresgruppe E und in der Marine aufzubauen, zugleich der griechischen Bevölkerung zu helfen. Nun, nach dem fehlgeschlagenen Attentat sah er keine Chance für einen wirksamen Widerstand in der Wehrmacht. Prof. Formozis, den er aus Studienzeiten kannte, bestätigte Eckerts Aussagen. All dies war für Dimitrakos, aber er war bereit, die Sache der EAM-Führung in Saloniki vorzutragen.

Dies geschah und die Führung der EAM Saloniki stimmte Eckerts Vorschlägen im Prinzip zu, aber wollten mehr über Eckerts Hilfsaktionen wissen. Beim nächsten Treffen erzählte Eckert über diverse Hilfsaktionen in der Vergangenheit. Dimitrakos listete 16 Aktionen auf und die EAM bestätigte dies soweit als möglich. In zwei Fällen bestätigten zwei EAM-Gruppen Eckerts Bericht (Kalamarias and Nea Zoii) und von da an gab es ein Vertrauensverhältnis zwischen der EAM und Eckert. Beim nächsten Treffen erschien ein höherer Kader der EAM-Führung, der Ingenieur Thanasis Vasilas, der auch in Deutschland studiert hatte. Es wurde vereinbart, dass die Eckert-Gruppe von nun an den Namen Nationalkomitee Freies Deutschland   trug, mit der ELAS auf verschiedenen Feldern zusammenarbeiten sollte.[4]

---

[1] Über diese Ereignisse Heinz A. Richter, "Sozialdemokratischer Widerstand im besetzen Griechenland: Georg Eckert und seine Gruppe" *THETIS* 7 (2000), pp. 247-263.

[2] Archiv der SPD in Friedrich-Ebert-Stiftung (Bonn) Nachlass Eckert, "Die Geschichte der Kontaktaufnahme". Von hier zitiert als AdsD d. FES. Ich nehme die Gelegheit wahr, meine Dankbarkeit für doe freundliche Unterstützung durch Christoph Stamm von der FES, auszudrücken. Formozis hatte in Deutschland studiert und war auch Lehrer an der deutschen Schule in Saloniki gewesen.

[3] Mitteilung von Frau Eleni Dimitrakos an den Author im März 2000.

[4] Eine detaillierte Beschreibung über die Aktivitäten von Eckerts und seiner Gruppe und die Kooperation mit der EAM/ELAS können hier gefunden werden. Richter, *Eckert..*

Dimitrakos wurde der offizielle ELAS-Verbindungsmann mit diesem Komitee.[1] Die wichtigste Aufgabe war es, unnötige Zusammenstöße zwischen der Wehrmacht und der Resistance und sinnlose Zerstörungen vor und während des Abzugs der Wehrmacht zu vermeiden.

Für die Zeit bis zum Abzug war ein Kampfkommandant in Saloniki ernannt worden, der bereit war, mit Eckert zu kooperieren. Eckert erhielt einen Pass der Abwehr und konnte sich so frei bewegen. Ein Beispiel für Zusammenarbeit kam am 28. Oktober 1944. Die EAM wollte den Jahrestag des italienischen Angriffs mit einer öffentlichen Demonstration feiern; die deutsche Seite fürchtete Zusammenstöße und drohte die Demonstration mit Waffengewalt zu unterdrücken. Eckert vermittelte: Der Kampfkommandant duldete die Demonstration und die EAM vermied jede Aktion, die Zusammenstöße provozieren könnte. Genau, wie ein Jahr später Archäologieprofessor Hampe in Athen es schaffte, größere Zerstörungen zu verhin-dern,[2] war Eckert in der Lage, die Zerstörung von das Elektrizitäts- und Wasserwerk, das Straßenbahnsystem und die Hafeneinrichtungen durch Sprengugen zu verhindern. Als Gegenleistung sorgte die EAM/ELAS dafür, dass die deutschen Truppen die Stadt ohne Verluste verlassen konnten.

In der Zwischenzeit hatte die Geheime Feldpolizei Wind von den Kontakten erhalten und versuchte Eckert und seine Gruppe zu verhaften und setzte sogar eine Kopfgeld in Gold für Verräter aus. Als Eckert von dieser unmittelbaren Gefahr konfrontiert wurde, machte er sich am 29. Oktober zusammen mit seiner Gruppe auf den Weg zur EAM und wurden von Dimitrakos von der Stadt in die Berge begleitet. Dort traf er andere deutsche Antifaschisten, nämlich KPD-Anhänger, die aus der 999er Strafdivision stammten, aber unter ihnen gab es auch Sozialdemokrate, die Eckert aus der Zeit vor 1933 kannte. Während des darauffolgenden ELAS-Marschs nach Saloniki marschierten die deutschen Antifaschisten als geschlossener Block zwischen den ELAS-Einheiten. Dimitrakos hielt dies für einen fatalen Fehler, da es den politischen Gegnern leicht machen werde, die ELAS als pro-deutsch zu denunzieren. Eckert andererseits hatte den von EAM vorgeschlagenen Namen "Nationalkomitee Freies Deutschland" akzeptiert, ohne den Verdacht zu entwickeln, dass dieser Verdächtigungen auslösen könnte.[3]

Gemäß dem Abkommen übertrug die EAM/ELAS-Führung Eckert die Verantwortug für die deutschen Kriegsgefangenen in Makedonien. Nach den Informationen der ELAS gab es zu diesem Zeitpunkt etwa 3.000 bis 4.000 Kriegsgefangene in ganze Makedonien,[4] und etwa 1.000 in Saloniki. Die Gefangenen wurden in verschiedene Lager gebracht, die etwa 250 antifaschistischen Soldaten wurden aussortiert und in zwei Kompanien zusammengefasst. Viele dieser Antifaschicsten stammten aus 999-Einheiten. Zusätzlich zum Arbeitsdienst beim Wiederaufbau der Infrastuktur, wurd ein intensives politisches Training durhgeführt, Das Komitee sorgte außerdem für kulturelle Unterstützung der Soldaten in den Gefangenenlagern.[5]

Die Kooperation mit der EAM/ELAS durch Dimitrakos funktionierte ausgezeichnet. Gleichzeitig unternahm es Eckert, die Griechen über ihre illegale Arbeit in Deutschland zu informieren, was einen großen Eindruck auf die EAM/ELAS Führungskader machte. Weinachten 1944 gaben Eckert und seine Kameraden Dimitrakos eien Sammlung anti-

---

[1]   "Επίσημα κείμενα. Σχετικά με την οργάνωση και δράση Γερμανών αντιφασιστών στρατιωτικών στην κατεχομένη Ελλάδα" *Εθνική Αντιστασή* 9 (Prag 1966), p. 926. Zitiert als *Episima Keimena*.

[2]   Roland Hampe, *Die Rettung Athens im Oktober 1944* (Wiesbaden, 1955), passim; Heinz Richter, *Griechenland zwischen Revolution und Konterrevolution 1936 - 1946* (Frankfurt: EVA, 1973), pp. 491-4.

[3]   Eckert, Geschichte der Kontaktaufnahme, AdsD d. FES.

[4]   AdsD d. FES, Nachlaß Eckert, "Zur Geschichte des Komitees Freies Deutschland in Mazedonien", p. 4.

[5]   *Episima Keimmena*, p. 930. Dort findet sich eine Liste der Aktivitäten einer Woche im Dezember.

faschistischer Witze, die von Skibbe kompiliert und illustriert worden waren, mit einer Einleitung über politische Witze als Waffe im Kampf gegen das Dritte Reich.[1]

Die Führung der 4. Indischen Division, die außerhalb von Saloniki stationiert war, anerkannte Eckerts Arbeit und akzeptierte ihn als Kopf des anti-faschistischen Komitees.[2] Als im Dezember 1944 der Bürgerkrieg in Athen ausbrach und die Briten aktiv intervenierten blieb Eckert strikt neutral. Er betrachtete die Dekemvriana (Dezemberereignisse) als eine rein innergriechische Affäre. Als die Kämpfe am 15. Januar aufhörten und die ELAS Anfang Februar Saloniki in Zusammenhang mit dem Varkiza Friedensvertrag räumte, sorgte Eckert mit schweigender Zustimmung der griechischen Seite dafür, dass die Masse der deutschen Kriegsgefangenen den Briten übergeben wurde und nicht in die Berge geschafft wurden.[3] Anfang Februar wurde Eckert von den Briten verhaftet und in ein Camp in Afrika geschafft.

Bevor wir uns der Biographie von Georgios Dimitrakos in der Nach-Varkize-Periode zuwenden, muss Eckerts Urteil über ihn aus jener Zeit zitiert werden: *"Dr. Georg Dimitrakos, Studienrat an der ehemaligen deutschen Schule in Saloniki, Studium und Doktor-Examen in Hamburg, überzeugter Kommunist, der während der Besatzungszeit illegal arbeitete und zu den geistig bedeutendsten Leuten der KKE gehörte. Ein fabelhaft anständiger und sauberer Mensch, der zu den größten Idealisten gehört, die ich jemals in Griechenland angetroffen habe. Im Winter 1944/45 schien er mir wegen seiner allzu idealistischen Einstellung und seines Kampfes gegen die korrupten Elemente in der Partei sehr an Einfluss zu verlieren. Wir Deutschen sind ihm zu höchstem Dank verpflichtet. Dank seiner Unterschrift, die er unberechtigterweise leistete, konnte ich eine größere Zahl deutscher Gefangener vor der Verschleppung in die Berge und damit vor dem sicheren Tod retten."*[4]

Die Nachkriegszeit 1945-1956

Der Friedensvertrag von Varkiza wurde am 12. Februar 1945 unterzeichnet. Wenn die unterzeichnenden Parteien sich an seinen Wortlaut und Inhalt gehalten hätten, hätte Griechenland wie das übrige Europa eine friedliche Nachkriegszeit erlebt. Tatsächlich erfüllte nur die besiegte Linke den Inhalt; die Rechte hingegen dacht nicht daran, ihre Macht mit der Opposition zu teilen. Als Resultat erlebte das Land eine Konterrevolution unvorstellbaren Ausmaßes. die die Machtverteilung wie sie bei der Befreiung des Landes existierte hatte, völlig umkehrte. Ende 1945 wurde der Resistance angehört zu haben, als Verbrechen betrachtet, Kollaboration wurde als lässliche Sünde betrachtet. In der Tat fanden ehemalige Kollaborateure den Weg in die Macht zurück. Ehemaligen Resistance-Kämpfer wurden verfolgt oder saßen in überfüllten Gefängnissen ein. Ende 1945 hatte die Rechte wieder in volle Kontrolle über die Macht im Staat.[5]

Weil die deutsche Schule in Saloniki, als die Wehrmacht abzog, geschlossen wurde, arbeitete Dimitrakos in eine privaten Lyceum und in einer Abendschule. I Herbst 1945 nahm die Verfolgung der Linken zu und der öffenliche Dienst wurde von ehemaligen EAM(/ELAS-Anhängern gesäubert. Im Februar 1946 kam es zum ersten bewaffneten Zusammenstoß zwischen der Rechten und der Linken in Litochoro am Olymp. Im März 1946 boykottierte die

---

[1]   Frau Dimitrakos versorgte den Author mit einer Kopie des Originals.

[2]   PRO FO 371 48256 R 3339 Main 4 Ind. Div. No. 806/G. 18 January 1956 "Germans in Salonika area".

[3]   Dimitrakos sprach mit Markos Vafeiadis, der zustimmte, dass die deutschen Gefangenen in Saloniki blieben,. Information von Frau Dimitrakos an den Author im März 2000.

[4]   AdsD d. FES, Nachlaß Eckert, "Beobachtungen aus dem Winter 1944/45"

[5]   Heinz Richter, *British Intervention in Greece. From Varkiza to Civil War, February 1945 to August 1946* (London: Merlin Press, 1985), Griechische Ausgabe: Η επέμβαση των Αγγλων στην Ελλάδα (Athen. Estia, 1997).

Linke auf Anordnung von KKE-Generalsekretär Nikos Zachariadis, der aus KZ-Dachau zurückgekehrt war, die Wahlen. Mit diesem kapitalen Fehler überließ er das Feld der Rechten.Zachariadis glaubt, dass die kommunistische Revolution unmittelbar bevorstand und war überzeugt, dass diese in den Städten durch das bewaffnete Proletariat stattfinden werde, wie die Doktrin dies vorschrieb. Entsprechend befahl er seinen Genossen in den Städten zu bleiben und erlaubte nur den direkt Verfolgten, in die Berge zu gehen. I September 1946 wurde ein gefälschtes Plebiszit über die Rückkehr der Monarchie abgehalten. Und im Februat 1947 wurde unter der Truman Doktrin der Wechsel von den Breiten zu den Amerikaners als Schutzmacht vollzogen. Inzwischen hatten die Zusammenstöße zwischen den Kräften der Regierung und der zunehmenden Stärke der Partisanengruppen so stark zugenommen, dass man von Bürgerkrieg sprechen konnte.

Aber aus ideologischer Sturheit heraus verbot Zachariadis den städtischen Kadern, in die Berge zu gehen und überließ sie so der Gnade der verfolgenden Sicherheitskadern. Im Februar 1947 wurde der ehemalige Chef der rechtsgerichteten Resistance-Organisation EDES, Naoleon Zervas, Minister für öffentliche Sicherheit. Zervas war entschlossen Rache für die Niederlagen zu nehmen, die ihm die ELAS in der Besatzungszeit beigefügt hatte. Im März hatte die Gendarmerie die Peloponnes mit brutalen Methoden gesäubert. Im März befahl er die Verhaftung von 570 Kommunistenn in Athen.[1]

Am 27. Juni 1947 hielt das Politbüromitglied, Miltiadis Porfyrogenis, auf dem Kongress der KP Frabkreichs in Straßburg, wo er in Anwesenheit vo Zachariadis verkündete, dass es wahrscheinlich sei, dass, wenn die Regierung weiterhin so intransigent sei, die KKE gezwungen sei, die Leitung des bewaffneten Kampfes in den Bergen zu übernehmen und bald eine provisorische demokratische Regierung errichten. Dies wurde über die Radiostation der Partisanen *Eleftheri Ellada* bekannt gegeben. Einerseits führte die Straßburger Erklärung zu Panik in der Regierung, aber sie diente auch dazu, die extremen Maßnahmen, die nun ergriffen wurden, zu rechtfertigen. Die Straßburger Erklärung hatte als ganzes üblere Folgen für die griechische Linke als der Wahlboykott im März 1946. Erstens löste die Regierung eine Verhaftungswelle massiven Ausmaßes aus; allein in Athen wurden zwischen dem 9. und 14. Juli 2.500 Verhaftungen durchgeführt, nach anderen Angaben waren es 7.000.[2] Die Sicherheitspolizei, die die Kommunisten unter Metaxas gejagt hatte, machte sich nun erneut ans Werk und verhafteten jeden, den sie erwischen konnten, insgesamt sollen in ganz Griechenland über 10.000 Verdächtige verhaften worden sein. Ende Juli 1947 sollen 36.622 Personen im Gefängnis oder im Exil gewesen sein.[3]

Von nun an untersuchten sog. Sicherheitskomitees,[4] die Metaxas eingeführt hatte und von der Tsaldaris-Regierung 1946 wiederbelebt worden waren, untersuchten oppositionelle Bürger und verbannten Verdächtige ohne Prozess auf eine der Ägäisinseln. Jene, die wirklich verdächtig waren, wurden vor ein Spezialgericht gestellt. Zweitens wurde die Straßburger Rede von der Regierung dazu benutzt, um ein neues Gesetz (509/47) vomDezember 1947zu erlassen, das die KKE verbot.

Am 17, Juni 1947 verhaftete die Asfaleia Stavros Dimitrakos und zehn Tage lang blieb er in Einzelhaft in den Folterkellern der Asfaleia. ohne Kontakt mit der Außenwelt. Am 9. Juli wurde Georgios und sein jüngerer Bruder Agathoklis im Rahmen einer Msssenverhaftungsaktion festgenommen und ohne Gerichtsbeschluss auf die Insel Agios Efstratios verbannt.

---

[1]   D. Zafeiropoulos, *Ο αντισυμοριακός αγών* 1945-1949 (Athen, 1956), p. 195, unter ihnen war D. Partsalidis.

[2]   C. M. Woodhouse, *The Struggle for Greece, 1941-1949* (London: Granada, 1976), p. 209.

[3]   Lawrence S. Wittner, *American Intervention in Greece 1943-1949* (New York: Columbia UP, 1982), p. 138.

[4]   Richter, *Intervention*, p. 523.

Seine hauptsächlich deutschen Bücher und andere wissenschaftlichen Dokumente wurden als kommunistisch konfisziert und wahrscheinlich vernichtet.[1] Zur selben Zeit begannen Massenhinrichtungen; Ende August erreichte ihre Zahl 500.[2] Die Massenverhaftungen und Hinrichtungen provozierten Proteste in Großbritannien; der britische Botschafte Norton kritisierte die griechische Regierung. Die neue Regierung unter dem Liberalen Themistoklis Sofoulis, die die Regierung im September 1947 übernahm, sorgte dafür, dass mehr als 19.000 der unter zweifelhaften Gründen Exilierten nach hause entlassen wurden.[3] Georgios und Agathoklis Dimitrakos kamen auf diese Weise frei.

Stavros, hingegen, befand sich in den Klauen des speziellen Militärgerichtssystems, auf das die Regierung kaum Einfluss hatte. Die Vorbereitungen des Gerichtsverfahrens zogen sich über den Winter 1947/48 hin. Am 4. April wurde er vor ein Militärsondergericht gebracht zusammen mit 72 anderen Angeklagten. Der vorsitzende Richter, Ioannis Kokoretsas, war ein bekannter Kollaborateur und Unterführer der rechtsgerichteten Terroristenorganisation Chi von Grivas und bekannter Kommunistenfresser.

Georgios Dimitrakos veröffentlichte in der Biographie seines Bruders Protokolle des Prozesses, die fatal an die Gerichtsverfahren von Freislers Volksgericht erinnerten. Die Anklage gegen Stavros lautete auf Spionage, unter den Anklagepunkten war auch Widerstand gegen Kollaborateure in der Besatzungszeit. Am 27. April fällte das Sondergericht das Urteil: Von den 72 Angeklagten wurden 33 Männer und drei Frauen zum Tod verurteilt, unter Einschluss von Stavros, der als Anführer betrachtet wurde.[4] Die schwache Hoffnung auf Entlassung löste sich in Luft auf, als Anfang Mai der griechische Justizminister Christos Ladas von linksgerichteten Tätern ermordet wurde. Mit Zustimmung der amerikanischen Botschaft wurdenüber 2.900 ehemalige zum Tod verurteilte ELAS-Mitglieder in Verbindung mit angebliche Verbrechen während der Okkupation und den Dekemvriana und zu Erschießung freigegeben. Zwischen dem 4 und 11 Mai wurden 250 Verurteilte erschossen, einscließlich am 6. Mai Stavros Dimitrakos und 32 weitere Verurteilte. Diese Massenhinrichtungen lösten in Großbritannien einen solchen Proteststurm aus, dass die Exekutionen gestoppt werden mussten.[5]

Aber nach dem Urteil gegen seinen Bruder verstand Goergios Dimitrakos, dass auch er mit Arrest gefährdet war und daher entschloss er sich Ende April 1948 Athen zu verlassen. Die folgenden drei Jahre verbrachte er in einer gewissen Illegalität in einer großen Stadt. Diese erzungene Paus ermöglichte es ihm, sich intensiv mitHomer und Thukydides soowie mittelalterliche und moderner Geschichte zu befassen. Von 1951 an unterrichtete er an verschiedenen Privatschulen.

Griechischer Direktor der deutschen Schule 1956-1982
Im Sommer 1956 kam die groe Chance; es wurde bekannt gegeben, dass die deutsche Schule nach zwölf Jahren Unterbrechung wieder geöffnet würde. Schon 1951 hatten die in Athen lebenden Schweizer eine deutschsprachige Schule gegründet, die auch Kindern von Deutschen,

---

[1] Dimitrakos. *Apologismos*, p. 161.
[2] Woodhouse, *op. cit.*, p. 209.
[3] Wittner, *op. cit.*, p.139.
[4] *Ibidem*, p. 218.
[5] John Sakkas, "The League for Democracy in Greece and the Greek Civil War, 1946-49", *Thetis* 3 (1996), p. 248f.

die in Griechenland lebten, offenstand.[6] Bis 1954 hatte die Zahl der deutsch sprechenden Schüler von deutschen Bürgern so zugenommen, dass man entschied zu handeln. Im September 1954 veröffentlichte Pastor G. Möckel eine Anzeige im Gemeindemagazin der protestantischen Gemeinde in Athen in dem er Schulkurse für fünf Klassen (Sexta bis Obertertia) ankündigte.[2] Die Reaktion war groß und als man einige bürokratische Hindernisse überwunden hatte, begannen im November die beiden ersten Oberstufenklassen ihre Lektionen. Die ersten Lehrer waren vier Lektoren vom Goethe-Institut, das 1951 in Athen gegründet worden war. Auf Anregung des Foreign Office wurden zwei Gymnasiallehrer (Graf und Gräfin Westphalen) im Dezember 1954 nach Athen gesandt. Im Januar 1955 wurde die Schulvereinigung deutscher Eltern in Athen gegründet mit Pastor Möckel als Präsident. Während die Vereinigung über die Einschulung deutschsprechender Kinder nachdachte, wollte die deutsche Botschaft schon wieder die deutsche Schule aufmachen, in die auch griechische Kinder aufgenommen werden konnten Um dieses zu realisieren wurde das Goethe-Institut aufgefordert, Deutschkurse für griechische Schulkinder anzubieten.

Georgios Dimitrakos
in den 1950ern

Die Nachfrage war verblüffend groß, und so entschied die Botschaft, die "alte Schulvereinigung" wieder zu beleben. Verhandlungen zwischen der Botschaft und dem Athener Kulturministerium verliefen sehr gut, da ehemalige Schüler in den entscheidenden Positionen saßen und das Vorhaben förderten. Während des Besuchs von Bundespräsident Heuss im Mai 1956 wurde das griechisch-deutsche Kiturabkommen abgeschlossen, nach welchem nach anderen Dingen, der deutsche Kindergarten, Grund und Hauptschulen wiedereröffnet werden sollten, die schon 1938 existiert hatten, d.h auf der deutschen Seite war man bereit, zum Status voon 1938 zurüczukehren. Damals hatte es einen griechischen Direktor dieser Schule gegeben.[3] In der Tat plante die Botschaft, eine große Schule zu gründen, mit einer Grundschule,

---

[1]   Hagen Fleischer, "Der Neubeginn in den deutsch-griechischen Beziehungen nach dem Zweiten Weltkrieg und die 'Bewältigung' der jüngsten Vergangenheit", in: Institute for Balkan Studies (ed.), *Griechenland und die Bundesrepublik Deutschland im Rahmen Nachkriegseuropas* (Thessaloniki: IMXA, 1991), p. 94.

[2]   Über die Geschichte der Wiedergründung Jens Godber Hansen, *Das Dörpfeld-Gymnasium in Athen. Geschichte und Gestalt einer deutschen Auslandsschule* (Kiel: Ferdinand Hirt, 1971), pp. 52ff.

[3]   Griechenland intervenierte zweimal in die Angelegenheit der ausländischen Schulen nämlic 1930 and 1939. 1930, hatte der damalige Kultusminister, Giorgios Papandreou, eine Schulreform durchgeführt, in der ausländischen Schule u.a. verboten wurde griechische Kinder in ihre Kindergärten und Grundschulen aufzunehmen. Dies war primäri gegen jen Schulen gerichtet, in denen verdeckte missionarische Arbeit geleistet wurde, d.h. französishe und Italienische religiöse Schoulen, die oft zu recht verdächtigt wurden die Kinder so zu erziehen, dass sie Katholiken wurden und die 240 türkischen Schule vor allem in Westthrakien, in denen versucht wurde eine türkische Identät den Kondern zu oktroyieren. Hansen, *op. cit.,* p. 33. Religiös neutrale Schulen wie die DSA hatten weniger Probleme; die politisch Indktrinierung, die nach 1933 begann, belästigte sie weniger.. Hagen Fleischer, "Europas Rückkehr nach Griechenland. Kulturpolitik der Großmächte in einem Staat der Peripherie", in: Harald Heppner & Olga Katsiardi-Hering, (eds.), *Die Griechen und Europa. Außen- und Innensichten im Wandel der Zeit* (Wien, Köln: Boehlau, 1998), p. 187. Die zweite Intervention fand 1939 statt unter dem Druck des griechischen Generalstaballe ausländischen Schulen als Spionagezentren und Proselytenmacher verdächtigte und wolllte sie daher schließen *Ibidem*, p. 188. Das griechische Außenministerium entschärfte diese radikalen Forderungen, sorgte aber dafür dass von da an ein grieischer Direktor zum ausländischen gab,der die Kontaktperson des Außenministeriums war- Hansen, *op. cit.,* p. 47. Das deeutschgrriechische Kultur Abkommen, das von Heinrich v. Brentano und Spyros I. Theotokis unterzeichnet wurde, stllte fest:d:*"Bestehen Kindergärten ... Höhere*

und einem gymnasialen Teil und vor allem einer griechischen Abteilung.[1]

Die "Schulvereinigung" und Schulverein schlosen sich zusammen und der neue Vorsitzende war ein ehemaliger Absolvent der deutschen Schule, der Geschäftsmann Karlhans Höfflinghaus, dessen Familie schon mit der alten Schule verbunden gewesen war. Da das alte Schulgebäude expropriiert und in der Nachkriegszeit konvertiert worden war, musste ein neues Gebäude in der Metsovon Straße gefunden werden. Im Sommer 1956 bot die Schulassotiation ihren neuen Posten an, um den sich unter anderen auch Dimitrakos bewarb.

Dimitrakos hatte schon vorher seine Hände in der Refinanzierung der Schule gehabt. 1954 und 1955 hatte er mehrere Kontakte mit dem Professor für Altphilologie, der im Krieg der Chef des Lektorats der deutschen Akademie (Vorläufer des Goethe-Instituts) in Volos gewesen war und war inzwischen Mitglied des Schulkollegiums in Münster geworden und hatte Griechenland auf Vortragsreisen besucht. Das Thema ihrer Diskussion waren die intellektuellen Vorausetzungen und die Möglichketen eine zukünftige deutsche Schule zu formen. Es war klar, dass die Wiederzulassung eines griechischen Bymnasiums mit deutscher Unterrichtssprach nicht leicht sein werfe angesichts der Erfahrungen in der Vergangenheit. Auf beiden Seiten musten Missverständnisse überwunden und eine neue Begründung gefunden werden.[2] Unabhängig davon führte im Frühjahr 1955 Dimitrakos Gespräche mit dem spätere Ministerialdirigenten Dr Ernst Höhne, der ihn auf Empfehlung der deutschen Botschaft an seinem Arbeitsplatz in der Gounaraki-Schule besuchte. Auch her wurde die allgemeine politische Lage und die Schulsituation diskutiert.

Höhne wollte wissen, was Dimitrakos davon halte, die deutsche Schule wieder zu eröffnen. Dimitrakos hielt dies für eine gute Idee. Weitere Gespräche über dasselbe Thema folgten in der deutschen Botschaft mit Botschafter Kordt und Kulturreferent Schumacher.[3] Angesichts dieser Lage war es klar dass Dimitrakos als zukünftiger Lehrer akzeptiert werden würde und Höffinghaus schlug ih vor, den Posten des griechischen Direktors zu übernehmen, der im Gesetz über die ausländischen Schulen (4862/31) von 1931 vorgesehen war. Dimitrakos nahm dies mit Vergnügen an. Dr. Flume wurde der deutsche Direktor. Im September 1956 hielten Flume und Dimirakos letzte vorbereitende Gespräche, in denen der zukünftig zu steuernde Kurs festgelegt wurde.[4] Am 1. Oktober 1956 begann die neue Schule mit dem Unterricht. Bei der Eröffnungskonferenz begrüßte Dr. Flume das glückliche Ereignis der Wiedereröffnung der Schule und trug einige Ideen über die Erziehung vor. Er verdammte die "unmenschlichen und unerzieherischen Werte des Nationalsozialismus". Eine deutsche Forderung nach Hegemony dürfte nicht länger existieren. Die DSA sei den Traditionen der Antike und des Christentums verpflichtet. In der Schularbeit sollte das Verständnis von Deutschtum und Griechentum ins Leben gerufen werden, jeder Ideenaustausch, die Vertiefung der Sprachen, Archäologie, Kunst und Wissenschaft gepflegt werden und allgemeine erzieherische Ideen gemeinsam gepflegt werden in einer harmonischen Atmosphäre. Flume schloss seine Ansprache mit Geanken über eine besonders menschenbildende Erziehung durch

---

Schulen des anderen Landes im eigenen Lande und sind deren Tätigkeit unterbrochen worden oder eingeschränkt, so wirken beide Vertragsparteien dahin, daß diese Einrichtungen so bald wie möglich in vollem Umfange wieder in Betrieb genommen werden können. Dieser Artikel bezieht sich auf alle Schulen, in denen nach ihrer Gründung der Unterricht ganz oder zum größeren Teil in der Sprache des anderen Landes abgehalten wurde." Εφημερίς της Κυβερνήσεως, I (1956), p. 407.

[1]   Hansen, *op. cit.*, p. 54.
[2]   Brief von Dimitrakos an Oberstudiendirektor Roeske, Dezember 1981und Brieg von Flume an Dimitrakos, 21.Juni 1981.
[3]   *Ibidem.*
[4]   Brief von Flume an Dimitrakos, 21. Juni 1981.

die griechische Sprache und Literatur und die gesamte griechische Kultur. Die Liebe zu alten und modernen griechischen Sprache sollte ein essentialler Kern der Erziehungsarbeit sein.[1]

Dimitrakos, in seiner Funktion als Vertreter des griechischen Staates im Direktorium der Schule, hieß die Deutschen im Namen ihrer griechischen Kollegen willkomen und drückte seine Freude über die Rückkehr in der Tat Heimkehr der Schule nach 12 Jahren erzwungener Abwesenheit, nun könne ein neues Kapitel fruchtbarer Zusammenarbeit beginnen. Er schloss, indem er seiner Hoffnung Ausdruck verlieh, dass die neue Schule das Loch der schlimmen Erfahrung der Griechen während der Okkupation schließen werde.in den traditionellen guten politischen und kulturellen Beziehungen zwischen Deutschland und Griechenland.[2]

Flume und Dimitrakos stimmten überein, dass eine Rückkehr zu den Bedingungen nach 1938 oder der Besatzungszeit ausgeschlossen sei., selbst wenn der grechische Direktor mit Zustimmung der griechische Diktatur griechische Gesetze umgangen und versucht hatte, dem deutschen Element in der Schule die Oberhand zugeben. Der griechische Unterrichtsinhalt war mehr und mehr in den Hintergrund geschoben worden und die griechischen Lehrer mussten riesige Anstrengungen unternehmen, dass er nich ganz verschwand. Auf der deutschen Seite war der ursprünliche Wunsch, die DSE und die andeen Schulen wiederherzustellen und zwar bis zu dem Grad, wie er mit ihnen vor dem 2. Weltkrieg zugestanden worden war.[3]

Die ersten Schwirigkeiten, die Flume und Dimitrakos überwinden msste, waren jene, die ihnen die griechischen Erziehungsautoritäten in den Weg legten. Das Ministerium wollte die DSA zu einer normalen griechischen Schule machen mit zusätzlich einige deutsche Stunden. Anfangs setzte das Ministerium seine Forderungen mit Anordnungen durch.[4]

Flume und Dimitrakos waren andererseits der Meinung, dass die deutschen und griechischen System eine Symbiose bilden sollten, aber Deutsch die Hauptunterrichtsprache sein sollte. Sie riskierten einen Papaierkrieg vier Jahre lang, um ihr Konzept durchzusetzen. Schließlich stimmten sie zu, dass die deutsche Schule als eine öffentliche griechische Schule betrachtet wurde. Die deutsche Seite stimmte diesem Konzept zu. Es war klar, dass eine Rückkehr zum Status quo ante ausgeschlossen war und die einzige Option war, den Status quo beizubehalten.[5] Botschafter Kordt und Kulturattache Schumacher taten ihr Bestes, um die Schwierigkeiten auf beiden Seiten auszuräumen.

Ende der 1950er Jahre begannen erneut Konflikte; zum Beispiel wurden Verfahren wegen Ordnungswidrigkeiten gegen die "Besitzer" der DSA Höffinghaus von den Behörden eingeleitet, weil er im Unterricht zuviel deutsch benützte. Es wurde klar, dass die Angelegenheit eine gesetzliche Lösung auf politischer und diplomatischer Ebene brauchte. Um eine Lösung zu erreichen wurde ein Unterkomitee der gemischten deutsch-griechischen Kommission für die Anwemdung des Kulturabkommens eingeschaltet, das im Zusammenhang mit dem Abschluss des deutsch-griechischen Kulturabkommen errichtet worden war. Das Unterkomitee traf sich in Athen vom 3. bis zum 6. Mai 1961.[6] Man fand einen Kompromiss: Ein deutsch-griechisches Gymnasium sollte errichtet werden in dem deutsch die Hauptsprache

---

[1]   DSA, Protokoll der Konferenz vom 1. Oktober 1956 sowie Πράξις (= griechisches Protokoll) vom selben Tag.
[2]   *Ibidem* Dimitrakos, Festschriftbeitrag. s. Anhang 1.
[3]   DSA, Konferenzprotokoll vom 25. Mai 1961.
[4]   Brief des Erziehungsministerium an die Schul Association vom 4. September 1956, in dem ausdrücklich auf das Gesetz 4862 von 1931 verwiesen wurde
[5]   *Ibidem*
[6]   Die Teilnehmer waren:: der Kopf des Schuldepartments vom AA Dr. v. Lucius, Prof. Dr. Bruno Snell, von der Univerrsität Hamburg, Oberstudiendirektor Dr. Flume, der Präsident des Supreme Nationalen ERziehugsrates D. Hatzis, sein Vize-Präsident P. K. Georgountzos, und der Generalinspektor für ausländische Schulen D. Mantzouranis. Politisches Archiv des Auswärtigen Amts, Ref. IV 1 (B90) Band 501 (zitiert als Sitzungsprotokoll).

war, und zwei Drittel der Lehrer Deutsche. Altgriechisch, modernes Griechisch, Geschichte, Geographie und Religion sollten in der griechischen Abteilung in Griechisch und durch griechische Lehrer unterrichtet werden. Im Prinzip sollten die griechischen Schulgesetze auch auf die beiden deutschen Schulen in Athen und Saloniki angewndet werden. Im Falle von erlaubten Abweichungen sollte größtes Wohlwollen angewendet werden. *"Schließlich wurde im Verlauf der Diskussion erwähnt, daß die deutschen Auslandsschulen immer mehr den früheren nationalen Charakter verringern und sich zu internationalen Begegnungsschulen mit Schülern und Lehrern verschiedener Nationen entwickeln. Der Bundesrepublik liege sehr daran, daß die von ihr im Ausland geförderten Schulen wahrhaft europäische Schulen seien."[1]*

Das Protokoll wandte sich dann zu dem Positionen des deutschen und griechischen Direktors zu. Alle griechischen Schulen hatten einen Direktor, der als staatlicher Beamter qualifiziert sein musste. Es war klar, dass auf der Grundlage der Gesetze, dass im griechischen Teil der ausländischen Schule der Direktor den Behörden verantwortlich war. Gemäß dieser gesetzlichen Regelung war der deutsche Direktor der Besitzer oder derr Kopf der deutschen Schule, die eine griechische Privatschule ist. Nach längerer Diskussion wurde die Idee dahingehend modifiziert, dass der Vorsitzende (Höffinghaus) der Schulvereinigung der Besitzer der deutschen Schule war und der deutsche Direktor der Vertreter des Besitzers war. Es gab keine andere ausländische Schule in Griechenland mit einem ausländischen Direktor,

Dimitrakos und Eckert

aber es gab keine Absicht, die Position des deutschen Direktors einzuschränken. Schließlich einigte man sich auf folgende Formel: *"Hinsichtlich der Leitung der deutschen Schulen hat der Unterausschuß anerkannt, daß - soweit es deren griechische Abteilung betrifft - die Pflichten und die Verantwortung für deren Leitung und gutes Funktionieren gegenüber den griechischen Behörden entsprechend den griechischen Gesetzen dem griechischen Direktor obliegen. Nichtsdestoweniger ist die Stellung des deutschen Leiters bedeutsam, was hiermit ausdrücklich betont werden soll."[2]* In anderen Wort bedeutete dies, dass an der Spitze der deutschen Schule in Griechenland ein Duumvirat von zwei Kodirektoren stand. Zeugnisse der griechischen Sektion der DSA würden von beiden Direktore unterzeichnet.

Auf der nächsten Lehrerkonferenz am 25. Mai 1961 informierte Flume das Kollegium über das Ergebnis der Verhandlungen. Insbesonders beschrieb er das Duumvirat der beiden Direktoren sehr genau.[3] Im griechischen Protokoll liest sich das so: Soweit dies die Verantwaltung der deutschen Schule betrifft, so ist der griechische Direktor gegenüber den Behörden für die griechische Abteilung verantwortlich. Die Position des deutschen Direktors war gewichtig.[4] Natürlich war diese Duumvirat-Konstruktion knifflig, denn sie verlangte einen weitreichenden kollegialen Willen zur Zusammenarbeit auf der Seite des deutschen Direktors. Mit Flume, der

---

[1]   *Ibidem*, p. 2.
[2]   *Ibidem*.
[3]   DSA, Konferenzprotokoll vom 25. Mai 1961.
[4]   Πρακτικων Συσκεψεώς 1961.

wenig später pensioniert wurde, war dies nie ein Problem. Seine Nachfolger[1] Helmut Beckmann (1961-1967), Dr. Joachim Zeidler (1967-1979) und Kurt Roeske (1979-1986) respektierten die Übereinkünfte und so gab es nie einen Konflikt bis Dimitrakos 1982 in Pension ging.[2]

Zusätzlich zu seinen unterrichtlichne Aktivitäten entwickelte Dimitrakos eine weitere Initiative in den folgenden Jahren. Er glaubte an den Wert von internationalen Treffen für internationale Verständigung und organisierte jedes Jar eine Reise der Schule nach Deutschland. Wenn man die Routenkarte anschaut, erkennt man unschwer, dass er im Lauf der Jahre fast alle Teile Deutschlands besuchte, Diese Reisen fanden immer in den Sommerferien statt und seine Frau Eleni begleitete ihn immer. 1966 gab es eine lange Reise nach Braunschweig, wo er Eckert besuchte. Während ihres Zusammenseins verfassten die beiden Protagonisten des gemeinsamen deutsch-griechischen Antifaschismus, ihre gemeinsamen Erinnerungen.

Die Militärdiktatur von 1967 bis 1974 hatte auch auf Dimitrakos ihre Auswirkungen. Im September 1968 wurde er unter Drick der Junta aus seinem Job entlassen. Er sandt sofort einen Hilferuf an seinen alten Freund Georg Eckert. Eckert wandte sich an Willy Brand, der intervenierte, und im Oktober war Dimitrakos wieder zurücj in seinem Amt.[3] Die Zeit nach der Junta schließt ein persönliches Treffen zwischen Dimitrakos und Eckert ein.[4] Im Januar 1979 zeichnet Bundespräsident Walter Scheel Dimitrakos mit dem Bundesverdienstkreuz aus für seine Dienste für Deutschland.

1981 feierte die DSA den 25. Jahrestag ihrer Neugründung. Auf Vorschlag von Dimitrakos[5] wurde eine Denkschrift veröffentlicht.[6] In seiner Einleitung beschrieb Direktor Kurt Roeske die DSA als eine deutsche Schule in Griechenland als eine Schule zum Treffen mit einem klaren Charakter, als einen Ort wo junge Leute mit unterschiedlichen Sprachen und Kulturen die Chance erhielten in die andere Kultur mit intellektueller Diskussion einzudringen. Aber, und hier zitierte Roeske Stimmen von Schülern, die Chance für ein Treffen mit der anderen Kulturstieß auf wenig Reaktion. Die Reisen nach Deutschland, die Dimitrakos organisierte, und der Schüleraustausch mit deutschen Schulen kam gut an. Roeske nahm die Kritik der Schüler ernst und stellte fest, dass man überlegen müsse *wie vielleicht Möglichkeiten der Begegnung zwischen den Schülern vermehrt und intensiviert werden könnten.*[7] Botschafter Helmut Sigrist beschrieb die DSA, zusammen mit dem Goethe-Institut und dem deutschen

---

[1]   Πρακτικων Συσκεψεώς 1961.

[2]   Das Koncept, das Flume und Dimitrakos entwickelt hatten, funktionierte so gut dass der griechische Erziehungesminister, Apostolos Kaklamanis, in der Mitte der 1980er Jahren überlegte ob man es in den griechische Schulen in der Bundesrepublik anwenden könnte.. Briefr A.P. 10 642 Ypourgos Ethnikis Paidia kai Thriskevmaton am 22 November 1985 an das Direktorat der DSA. Ich danke Frau Maria Schäfer. aus Heidelberg, dass sie mir diesen Brief gab. Frau Schäfer war Mitglied des Vorstandes der Schulassoziation für viele Jahre.

[3]   Miiteilung von Frau Eleni Dimitrakos an den Verfasser.

[4]   Ich traf Dimitrakos im Oktober 1975. Die Goethe Institute in Athen and Thessaloniki hatten mic eingeladen meine Forschungserbenisse über Besaaatzungszeit in Griechenland. Dimitrakos befand sich unter der Zuhörerschaft in Athen und kam auf mich zu. Am Ende der Veranstaltung fragte er mci, ob ich bereit wäre meine Resulatae auch den Oberstufenklassen der DSA vorzutragen.. Ich stimmte zu und präsentierte ich meine Forschugsergebnisse an einem der nächsten Morgen den versammelbn Oberstufenschüler.Dimitrakos moderarierte die anschließende sehr lebhafte Discussionted and beeindruckte mich mit seiner vetrauenswürdigen und freundliche Weise wie er mit seinen Schülern umging.A, Ende des Ereinisses erzählte und stolz dass er selbst der EAM/ELAS angehört hatte. Äußerlich und in der Unterhaaltung machte Dimitrakos einen ziemlci konservativen Eindruck, aber seine Bemerkung übder die EAM/ELAS zeigte, dass im Herzen immer noch Links war.auch wenn er inzwischen keinen Kontakt mit der KKE mehr hatte. Ein solches Verhalten war typisch für of Dimitrakos' Generation.

[5]   Brief von Dimitrakos an Roeske, Dzcember 1981.

[6]   Letter from Dimitrakos to Roeske, December 1981.

[7]   Kurt Roeske, "Zur Einführung" *Ibidem*, pp. 7-14.

atchäologischen Institut als dritte Säule deutscher Außenpolitik in Griechenland. Alle drei Institutionen bauten Verstehensbrücken und die DSA war eine Schule des Treffens trotz ihrer getrennten Struktur: *Die Begegnung junger Menschen unterschiedlicher Sprache und Kultur zu fördern, in Europa dient dies nicht zuletzt auch der Unterstützung des politischen Eini-gungsstrebens.*"[1]

Dimitrakos ergriff das Wort mit zwei Beiträgen. Im ersten Beitrag beschrieb er wie er Dörpfeld trat, der der DSA zweimal seinen Namen gab. Das erste Mal 1927 als Student beim ersten delphischen Fest von Angelos and Eva Sikelianos und zum zweiten Mal im Sommer 1936 als Student in Hamburg. Dimitrakos erinnerte sich an das erste zufällige Treffen mit Dörpfeld am Uhlenhorster Fährheus und die aufgeschlossene Natur des 83-Jährigen, der sofort sich an den Studien des jungen griechische Studenten. Er diskutierte unvoreingenommen ein archäologisches Forschungsproblem mit ihm. *"Es besteht nicht der geringste Zweifel, daß das zufällige Zusammentreffen mit dem Senior der deutschen Archäologen jener Zeit für mich einer der prägendsten Eindrücke meines Lebens war."*-[2]

Im zweiten Beitrag berichtete Dimitrakos über seine Erfahrungen mit den Schulreisen und Studentenaustausch.seit 1960, indem er diese Reisen als praktische internationale Treffen, die dazu beitrugen das gegenwärtige Deutschtum und Griechentum zu öffnen. *"In einer Zeit, in der es heißt, unsere gemeinsame Aufgabe sei es, Brücken zu schlagen von Mensch zu Mensch, von Volk zu Volk, ist unsere Schule als Begegnungsschule besonders dafür geeignet, diese Zeitparole auch weiterhin durch den direkten Kontakt eines Schüleraustausches mit unseren Mitmenschen in die Praxis umzusetzen. Diesen Willen zur freundschaftlichen Begegnung hat der Berichterstatter mit großer Freude überall in Griechenland und in Deutschland in der erlebten Herzlichkeit und Gastfreundschaft bei unseren Mitmenschen, Schülern und Kollegen, Gastgebern und Amtsträgern, feststellen können. Und da liegt für uns Pädagogen der ent-scheidende Punkt, warum wir diese gute Einrichtung auch weiterhin pflegen müssen trotz der zusätzlichen Belastung und der erhöhten Verantwortung, die die Organisation und die Durchführung bedeuten."*

Dennoch verursachte ein Beitrag in der Festschrift eine schrille Dissonanz. Eine griechi-sche Lehrerin schaffte es, einen Beitrag am Editionskommite vorbei einzuschleusen,[3] darin waren Formulierungen, die den Eindruck erweckten, dass sie 1956 entscheidend bei der Errichtung der DSA gewesen war, sie schaffte es sogar den Namen von Dimitrakos nicht einmal zu erwähnen.[4] Dimitrakos, der sich nach 25 Jahren als Ko-Direktor der DSA sich auf die Pensionierung vorbereitete, fühlte sich natürlich verärgert. In einem Brief an Flume beklagte er sich: *"So mußte ich ... auf der Schwelle meines Übergangs von der vita activa zur Klasse der ehrwürdigen pensionierten Leute, wo ich endlich mal nach Vollendung meines 71. Lebensjahres das wohlverdiente 'otium cum dignitate' genießen durfte, noch das erleben, nämlich eine ohnegleichen ungerechte, durch Trug und List von Frau Karvela einge-schlichene Fälschung, die einer 'damnatio memoriae' meines Namens gleich ist."*[5]

Flume tröstete den Gekränkten: *"Was ... freilich auf der Seite 20 der (sonst so trefflich ge-ratenen) Schulfestschrift zu lesen ist, ist - sofern es nicht überhaupt ein böswilliger Streich sein soll - törichtes Geschwätz. Wir sagen im Deutschen dafür: Gewäsch. Nun ist der Unsinn*

---

[1]   *Ibidem*, p. 16.
[2]   Dimitrakos, "Αναμνήσεις από τή γνωριμία μου μέ τόν W. Dörpfeld" *Ibidem*, p. 20-25.
[3]   Brief von Dimitrakos sn Roeske, Dezember 1981. Rea Mylonas und Idomenevs Papadakis waren verantwortlich für das Sammeln und Editieren der Beiträge der griechischen Kollegen.
[4]   Dimitra Karvela-Papastavrou, "Vorbereitungen zur Wiedereröffnung der Deutschen Schule," *Ibidem*, pp.19-20.
[5]   Brief von Dimitrakos an Flume vom 23. Juni 1981.

einmal gedruckt, und die Verfasserin mag vielleicht noch dummstolz darauf sein. Über die inneren Begründungen und äußeren Voraussetzungen des Wirkens der Deutschen Schule Athen seit der vorbereitenden Phase 1954/55 und der dann folgenden Periode der Zusammenarbeit zwischen deutschem und griechischem Direktor (ab September 56) und zwischen dem griechischen und deutschen Kollegium liegen so unanfechtbare Dokumente vor, daß sich Klitterungen und Fälschungen von selbst verbieten sollten.... Wir sind dadurch nicht zu 'treffen', auch wenn die Verfasserin es per dolum atque insidias ... so geplant hatte."[1] In einem weiteren Brief schrieb Flume: *"Seit September 1956 sind Sie, lieber Herr Dimitrakos, in Ihrer Eigenschaft als der griechische Direktor der Deutschen Schule Athen unlösbar mit dem erfolgreichen Entwicklungsgang dieser Schule verbunden. Im Rückblick auf die Jahre unserer gemeinsamen Zusammenarbeit lassen Sie mich Ihnen danken; der Dank kommt von Herzen."*[2]

Flumes Nachfolger Dr. Zeidler äißerte sich ähnlich in einem Brief an Dimitrakos: *"Um so bedauerlicher ist natürlich gerade für Sie persönlich der genannte Artikel, in dem tatsächlich vom Schulbeginn 1956 die Rede ist, ohne daß Sie als eingesetzter Gymnasiarch erwähnt werden. Es macht auch den Eindruck, als seien die Bewerbungen wirklich an Fr. K. gerichtet gewesen. Tröstlich, lieber Herr Dimitrakos, mag Ihnen dabei der Gedanke sein, daß niemand außer wenigen Kundigen diese Einzelheiten überhaupt bemerken wird und kann. Wichtig und wesentlich ist dabei nur, wer tatsächlich vor aller Augen seit 1956 Gymnasiarch bzw. Lykeiarch gewesen ist und damit diese einmalige Leistung der Voraussicht und geistiger und menschlicher Zusammenarbeit vollbracht hat: Das sind Sie allein, und diese höchst bedeutende Lebensleistung wird Ihnen niemand nehmen oder verkleinern. Sie scheint mir so groß zu sein, daß ich mir eine DSA ohne Sie - selbst mit viel Phantasie - gar nicht vorstellen kann. Seien Sie also getrost. Der Artikel wird kaum jemand auffallen und wohl lediglich festhalten, welche förderliche Rolle Frau K gespielt hat."*[3]

Als sich Dimitrakos sich bei seinem Ko-Direktor Roeske beklagte, schlug dieser vor, dass die Dokumente kompiliert weerden sollten, "damit sie nachträglich bei einer eventuellen in der nächsten Zukunft zu erscheinenden 'Dokumentation' für eine sachgerechte bzw. gerechtere Darstellung nicht nur meiner [Dimitrakos] Rolle, sondern auch der des Herrn Dr. Flume während der in Frage kommenden Periode benutzt werden können."[4] Dimitrakos stimmte zu[5] und kompilierte eine detaillierte Dokumentation und übergab sie Roeske, der sie in das Schularchiv integrierte.

Am 9. Juni 1982 fand die feierliche Verabschiedungszeremonie von Dimitrakos statt und er gigin seinen wohlverdienten Ruhestand. Er hatte 33 Jahre seines Lebens an deutschen Schulen unterrichtet, zuerst sieben Jahre in Salonikiund dann 26 Jahre in Athen.Insgesamt war er 44 Jahre berufstätig gewesen. Aber Dimitrakos ging nicht in einen Ruhestand; er gab sich nun zunehmend seiner wissenschaftlichen und literarischen Arbeit hin und gab sich seiner Reiselust hin.

---

[1]   Brief Flume anDimitrakos am 1. Juli 1981.
[2]   Brief Flume an Dimitrakos am 21. Juni 1981.
[3]   Brief Zeidler ao Dimitrakos am 17. Juli 1981.
[4]   Brief Dimitrakos an Roeske vom Dezember 1981.
[5]   *Ibidem.*

Wissenschaftlich Aktivitäten und Veröffentlichungen

Dimitrakos war nicht nur ein hervorragender Direktor, sonndern auch ein bekannter Wissenschaftler und Autor. Seine Interessen reichten von klassischer Philologie zu Philosophie, Geschichte und zu Pädagogik.[1] Er wurde in Deutschland für eine Analyse der byzantinischen Geschichte in den deutschen Schulgeschichtsbüchern.[2] Er betrachtete Philosophieunterricht in Schulen als äußerst wichtig, da er das Haus von Europa aufbaute. Ee griff dieses Thema immer wieder auf und veröffentlichte über die Jahre 40 Studieb und Aufsätze. 1982 gründete er die Assotiation zur Förderung des Philosophieunterrichts in Gymnasien (EKDEF) bis 1984

Dimitrakos als Autor

war er ihr erester Vorsitzender.[3] Er gewann internationale Reputation durch seine Aktivitäten in der Internationalen Association für Philosophieprofessoren.von welcher er ein Gründungsmitglied und von 1972 bis 1992 Mitglied des Zentralkomitees war. Sein Traum war, dass ein europaweiter Lehrplan für Philosophie eingeführt und in ganz Europa angewendet würde. 1993 veröffentlichte er eine Analyse über die Lehre von Philosophie Gymnasien in Europa.[4]

Sein Memorandum über die Begründung für einen europäischen Lehrplan. das im Bulletin der Assoziaton veröffentlicht wurde, löste eine internationale Kontroverse aus, die in der Veröffentlichung eines Buch über die Lehre der Philosophie mündete.[5] Dimitrakos besuchte jede Konferenz der Assoziation; die ltzte war in Delphi von 31. März zum 2.April 1994. Die Konferenzorte[6] zeigen deutlich, dass nach dem Zusammenbruch des Kommunimus die Vereinigung sich bemühtedie Grenzen des Kalten Krieges in Europa zu überwinden. Dimitrakos leistete ein wichtigen Beitrag zur Vereinigung Europas indem er die Lehre der Philosophie förderte.

Dimitrakos' drittes Feld von Publikationen war der Nationale Widerstand. Auf dem Höhepunkt des Kalten Kriegs veröffentlichte er Dokumente über seine Zusammenarbeit mit Georg Eckert in der Zeitschrift Etniki Antistasi, die von Andreas Tzimas in Prag herausgegeben wurde.[7] Dies war der erste Hinweis, das es im besetzten Griechenland zusätlich zum kommunistischen Widerstand, der bsialng nur von der DDR dokumentiert worden war, es einen sozialdemokratischen Antifaschismus gegeben hatte. Dieser Hinweis wurde in der Quellenediton der griechischen Resistance veröffentlicht, die 1981 erschien.[8] Im Juni1 997 besuchte Bundespräsident Richard v. Weizsäcker Griechenland und ehrte die Toten der griechischen Resistance mit einer bemerkenswerten Ansprache und einer Kranzniederlegung am Denkmal in dem Athener Vorort Kaiseriani.[9]

---

[1]   In Dimitrakos, *Skizze,* pp. 37-45 in det sich eine Aufstellung seiner Veröffentlichungen.befindet.

[2]   Giorgios Dimitrakos, *Byzanz in den deutschen Schulgeschichtsbüchern* (Braunschweig, 1966) = Bd. 11 der Georg Eckert Instituts-Reihe der International Textbook Research Sserie. Dieses Buch wurde ins Englische und Französische übersetzt.

[3]   Dimitrakos, *Skizze,* p. 35

[4]   Giorgios S. Dimitrakos, *Η φιλοσοφία στη μέση εκπαίδευση* (Athen: Gutenberg, 1993).

[5]   Luise Dreyer im *Bulletin* 16 (1994), p. 42.

[6]   1985 Hofen in Österreich, 1989 Bonn, 1990 Budapest, 1991 Bechune in Tschechien, 1993 Köln.

[7]   *Episima Keimena, passim.* Zu diesem Komplex Richter, *Eckert* in THETIS.

[8]   KKE, Istoriko Tmima, (ed.), *Κείμενα Εθνικής Αντίστασης* (Athen: Synchroni Epochi, 1981).

[9]   Der Text der Rede kannn im susätzlichen Katalog "German Resistance in Occupied Greece", der von Hagen Fleischer und dem Athener Goethe-Institut für die Ausstellung "German Resistance 1933-45"veröffentlicht wurde, die in sechs griechischen Städten von September 1987 bis Januar 1988.gezeigt wurde

Im Zusammenhang mit disem Besuch plante das Goethe-Institut Athen eine reisende Austelung über den deutschen Widerstand gegen Hitler. Der Historiker Hagen Fleischer, der an der Universität Athen lehrte, schlug dem Leiter des Gothe-Instuts Siegler vor, dass diese Ausstellung duerch eine über den deutschen antifaschistischen Widerstand in Griechenland ergänzt werden sollte. Siegler stimmte zu und so organisierte das Goeth-Institut diese parallele Ausstellung eien Reiseausstellung über den deutschen Widerstand gegen Hitler.Die meisten Ausstellungsobjekre stammten von Fleischers Archiv, das über Jahrzehnte aufgebaut worden war. Zusätzliches Material kam von Falk Harnack. Georgios Dimitrakos war mit Material vertretem, das er in *Ethniki Antistasi* in Prag veröffentlicht hatte.[1]

Auch diese Austellung ging durch jene sechs Städte außerdem durch Athe, Saloniki und Larisa. Dimitraaakos hielt Vorträge über seine Erfahreungen in der Resistance und seine Kontakte mit Eckert in jener Zeit. Zur selben Zeit als Dimitrakos, Ludwig Gehm und Faaalk Harnack erschienen tauchten auch zwei ehemalige sozialdemokratische Anti-Faschisten auf, die Dimitrakos in jenen Jahren getroffen hatte.Dimitrakos nahm auch an der abschließendne Podiumsdikussion teil; Resistance im Reuch" und im besetzten Griechenland. Anschließend übersetzte er die Ansprachen Gehms und Harnacks ins griechische und veröffentlichte sie zusammen mit einem Beitrag über seine Kontakte mit Eckert in Ethniki Antistasi die seit Mitte 1979 in Athen veröffentlicht wurde.[2]

Die wichtigsten Publikationen über die Resitance, die Kooperation mit den deutschen Anti-Faschisten und den Bürgerkrieg ist die Biographie über seinen Bruder Stavros, die schon mehrfach zitiert wurde. Dieses Buch ist nicht nur eine persönliche Erinnerung und eine Familienchroniksondern das Portrait eines damals typisachen Schicksals einer ganzen griechischen Generation vor dem Hintergrund der griechischen Geschichte in der ersten Hälfte dieses Jahrhunderts.

In den 1990er Jahren schrieb Dimitrakos einige Artikel für die Zeitschrift der ehemaligen Schüler der DSA, die Der Dörpfeianer hieß, über die ersten Jahre des DSA nach ihrer Neugründung 1859. In ihnen beschrieb Dimitrakos wie Flume und er ein neues Konzept erarbeitet hatten und wie dieses 1961 offiziell abzeptiert wurde, wie schon beschrieben wurde. Dimitrakos hatte offensichtlich den Eindruck, dass die frühere koopewrative Konzeption nicht mehr von der deutschen Seite respektiert wurde. Er wollte diese Artikel als Erinnerung bringen, um eine erneute deutsche Vorherrschaft zu vermeiden. Dimitrakos scheint einen wunden Punkt getroffen zu haben, denn es gab ärgerliche reaktionen.[3] In der Ta scheint Dimitrakos mit seine Ängsten richtig gelegenn zu haben, wie die nun folgenden Ereignsse zeigen.

Das 100jährige Jubiläum der Deutschen Schule Athen
1996 feierte die DSA ihr 100. Jubiläum. Es wurde entschieden, in diesem Kontext eine Festschrift zu publizieren. Direktor Knut Koch ernannte ein Herausgebungskomitee und sandte im April 1995 ein Rundschreiben an ehemalige Kollegen und Freunde der Schule, in dem er sie über das Projekt informierte und sie aufforderte einen kurzen Artikel zu schreiben

---

[1] See footnote 17.
[2] Giorgios Dimitrakos, "Η Γερμανική Αντίσταση κατά του Χίτλερ" *Εθνική Αντισταή* 61(1989), pp. 42-45; idem, "Η προσχώρηση του Ταγματάρχη Δρα Γκεόργκ Εκκερτ (Dr. Georg Eckert) στο ΕΑΜ και στον ΕΛΑΣ" *Ibidem*, pp. 62 -71; idem, "Η γερμανική αντίσταση κατά του Χίτλερ στη Γερμανία και η παρουσίαση της στις εκδηλώσεις του Ινστιτουτο Γκαίτε". *Ibidem*, pp. 71 - 79.
[3] Dimitrakos in a letter of 10 April 1997.

und diesen dem Komitee bis Ende Oktober zukommen zu lassen.[1] Dimitrakos erhielt dieses Rundschreiben erst am 10 Oktober, da er zu dieser Zeit in Nordgriechenland war, Er machte sich sofort an die Arbeit und verfasste einen mehrseitigen Artikel mit dem schönen Titel Per Saecula in Aeternum, den einige Tage später ablieferte. Ein paar Tage später wurde er aufgefordert, den Artikel aus Platzgründen zu kürzen, was er auch tat. Sein Artikel hatte nun vier Seiten.

Dimitrakos setzte zwei Schwerpunkte. Nach einer kurzen Einleitung sprach über die Entwicklung der deutschen Schule in den Jahren 1933 bis 1944, und zeigte, wie auch hier der Nationalsozialismus den Charakter der Schule veränderte, zuerst verkappt, aber dann immer offener und drohender sogar in der Vorkriegsperiode. Die vorangehende Balance zwischen deutschen und griechischen Inhalten wurde zugunsten des ersten verändert und die griechischen Schüler erhielten eine deutschen Identität. Dimitrakos zitierte einen ehemaligen Schüler, der ganz klar sagte, dass die DSA viele Griechen mit einer guten Ausbildungentließ, aber die Hälfte als Deutsche. Griechische Bewusstsein erlangte ich am 28. Oktober 1940 und während der Okkupation. Dimitrakos beschrieb dann kurz und bündig wie der Nazi Stil sich verschärfte nachdem die Wehrmacht das Land besetzt hatte. In der zweiten Hälfte seiner Anmerkungen erinnerte sich Dimitrakos der anfänglichen Schwierigkeiten und Konflikte mit der deutschen Botschaftnach der Wiedergründung der Schule 1956 und zeigte wie die Botschaft versuchte zum Status quo ante bellum zurzukehren, d.h. vor 1938, was für die Griecheninakzeptabel warindem er verschiedentlich auf Artikel von den 1990er Jahren im Dörpfeldianer verwies. Dann zeigte er wie man auf dem Niveau der Lehrer doch zusammengekommen war und wie man gemeinsam die neue Identität der Schule festgelegt hatte, die eine deutsche Form haben, aber inhaltlich wie andere Schulen griechisch sein sollte. Der Beitrag hatte ein freundliche Einleitung und einen freundlichen Schluss.

Am Abend des 20. Februar 1986 rief Direktor Koch Dimitrakos an[2] und bat ihn, sein Manuskript zu kürzen und es auf seine Amtszeit einzuschränken, d-h- auf die Zeit nach der Wiedereröffnung der Schu. Als Dimitrakos Einwände machte, sagte Koch kurz und bündig, dass die Kürzungen bis zum nächsten Morgen durchzuführen seien, anderenfalls werde sein Beitrag nicht aufgenommen. Mit anderen Worten bedeutete dies, dass Koch verlangte, dass Dimitrakos jene Passagen aus seinem Manuskript streiche, die sich mit der DSA in der Nazi-Zeit befassten. Am 21. Februar stimmte Dimitrakos, der Streit und Aufregungen in der Öffentlichkeit vermeiden wollte, zu, die inkriminierten Passagen selbst zu streichen, sobald Koch anrufe. Koch dankte ihm herzlich und Dimitrakos versprach, die neue Version so bald wie möglich zu liefern. Er strich diebeiden Seiten, die sich mit der Periode von 1933 bis 1944 befassten, machte einige stilistische Änderungen in der Einleitung und im Schlusswort. Und sandte am nächsten Morgen die überarbeitete Version an Koch.

Man kann sich die verbfüffte Reaktin von Dimitrakos vorstellen, als er die Festschrift öffnete und entdeckte, dass sein Beitrag noch weiter gekürzt worden war und nur noch aus der freundlichen Einleitungund und den Schlussworten bestand. Besonders als er entdecken musste, dass sie nicht einmal seine stilistischen Verbesserungen in jenen Teilen vorgenommen hatte, die er am 21. Februar eeingefügt hatte. Man hatte die erste Version benutzt, aber alle unbequemen Passagen ohne Genehmigung wegelassen.

Die Jubiläumsversntaltung der deutschen Schulew fand am 30. März 1996 im Auditorium statt. Viele pprominente Persönlichkeiten waren da: der deutschen ud schweizer Botschafter,

---

[1]   Brief Koch an Dimitrakos am 26. September 1995.
[2]   Letter Dimitrakos to Koch on 21 Juni 1996.

der Staatsminister im AA Werner Hoyer und andere Offizielle saßen in der ersten Reihe.[1] In der zweiten Reihe saßen neben anderen, die ehemaligen deutsche Direktoren (Zeidler und Roeske). Dimitrakos und seine Nachfolger als griechische Ko-Direktoren der DSA, Dimopoulos and Papadakis, saßen in der sechsten Reihe.zusammen mit den ehemaligen ud jetzigen Departmentchefs, was unter den Griechen, ehemaligen Lehrern und Schüler Erstaune hervorrief. Als Koch seine deutschen Vorgänger namentlich in seiner Eröffnung begrüßte und ihnen für ihre Arbeitdankte, erwartete die griechische Seite dasselbe für die griechischen Kollegen im Amt des Ko-Direktors, aber die griechischen Direktoren wurden mit keinem Wort erwähnt.

Die Grundsatzrede wurde vom ersten Chronisten der Schule, Dr Hansen, gehalten, der in den 1960er Jahren Lehrer an der DSA gewesen war und später Direktor der deutschen Schule in Saloniki wurde. Nach einem Überblick über die Geschichte der Schule in dem er weder das Dritte Reich noch die Okkupation ausließ, sprach er über die Schwierigkeiten, die von den Ministeriumspädagogen beider Seiten gemacht wurden, die immer noch in nationalen Kategorien dachten, und er verlangte, dass die DSA ihre Schüler zu Europäern erziehe.[2]

Die griechische Seite reagierte mit Entsetzen aauf die Brüskierungen von Dimitrakos und seinen Kollegen durch Koch und verliehen diesem mehrfach Ausdruck nach der Veranstaltung auch gegenüber den deutschen Teilnehmern.[3]

In den folgenden Wochen gab es weitere Ereignisse im Zusammenhang mit der Jubiläumsfeier. Am 20. Mai sandte Direktor Koch an all jene, die zur Veröffentlchung der Festschrift beigetragen hatten, einen Formbrief. Er danke ihnen im Auftrag der Schulbehörde und der ganzen Schulgemeinde für die Unterstützung der Jubiläumsfeier. Die Reaktion auf die Jubiläumsveröffentlichung was immmens positiv. Er schloss das Material und die Fotos ein, die zur Verfügug gestekt worden waren.[4] Dimitrakos betrachtete den Brief nicht als eine echte Dankbarkeitsgeste sondern als reien Sarkasmus und anwortete Koch am 21. Juni 1996 mit einem siebenseitigen Memorandum, das er ebenfalls an die deutsche Botschaft, die deutsch Schule-Assoziation, an den Rektor des Lyceums innerhalb der DSA, dem Lehrerkollegium, der Vereinigung der griechischen Eltern, der deutschen Elternvereinigung und der Alumni-Vereinigung.[5]

In seinem Memorandum verlieh er dem Erstaunen der griechischen Seite Ausdruck und ihrem Mißfallen der Behandlung der griechischen Mit-Direktoren auf der Festveranstaltung. Er bat Koch, ihm bei der Antwort an die enttäuschten Kollegen und ehemaligen Schüler auf die Frage "warum" und "wozu" auf eine vernünftige Weise behilflich zu sein. *"Es wäre aber besser, wenn Sie uns erklären würden, nach welchem Prinzip [...] wir, die wir jahrzehntelang als offiziell angestellte und allein verantwortliche Vertreter Ihres Gastlandes an der Spitze der DSA standen, um ganze vier Reihen hinter unsere deutschen Kollegen versetzt wurden."* Dimitrakos wandte sich seinem gekürzten Gedenkaufsatz zu und forderte ihnauf, ihm den Namen des "Unverschämter Urheber dieser kriminellen Tat" zu nennen. Er habe den krankmachenden Eindruck, dass sie sein Manuskript schon gekürzt und an die Drucker gesandt hätten, bevor Koch ihn am 20 Februar anrief. In diesem Fall sei das folgende Telefonat reine Heuchelei. Dimitrakos hatte den Verdacht, dass es eine neue Intrige sei durch einen ehe-

---

[1]   *Athener Zeitung* 5:115 (5. April 1996), p. 20.

[2]   Jens Godber Hansen, *"της Ευρώπης παιδευσιν" Hundert Jahre Deutsche Schule Athen*. Text des Festvortrags.

[3]   Vgl. Andererseits die Ereignisse bei der 40 Jahrfeier der DSA in 1937, who der damals 83-Jahre-alte Schul-Gründer Dörpfeld hoch geehrt wurde. Hansen, *Dörpfeld-Gymnasium*, pp. 44-5.

[4]   Letter of 20 May 1996, AZ Sg 3-5.9

[5]   This and the ensuing correspondence can be found in *THETIS* 7, pp. 274-284.

maligen Kolllegen(Karvela), die schon versucht hatte, ihn aus der Schulgeschichte von 1981 zu streichen.

Es ist natürlich eine bittere Erfahung im Alter von 88 Jahren zum zweiten Mal zu erleben, dass die Leistungen seines Lebens heruntergesetzt werden, Aber vielleict war das Ganze nur ein übler Streich, der auf Unkenntnis von Fakten basierte. Das Erziehungsziel von Romain war überwunden worden und die DSA erzog jetzt gebildete Griechen, die ihr Vaterland liebten. Er selbst hatte dazu beigetragen, indem er 26 Jahre Dienst an der DSA getan hatte im Geist einer allgemeinen Kooperation. Jene, die seine Rolle und diesen Dienst in der DSA als wertlos betrachteten, mißachteten die wirkliche Geschichte der Schule. *"Und da liegt der Hauptgrund meiner Sorgen und Befürchtungen um die Zukunft unserer Schule. Denn dazu kommt noch die Überlegung, ob man überhaupt eine richtige Schul- und Bildungspolitik treiben kann, wenn man von falschen Prämissen ausgeht; d. h. wenn man vor allem den Sinn und die Aufgabe einer Schule in einem Gastlande von Anfang an nicht richtig auffassen und sich schnell den neuen Verhältnissen nicht anpassen kann oder will, der kann durch seine ev. Mißgriffe den seit jeher bestehenden guten Geist der deutsch-griechischen Zusammenarbeit untergraben und ... von innen gefährden."*[1]

Dimitrakos' Memorandum war deutlich, aber freundlich. Es war eine verständlich Reaktion auf einen unglaubliche Affront. Mehrfach enthielt es goldene Brücken, über die die hanze Angelegenheit hätte freundschaftlich erledigt hätte werden lönen. Dimitrakos woollte kein Öl ins Feuer gießen.

Koch anwortete am 24. Juni. Er hatte den Brief von Dimitrakos mit zunehmendem Mißvergügen gelesen. Er schätze Dimitrakos als Person und seien Arbeit. Was die drastische Kürzung von Dimitrakos Beitrag anging, so sagte er, er verstehe sein Mißvergnügen und bedauere es persönlich, aber in der hektischen Schlussphase habe es eien Entwicklung gegeben, die, wenn mehr Zeit gewesen wäre, veriedn hätte können. *"Ich habe mich als Mittler zwischen Redaktionskomitee und Ihnen immer mehr unter Zeitdruck gesehen und es ist mir offensichtlich nicht gelungen, die sachlichen Einwendungen des Redaktionskomitees [sic!] gegen einige Passagen Ihres Beitrags so zu vermitteln, daß sich ein konsensfähiger Kompromiß ergeben hätte. Dies ist für beide Seiten nicht befriedigend. Wenn Sie die Entscheidung der Redaktion, Ihren Beitrag um die historischen Darstellungen [sic!] zu kürzen, als Streich empfinden, löst das bei uns Betroffenheit aus. Die Entscheidung der Redaktion, neben dem historischen Abriß von aktiven Kollegiumsmitgliedern nur Zeitzeugen aus ihrer Zeit an der Deutschen Schule Athen berichten zu lassen, ist von Ihnen nicht akzeptiert worden [sic!]. Dieser Dissens ... wird von uns sehr bedauert."*[2] Koch wandte sich dann an Dimitrakos' historische, politische Überzeugungen - und versichert ihnseiner vollsten Übereinstimmung.

Im zweiten Teil seines Briefes kam Koch auf die Sitzordnung während der Feier am 30. März zu sprechen. Die Sitzordnung sei mit dem Festkomitee und der Leitung der Schulassoziation vereibart gewesen. *"Dass die Unterdirektoren, die einzelne Abteilungen der Schule (Grundschule, Gymnasium, Hauptschule, Lykeion oder Deutsche Oberschule [NGO]) geleitet hatten, nicht in einer Reihe mit den ehemaligen Schulleitern sitzen konnten, lag daran, dass auch ehemalige Schulvereinsvorsitzende und hochrangige Gäste aus der Gegenwart entsprechend platziert werden mussten."* Er bat um Verständnis, wenn er seinen Dank an die ehemaligen Lykiarchen und Gymnasiarchen nicht durch Namennennung ausgesprochen habe. Er habe auch andere Personengruppen - er nannte die kirchliche Würdenträger, die Miglieder

---

[1]   Giorgios Dimitrakos, Denkschrift vom 21. Juni 1996.
[2]   *Ibidem.*

der Schulverbindung in toto genannt. GDann folgte ein Argument e silentio: *"Ich glaube nicht, dass dies falsch interpretiert werden kann, zumal keiner der anderen Hauptredner etwas anderes gesagt hat."* Koch endete mit einer pauschalen Entschuldigung.

Kochs Antwort mag als versönlich beabsichtigt gewesens ein, aber für den griechischen Ehrensinn (filotimo) und den nationalen Stolz erschien sie als arrogant, provokativ, beleidigend und erniedrigend. Hier erschien wieder ein Benehmensmuster, an das sich die Griechen mit Bitterkeit erinnerten. Es belebte erneut die Erinnerungen an die Jahre der Okkupation von denen man glaubte, dass sie verringert und in den Jahren vertrauensvoller Zusammenarbeit und gegenseitiger Achtung überwunden worden seien. Solches Verhalten würde wahrscheinlich die alten Vorurteile gegen die deutsche Herrenrasse wiederbeleben. In den deutschen Schulen in Griechenland stießen nicht nur zwei pädagogische Welten mit unterschiedlichen Traditionen aufeinander, sondern auch zwei völlig verschiedene historische Erfahrungen. Einerseits waren da die Deutschen mit ihrer ungelösten Vergangenheit, die sich unverbindlich mit leeren Formeln über Konsternation äußerten, und andererseits jede Konfrontation vermieden und auf der anderen Seite waren da die Griechen, deren Erinnerung weit in die Vergangenheit zurückreichte, die äußerst empfindlich auf jede Brüskierung reagierten. Auf der jeweils anderen Seite gab es ernorme Informationsdefizite, so auf der deutschen Seite, die oft zu Mißinterpretationen des Verhaltens der anderen Seite führten. In der Tat hatte es in der Vergangenheit in der DSA keinen Versuch gegeben, die Verganheit gemeinsam zu betrachten. Typisch dafür war es, dass kaum ein Lehrer in der DSA etwas über Dimitrakos' Resistance - Vergangenheit wusste oder darüber etwas wissen wollte.

Dimitrakos begrifff das Spiel der Herausgeber. In der Festschrift würde eine offizielle Geschichte der DSA sein, in der diese "sprachreguliert" sein würde. Die einzige Person, die immer noch aaaktiv in der DSA war und Erinnerungen an die Nazi-Zeit hatte, war die Schulabgängerin von 1944, Frau Karvela. Aber das Komitee interpretierte seine eigenen Regeln eng, da es bereitwillig die Erinnerungen von Hans Wende akzeptierte. Wende war vor dem Krieg Lehrer an der DSA gewesen. Aber seit einem kurzen Kontakt während der Besatzung[1] hatte er seither nichts mit der DSA zu tun gehabt.

Dimitrakos wandte sich dann der Behandlung seines Beitrages zu. Das Komitee hatte willkürlich, wahrscheinlich mit Kochs Zustimmung, die Passagen gestrichen, die seine Amtszeit betrafen. *"Nach dieser unerhörten Intervention wurde das armselige Konglomerat von nur 23 Halbzeilen, das aus Fetzen der Randabsätze des Prologs und Epilogs zusammengesetzt war und nichts mehr mit meinem Beitrag zu tun hatte, komprimiert und ... unter meinem Namen veröffentlicht."* In der ersten Denkschrift hatte er Koch gebeten, ihm den Namen des Täter szu nennen, aber dies war nicht geschehen. Dies hatte ihn erstaunt, denn Koch hatte ihm versichert, dass er mit ihm in der Verdammung jener unmenschlichen Aktionen jener Jahre übereinstimme. Er hatte lang über diesen Widerspruch nachgedacht, warum trotz Kochs Haltung seine kritischen Anmerkungen über Romain gestrichen werden mussten. In der ersten "Denkschrift" hatte er Koch gebeten, ihm den Namen des "Täters" zu nennen, aber dies war nicht geschehen. Dies hatte ihn erstaunt, denn Koch hatte ihm versaichert, dass er mit in der Verurteilung jener unmenschlichen Aktionen jener Jahre übereinstimme. Er hatte lang darüber nachgedacht, warum, trotz Kochs Haltung, die kritischen Bemerkungen über Romain gestrichen werden mussten. Als er die Denkschrift gelesen hatte, wurde ihm der Grund klar: Eines der Mitglieder Komitee zur Veröffentlichung war Frau Kavela, die 1944 die DSA ver-

---

[1]   Frank Meyer, "Die Erinnerungen des Hans Wende. Von 1942 bis 1944 „Sachbearbeiter für Bandenangelegenheiten" in der „Führungsabteilung Ic" des Oberkommandos der Heeresgruppe E, Griechenland" *Thetis* 7 (2000), pp. 328-341.

lassen hatte. In ihrem Beitrag zur Festschrift hatte sie das Bild "ein angeblich anständigen, hilfsbereiten Philhellenen"von Romain geschaffen, das nichts mit der Realität Besatzungsjahre zu tun hatte. Romain war NSDAP-Mitglied gewesen, nationaler Vorsitzender der NS-Lehrer-organisation von ganz Griechenland und ein enger Freund des Chefs der Gestapo, dem Höheren SS und Polizeiführer (HSSFP), Schimana. Wenn er vo der Beteiligung von Karvela an der Festschrift gewusst hätte, hätte er seinen Beitrag zurückgezogen.

Dimitrakos kam zum Kern der Sache zurück. Anstatt ihm klar die Gründe für die Kürzungen zu sagen, hatte Koch versucht, er Wahrheit auszuweichen. Die Sache sei jetzt klar, aber er würde gerne wissen, wo in Ihrem Fall die Grenze zwischen Ernsthaftigkeit und Heuchelei liege. Er wiederholet seine ursprünlich Frage: Warum war sein Beitrag so brutal gekürzt worden und wer hatte dies gestattet. Koch sollte sich klarmachen, das die DSA eine privilegierte Schul sei. Nach den Niederschrift der deutsch-griechischen Komission war der einzige anerkannte Direktor verantwortlich gegenüber den oberen Dienststellen im griechischen Kulturministerium und verantwortlich auch gegenüber den deutschen Stellen der ernannte griechische Direktor. Im Gegensatz dazu war die Kompetenz des deutschen Direktors nur auf die deutschen Schulen im Ausland beschränkt. Dies war von beiden Seitenanerkannt und durch Vertrag festgelegt worden. Die Mißachtung dieser Passage in seinem Beitrag, waren Dinge, die den Verdacht erweckten, dass Koch eine Veränderung anstrebe.

Wenn Koch fortfahre, die vertraglich festgelegten Abkommen zu missachten, entstehe der Verdacht, dass Koch danach strebe die griechischen Kollegen in der Leitungd er Schule zu Empfängern von Befehlen zu machen. Er riskiere damit einen Konflikt mit dem souveränen Gastland. Dann folgte harte Worte: *"In allen wichtigen Fragen, die die DSA als Ganzes betreffen, müssen [Sie] Ihren zuständigen griechischen Co-Direktor konsultieren, denn nur er trägt die volle Verantwortung für den ordnungsgemäßen Betrieb der Schule; im Übrigen dürfen Sie nicht vergessen, dass Sie unser Gast sind!"*

"Da nun die Erfahrung zeigt, dass die Deutschen auf ähnliche Vorfälle nicht weniger empfindlich reagieren als die Griechen, möchte ich grundsätzlich annehmen, dass auch Sie an meiner Stelle kaum anders reagiert hätten als ich, vorausgesetzt, dass auch Sie die Annullierung Ihres mehrfach feierlich anerkannten und leistungsmäßig hoch gelobten Lebenswerkes in ähnlich erbärmlicher, unwürdiger, zutiefst beleidigender, bewusst provozierender und ostentativ demütigender Weise durch einen eigenwilligen Handstreich empfunden hätten. Wer bewusst oder unbewusst zu ähnlichen, böswilligen oder ungeschickten Handlungen schreitet, die irgendwie dem Sinn des längst sanktionierten guten Miteinanders widersprechen, oder wer uns vorsätzlich offiziell anerkannte Ansprüche verweigert, der übernimmt eine schwere Verantwortung gegenüber der bereits 100-jährigen Geschichte unserer Schule. Die Botschaft über den schlüpfrigen, absteigenden Weg der eben beschriebenen Denkweise ist ganz klar: Die DSA driftet auf den Abgrund zu, weil die harmonische Symbiose der Griechen mit den Deutschen unter ihrem Dach, die nach der kriegsbedingten Katastrophe mühsam wiederhergestellt wurde, unheilbar gestört ist. Mein sehnlichster Wunsch ist, dass diese verdammte Zeit für unsere ehrwürdige Schulinstitution nie wieder kommen möge!"

Im Vorwort der Festschrift hatten die Herausgeber betont, dass gerade die Beiträge, die das subjektive Erleben und Empfinden des Autors thematisieren, in die Festschrift aufgenommen werden sollen und daher als unausgewogen gelten müssten,[1] was der Ausschuss in der Praxis jedoch nicht einhielt. Georgios Dimitrakos hatte recht, wenn er fürchtete, dass die Nazi-Vergangenheit in der Festschrift heruntergespielt wurde. In der Tat waren die Seiten mit die-

---

[1]   Festschrift, p. 10.

sem Inhalt harmlos. Hatte 1961 der erste Chronist der Schule, Hansen, zwölf Seiten diesem Thema gewidmet, gestanden die jetzigen Autoren zwei Spalten diesem Thema zu. In der Tat ist der Beitrag über die Vorkriegszeit seltsam vage und ohne Konturen. Die Periode zwischen dem italienischen Angriff im Oktober 1940 und der Schließung der Schule im Sommer 1944 ist gerad ein Spalte lang. Als der italienische Angriff begann, schlossen alle griechischen Schulen. Viele Lehrer kehrten nach Deutschland zurück, aber der Unterricht ging auf privater Basis weiter, und im März 1941 wurde sogar das Abitur abgenommen.

Nach der deutschen Besetzung wurde der Unterricht am 14. Mai wiewder aufgenommen. Da viel Lehrer zum Militärdienst einberufen wurden, musste ein provisorischer Stab geschaffen werden. Im Sommer 1941 wurde trotz oder gerade wegen der Lage die Höhe eines der Gebäude verändert. Die Autoren gaben sich erstaunt, dass trotz der Besetzung viele griechische Schüler die deutsche Schule besuchten. Wegen der Kriegsereignisse von 1944 musste die Schule geschlossen werden. Im Sommer dieses Jahres evakuierten die deutschen Truppen Athen. Der Name des Nazi-Direktor der Schule, Romain, der der Schule von 1933/34 bis 1944 leitete, erscheint nicht einmal in der Festschrift.

Es gibt nur ein Foto von ihm zusammen mit Hans Wende, beide mit erhobenem Arm zum Bazi-Gruß, in der Legende findet sich sein Name. Auf der selben Seite ist ein Foto von Nazi-Schulminister Rust aus dem Jahr 1936, Die Tatsache, dass Rust das 40jährige Jubiläum der Schule besuchte, schien den Autoren der Festschrift nicht erwähenswert. Statt dess schhrieben sie von "wichtigen deutschen und griechischen Gästen", die an der Feier teilnahmen.[1] Romain der in der Chronik zur Unperson wurde, zeigte seine wahren Charakter, als die Schule nach dere deutschen Invasio wieder neu geöffnet wuerde.

Hagen Fleischer beschreibt den Bericht in der deutschsprachigen Zeitung *Nachrichten für Griechenland* vom 15. Mai 1941: *"Am Tag der Wiedereröffnung der DSA ... dankte er in einer martialischen "Zeremonie" dem "genialen Feldherrn" Hitler, unter dessen begnadeter Führung die Wehrmacht "in einem glorreichen Siegeslauf" nicht nur der deutschen Schule "die Freiheit zu neuem Wirken und Schaffen" gebracht habe, sondern auch die Mission der Jahrtausende zuvor ebenfalls aus dem Norden eingedrungenen antiken Hellenen erneuert habe. Auf diese Weise wurde "das griechische Erbe aus der jahrhundertelangen Verschüttung ans Licht geholt", um es - dank des "kulturellen Willens des deutschen Volkes und seines Führers" - in das "vor allem geistige, moralische und religiöse Europa zu integrieren, das auf den Trümmern einer zusammenbrechenden Welt wieder aufgebaut werden soll"! Romain erzählt, dass selbst in den südlichen Feldzügen der Hellenen und des "großen Umgestalters Alexander" die gewaltsamen Veränderungen von den "betroffenen Völkern als ein Eindringen des Fremden, als ein Raub der Freiheit" empfunden wurden; in der Erinnerung daran würde das griechische Volk aber wohl auch letztlich den "welthistorischen Sinn" und die "eiserne Notwendigkeit" dieser "Wiederholung" erkennen, so wie "alle großen Entscheidungen an den Wendepunkten der Geschichte irgendwann erkannt werden müssen."*[2] Hansen berichtete über den neuen Führungsstil, der nun folgte.[3]

Selbst in Kochs achtseitiger Geschichte der Schule sind die braunen Jahre auf das 40jährige Jubiläum reduziert, das er mit einem langen Zitat aus Hansens Geschichte der DSA beschreibt. Ohne zu zögern zitierte Koch die Statements des griechischen Erziehungsminister

---

[1] Festschrift, p. 70.

[2] Hagen Fleischer, "Der Neubeginn in den deutsch-griechischen Beziehungen nac dem Zweiten Weltkrieg und die 'Bewältigung" der jüngsten Vergangenheit", in: Institute for Balkan Studies, (ed.), *Griechenland und die Bundesrepublik Deutschland im Rahmen Nachkriegseuropas* (Thessaloniki: IMXA, 1991), p. 83.

[3] *Ibidem.*

Georgakopoulos; die DSA hat tausenden von griechischen Kindern eine Erziehung übertragen, die mit der griechischen Natur übereinstimmte, frei war von politischen Tendenzen
und mit den Gesetzen des griechischen Staates übereinstimmte.[1] Die Tatsache, dass Georgakopoulos der faschistischen Regierung von Metaxas angehörte und dass dieses Zitat auf die
Affinität der beiden Systeme hinwies, schien Koch entgangen zu sein. Aber damit waren sie
in guter Gesellschaft mit den anderen Autoren, denn Außenminister Klaus Kinkel sprach in
seinem Festvortrag, dass die DSA Höhen und Tiefen durchlebt habe und er zufrieden sei, dass
sie die Schatten der Vergangenheit erfolgreich hinter sich gelassen habe und nun in die
Zukunft schauen.[2] Nachdem man so die braune Vergangheit erledigt hatte, konnte man sich
freundlicheren Erinnerungen hingeben. Dimitrakos' Gedanken hätten diese Harmonie gestört
und so wurden sie stillschweigend beseitigt.

   Die Festschrift enthält zwei andere Beiträge die in unserem Zusammenhang interessant
sind, nämliche jenen von Fraaau Dimitra Karvela-Papastavrou[3] und den von Hans Wende,
Frau Karvelas bestätigt indirekt das Statement von Dimitrakos, dass Romain enge Beziehungen zum HSSPF Schimana hatte, wenn sie schreibt: *"Durch die Vermittlung von Prof. Dr.
Romain, dem damaligen Direktor der Schule, konnte ich Chaidari (ein Sammellager)
besuchen und Menschen helfen, die dringend auf Hilfe angewiesen waren. Ich muss hier auch
die materielle Hilfe erwähnen, die Dr. Romain damals bedürftigen Menschen zukommen ließ,
wo und wann immer sie gebraucht wurde."* Das Sammellager Chiadari war das berüchtigte
Gestapo Konzentrationslager am Rande von Athen, wo verdächtige und gefangene Mitglieder
der Resistance, Geiseln, zum Tode Verurteilte und Gefangene waren, die auf ihre Deportaion
warteten; es war außerdem ein Sammellager für die südlichen griechischen Juden. Romain
scheint in der Tat einigen griechischen Bürgern durch Schimana geholfen zu haben, was als
Hinweise für seine enge Beziehungen zum HSSPF gewertet werden kann. Frau Kavel scheint
Romains Aktivitäten mit ihren eigenen Erinnerungen zu vermischen; sie war damals
Absolventin der DSA.[4]

   Wende, der vor dem Krieg Lehrer an der DSA gewesenw war, erinnerte sich in seinem
Artikel an die wunderschöne Zeit von 19934 bis 1938. Eine ehemaligen Schülerin der DSA
hatte ihn im Zusamenahng mit dem Waldheim-Prozess im Fernsehen erkannt, an dem Wende
als Zeuge teilnahm, später besuchte sie ihn in seiner Heimatstadt. Die örtliche Zeitung
berichtete über dieses Treffen und die DSA Festschrift reproduzierten den Artikel als Fac-
simile.[5] Man schaut jedoch vergeblich nach kritischen Bemerkungen über Wendes Rolle
während der Besatzungszeit in der Festschrift

   Schaut man sich die Festschrift als ganzes anf, fällt auf, dass sie sehr viel über die deutsche
Seite berichtet, aber die griechische Seite bleibt relativ farblos und ohne Konturen.Es isr die
Gedächtnispublikation der deutschen Schule, die auch eine griechische Abteilung hatte. Ganz
offensichtlic existierten die beiden Schulen paralel; eine echte Symbiose griechischer und
deutscher Pädagogik und Kultur bleibt ein Desideratum. Es war Dimitrakos' großes Verdienst,

---

[1]   Festschrift, p. 36.
[2]   Corinna Jessen, "100 Jahre und sehr vergesslich - die braune Vergangenheit der Deutsche Schule in Athen" WDR
      Hörfunkprogramm "Kritisches Tagebuch"; Ich möchte Frau Jessen für dase Manuskript danken.
[3]   Festschrift, pp. 44-6.
[4]   Am 12. April 2000, wurde Frau Karvela mit dem Bundesverdienstkreuz für ihre Dienste zu den deutsch-
      griechischen Kulturbeziehungen durch Botschafter Kuhna bei der Verabschiedung der Kulturbeamten; Offen-
      sichtlich hatte der Redner die beiden Artikel in der Erinnerunsgschift der DSA gelesen.denn in der Laudatio
      wurde festgestellt Frai Kavellas beträchtlich an der Wiedereröffnung der DSA beteiligt gewesen war. *Athener
      Zeitung* (21. April 2000), p. 19.
[5]   Festschrift, pp. 84-89.

diese Diskrepanz zu veringern und immer wieder klar zu machen, dass es um eine Beziehung von zwei gleichberechtigten Partner ging.

Nach seinem Ruhestand scheint dies langsam vergessen worden zu sein, und in 1990ern eine neue Generation von selbstvertrauenden Deutschen entstand, die sich wenig durch die Vergangenheit belastet fühlte, besonders weil sie nicht wusste, was in Griechenland vor 50 Jahren geschehen war. Sie begriffen nicht, dass ihre Gleichgültigkeit von den Griechen als Arroganz empfunden wurde. Doch in der DSA gab es substantielle Initiativen, um die Vergangenheit zu überwinden und für ein besseres gegenseitiges Verstehen zu sorgen. Seiteinigen Jahren besuchen die Schüler der 10ten Klasse jede Orte, Kalavryta und Distomon, die wohl für immer mit deutschen Kriegsverbrechen verbunden bleiben werden.

Man sollte erwähnen, dass Material über den griechischen Befreiungskampf gesamelt wird und es Bemühungen gibt, sich mit den Defiziten in der griechischen Geschichte im Unterricht zu befassen.[1] Diese lobenswerten Initiativen durch einzelne Lehrer werden von den Griechen wahrgenomen ud begrüßt. Aberentscheidend für sie ist die Haltung des Schulleiters; in ihren Augen vertritt er Deutschland.

Dimitrakos war zum Zeitpunkt der Jubiläumsveranstaltung 88 Jahre alt und zutiefst gekränkt durch das taktlose Verhalten während und nach der Feier. Mit Bitterkeit sah er seine Arbeit, für die er 25 Jahre seines Lebens hingegeben hatte, in Gefahr und dies getattete es ihm nicht auszuruhen. Einige Monate später starb er als ein verbitterter und enttäuschter Mensch. Dies verdiente Dimitrakos nicht; er hatte hervorragende Arbeit für die deutsch-griechische Aussöhnung und Wiederannäherung geleistet; der Weg seines Lebens war der konkrete Beweis, dass es eine Basis gab, auf der Griechen und Deutsche sich wieder annähern und aussöhnen konnten, und besonders die deutsche Seite war bereit, die Griiechen als gleichberechtigte Partner zu akzeptieren. Dimitrakos' Lebenswerk und sein hohes Alter verdienen einen höheren und sensibleren Respekt von der deutschen Seite.

---

[1] *Ibidem*, pp. 306ff.

MAX MERTEN
Der angebliche Kriegsverbrecher

Der Fall Merten

Bis zum heutigen Tag gilt Max Merten in Griechenland als der größte deutsche Kriegsverbrecher, der im Zweiten Weltkrieg in Griechenland sein Unwesen trieb. Am 6. Oktober 2003 stand in einem Artikel in TA NEA, dass Merten ein enger Freund Hitlers gewesen sei. Andere griechische Journalisten vertreten die Meinung, dass Merten ein SS-Offizier gewesen sei, der selbstständig die Vernichtung der Juden von Saloniki organisiert habe. Zuvor habe er den Juden versprochen, sie vor der Vernichtung zu retten, wenn sie ihm einen Schatz in Millionenhöhe zukommen ließen. Dies sei geschehen und im Frühjahr 1944 habe er diesen Schatz an der Südküste der Peloponnes versenken lassen. Vor wenigen Jahren wurde in Anwesenheit des griechischen Fernsehens tagelang danach getaucht. Vergeblich, denn es wurde nichts gefunden. Doch was ist an dieser Geschichte hybride Phantasie und was Realität. Diese Fragen zu klären, ist die Aufgabe dieses Aufsatzes.

Mertens Karriere bis zum Eintreffen in Saloniki

Merten wurde am 8 September 1911 in Berlin-Lichterfelde als Sohn des Direktors des Stadtkontors geboren. Die Familie war protestantischen Glaubens.[1] Von 1918 bis 1921 besuchte er die Grundschule und bis 1930 das Gymnasium, das er mit dem Abitur als Klassenbester (primus omnium) abschloss. Die folgenden drei Jahre studierte er Jura und der Universität Berlin. Am 29. Juni 1933 legte er das Erste Staatsexamen ab mit einem guten Resultat. Am 5, August wurde er Gerichtsreferendar und am 9. August wurde er inauguriert. Am 28. August musste er den Loyalitätseid auf den Führer ablegen. Wenig später erhielt er den Doktortitel mit der Note "rite". Am 25. September legte er das zweite Staatsexamen mit der Note"gut" ab und kurz später wurde er zum Assessor ernannt. Obwohl Merten in den letzte Jahren der Weimarer Republik studiert hatte, seine Examina fanden im beginnenden Dritten Reichs statt, d.h. in der Zeit der Gleichschaltung.

Nach einem kurzen Zwischenspiel in der Industrie vom November 1936 bis Januar 1937 wurde er als amtierender Gerichtsassessor in der Provinz Berlin-Brandenburg akzeptiert, Im Mai 1937 trat er in die NSdAP ein. Im Januar 1938 wurde er Gerichtsassessor und im Juli 1938 wurde er ins Reichsjustizministerium versetzt. Am 2. Juni 1939 wurde er zu einem regulären Landgerichtsrat in Berlin befördert.

Aufgrund einer früheren Sportverletzung wurde er im Februar 1942 vom regulären Militärdienst befreit, aber schon im Januar als Flakkanonier eingezogen. Da er nur für Bürodienst tauglich war, blieb er in Deutschland. Am 19. November heiratete er Errzebet Suilkay, die Tochter eines ungarischen Diplomaten Da die Ungarn nicht zur arischen Rasse gehörten, musste Merten seine Vorgesetzten über seine Braut informieren und sie um Genhmigung der Heirat bitten. Bach einigem Hin und Her erhielt Merten die Genehmigung und heiratete. Aber einen Tag später wurde er von Roland Freisler, dem späteren Chef des Volksgerichtshofs in dessen Büro empfangen. Eine Stunde lang sprach Freisler über die Bedeutung der Nürnberger Rassengesetze und sagte zu Merten, dass die Ungarn Zigeuner seien. Dann gab er Merten zu verstehen, dass mit dieser Ehe seine Karriere im Ministerium gekommen sei. Andererseits

---

[1] Die Darstellung folgt: Wolfgang Breyer, "Dr. Max Merten - ein Militärbeamter der deutschen Wehrmacht im Spannungsfeld zwischenLegenden und Wahrheit" Diss. (Mannheim, 2002), p. 5f.

kann Mertens Heirat mit einer nicht-arischen Frau dahingehend interpretiert werden, dass er von der Nazi-Ideologie nicht überzeugt war.[1]

Merten begriff, dass er seinen Posten verlieren und in Schwierigkeiten geraten würde, und bewarb sich bei der Wehrmacht als Kriegsverwaltungsrat. Aber am 25 Januar 1942 wurde er als einfach Kanonier zu einer Flakeinheit in Stettin einberufen. Aber dieser Dienst war kurz, denn ein paar Wochen später wurde er zu einem Luftwaffenzentrum in Berlin-Dahlem überstellt, wo er als Bürokrat arbeitete. Am 27. Juni 1942 erhielt er den Befehl, sich nach Marburg zu begeben, wo er befödert werden würde. Am 28. Juli wurde er dort zum *Kriegsverwaltungsrat* befördert. Sein Einsatzort würde die Insel Mytilini (Lesbos) sein, von wo das Reich jährlich 18.000 t Olivenöl importierte. Mertens nächster Stop war Wien, wo er seine Ausrüstung und seinen Marschbefehl erhielt.

Im Zug traf er seinen zukünftigen Chef, den *Kriegsverwaltungsoberrat* Dr. Parisius, der ebenfalls nach Saloniki fuhr. Als Parisius hörte, dass Merten nach Mytilini gehen sollte, schlug er vor, dass Merten in Saloniki bleiben sollte, und den *Kriegsverwaltungsrat* Dr. Karl Marbach ersetzen sollte, der in einen Schwarzmarktskandal verwickelt war, der viel Ärger bereitete. Wenn Marbach in Saloniki bliebe, müsste er sich einem Militärgericht stellen. Parisius wollte ihn loswerden und fragte Merten, ob er bereit wäre, in Saloniki zu bleiben. Merten stimmte zu und Parisius forderte ihn offiziell an.[2] So wurde Merten am 10 August 1942 offiziell zum Armeekommando Saloniki/Ägäis in Thessaloniki versetzt. Am 1. Oktober übernahm er die Abteilung Verwaltung und Wirtschaft im Stab als nomineller Hauptmann, d.h. er trug eine Hauptmanns Uniform, aber er blieb Zivilist im Dienst der Wehrmacht. Er war zwar NSdAP-Mitlied aber nie ein Parteimitglied aus Überzeugung, wie wir später sehen werden

Geschichte der jüdischen Gemeinde von Saloniki bis zum II.W.K.

Die erste jüdische Gemeinde in Saloniki entstand um 140 v.Chr., als sich Juden aus Ägypten dort niederließen. Apostel Paulus besuchte sie und schrieb ihr einen Brief. Saloniki gehörte zum römischen und später zum byzantinischen Reich. 1430 übernehmen es die Türken. Unter den Römern hatte die Juden weitgehende Autonomie genossen, die eingeschränkt wurde, als die Byzantiner mit ihrer christlichen Staatsreligion übernahmen. Unter den Osmanen genossen sie die selben Freiheiten, wie alle anderen Religionen mit einem Buch.

Im späten Mittelalter kamen Ashkenasi-Juden aus Ungarn und Deutschland an und ließen sich in Saloniki nieder. Im 16. Jahrhundert kamen einige Tausend sephardischer Juden aus Spanien wo sie von der Inquisition verfolgt wuren, flohen ins osmanische Reich und ließen sich in Saloniki nieder. Die meisten von ihnen sprachen einen alt-kastilisch-jüdischen Dialekt und lebten isoliert von ihrer griechischen Umwelt. 1912 am Ende der Balkankriege wurde Saloniki griechisch. Dies bedeutete große Veränderungen.

Im Osmanischen Reich war Saloniki ein städtischer Hafen mit eiem großen Hinterland, was sehr gute ökonomische Folgen hatte. Jetzt wurde Saloniki eine Grenzstadt. Bis 1912 hatte die Bevölkerung aus Juden, Moslems uud Griechen bestanden. Die Juden zählten 70.000 und formten den Charakter der Stadt.[3] Jetzt wurden die Bewohner Griechen; die Juden waren griechische Juden. Der Hellenisierungsprozess verstärkte sich nach der griechischen Niederlage im griechisch-türkischen Krieg und dem Bevölkerungsaustausch von Lausanne, als eine Million Griechen aus Kleinasien nach Makedonien floh.

[1]　Claus Menzel, "Wenn Eichmann auspackt" *Hamburger Echo* (12. September 1960), p. 5

[2]　*Ibidem* (12. September 1960), p. 5

[3]　Rena Molho, *Der Holocaust der griechischen Juden. Studien zur Geschichte und Erinnerung* (Bonn: Dietz, 2016), p. 57.

Bis 1912 hatten die Juden die Mehrheit der Einwohnere von Saloniki gebildet. Es war eine blühende jüdische Gemeinde von 75.000 Seelen gewesen. Nun wurden sie hellenisiert. Unglücklicherweise war dieser Prozess nur bei der jungen Generation erfolgreich. Bis zum II. W.K. sprach nur eine Minorität der Juden griechisch. Nach dem Gesetz waren sie Griechen, aber ihre sprachlichen und kulturellen Differenzen und ihre geschlossene Gesellschaft machte sie zu jüdischen Griechen. Sie waren eine große isolierte Minderheit und ihr Friedhoof, der fast in der Stadt lag, war ein Dorn im städitischen Erneuerung und Expansion. Er war ein Hindernis für das Wachstum der Stadt und die Griechen wollten ihn an den rand der Statd verlegen. Die Stadt Saloniki schlug diese Verlegung mehrfach seit 1925 vor.[1] Aber jüdische Friedhöfe können nicht verlegt werden und so wurde der Friedhof zum Streitpunkt. Ohne Intervention von außen, hätte ein Kompromiss gefunden weren können, aber die Okkupation änderte alles. Die Differenzen führten zu Konflikten. Die Zeitung *Makedonia* veröffentlichte ständig antisemitisch Artikel mit der Absicht, die Differenzen zu vertiefen. Dies führte 1931 zu einem Pogrom im Camball-Viertel, was viele Juden veranlasste, nach Palästina zu emigrieren. 1932 erließ der griechische Staat ein Gesatz, wonach jüdische Kinder verpflichte waren, reguläre griechische Schulen zu besuchen. Unter der Metaxas-Diktatur nahm der Anti-Semitismus ab, aber blieb im Untergrund erhalten.[2]

Merten und die jüdische Gemeinde von Saloniki

Im Sommer 1942 beschloss das deutschen Oberkommando in Saloniki, Straßen zu reparieren oder neue zu bauen. Nach der Haager Landkriegsordnung konnten dafür Zivilisten eingesetzt werden. Daher wandte sich Kriegsverwaltungsrat Marbach an den Gouverneur von Makedonien Chrysochoou, der sagte, dass er dafür kein Geld habe, aber er könne jüdische Wehrpflichtige dafür einsetzen; so würde die Angelegenheit nichts kosten. Marbach war einverstanden.

Die Juden von Saloniki der entsprechenden Jahrgänge (1897-1924) wurden in der Presse aufgefordert, sich am 11 Juli 1942 auf dem Freiheitsplatz (Plateia Eleftherias) einzufinden, um sich registrieren zu lassen. Später wurde behauptet, Merten sei anwesend gewesen, was nicht stimmt, denn zu diesem Zeitpunkt war Merten in Marburg. Nach der Registrierung kam es zu Ausschreitungen. Ungefähr 3.500 Juden wurden in Steinbrüchen und beim Straßenbau beschäftigt. Die meistern von ihnen waren dieser anstrengenden Arbeit nicht gewachsen. Hinzukam, dass sie schlecht ernährt wurden und noch schlechter untergebracht waren. Das Ergebnis war, dass 60 Prozent krank wurden und 12 Prozent starben. Als Merten ankam, sah er sofort, dass die Arbeit der Juden wenig produktiv war. Dann hörte er von dem Vorschlag eines Unternehmers, der am 20. August der jüdischen Gemeinde vorschlug, dass sie für das Anheuern von professionellen Arbeitern bezahlen sollte.

Merten war von diesen Vorschlag angetan und am 13. Oktober 1942 sprach er mit der Führung der jüdischen Gemeinde. Wenn sie 3,5 Billionen Drachmen bezahlten, kämen alle jüdischen Zwangsarbeiter frei. Die jüdische Gemeinde schaffte es, 2 Billionen Drachmen (10.000 Sovereigns) zu beschaffen. Nach weiteren Verhandlungen wurde vereinbart, dass die übrige Summe von der Stadt Saloniki für den Kauf des jüdischen Friedhofs bezahlt werden würde, den die Stadt seit langem wollte. Dieser Vorschlag stammte von einem griechischen Unternehmer, kaum von Merten, der die Verhältnisse kaum kannte. Die jüdische Gemeinde bezahlte diese Summe und die Zwangsarbeiter wurde freigelassen. Der Friedhof wurde der Stadt übereignet, die ihn einebnen ließ. Ob die Stadt die fehlende Summe bezahlte, ist unbekannt,

---

[1]   *Ibidem*, p. 63.
[2]   *Ibidem*, p. 58f.

darf jedoch angenommen werden. Heute befindet sich die Universität auf diesem Gelände. Die Fußpfade zwischen deren Gebäuden sind von ehemaligen Grabsteinen bedeckt.

Merten verwendete das Geld, wie vereinbart, um die griechischen Arbeiter zu bezahlen. Die Behauptung, dass er das Geld eingesteckt habe, ist eine glatte Lüge. Im Gegenteil, die griechische Seite bedankte sich, dass Merten das Friedhofsproblem gelöst habe. Die jüdische Gemeinde betrachtete es später als Beginn der Vernichtung.[1]

Mertens Versuche der Rettung der Juden

Am 6, Februar 1943 begann auch in Saloniki die Endlösung, als SS-Hauptsturmführer Dieter Wisliceny and Alois Brunner in Saloniki auf Befehl des Reichssicherheitshauptamtes eintrafen. Von nun galt, dass Merten versuchte, den Juden zu helfen, solange er sich selbst nicht in Gefahr brachte. Am 12. Februar befahl Wisliceny, dass von nun an die Nürnberger Gesetze gelten sollte: Die Juden mussten den gelben Stern tragen und ihre Geschäfte waren entsprechend zu kennzeichnen und sie mussten im Baron-Hirsch Ghetto leben. Merten musste die entsprechenden Befehle im Namen des Befehlshabers unterzeichnen. Da er noch mehr über die bevorstehende Vernichtung wusste, warnte er den Rabbi Koretz, der ihm jedoch nicht glaubte und jene 5.000 Juden, die in die Berge geflohen waren, nicht warnte, so dass sie nicht nach Saloniki zurückkehrten.

Bedeutungsvoller war Mertens Kontakt mit dem Schweizer Vertreter des Internationalen Roten Kreuzes, Carl Burkhardt. Als das SS Kommando ankam, informierte er Burkhardt. Zusammen entwickelten sie eine brilliante Idee: Jeden Monat kamen zwei kanadische Rotkreuzschiffe mit Brotgetreide in Saloniki an. Man könnte die leeren Schiff mit Frauen und Kindern der Juden beladen und diese woandershin bringen. Im März 1943 würden zwei solcher Schiff einreffen und man könnte einige Tausend Juden auf sie verladen, wenn sie wieder ausliefen. Zuvor könnte das Schweizer Konsulat das IRK per Funk kontaktieren. Dies geschah und wenig später kam die Antwort, dass das IRK einverstanden sei.

Wenig später kam Eichman nach Saloniki und führte ein Gespräch mit Merten. Eichman war einverstanden, dass Merten nach Berlin kam und ihm seinen Vorschlag vortrug. Eichmann stimmte zu und Merten besorgte sich die Reiserlaubnis von

Hans Globke

General Krenzki. In einem langen Gespräch mit Eichman in Berlin, gelange es Merten, diesen von seinem Vorschlag zu übezeugen. Als Merten Eichmann sagte, dass man 10.000 Juden einschiffen könnte, meinte Eichmann, dass 20.000 besser wären. Er rief Staatssekretär Globke im Reichsinnenministerium an, doch dieser lehnte ab. Eichmann war wütend und sagte: *"Dann hielt Eichmann plötzlich inne. 'Na schön, Merten, wenn Sie an den Scheißjuden so sehr hängen, dann machen Sie die Sache trotzdem. Und sollte sich Wislicenny beschweren, so*

---

[1] Heinz A. Richter, "The events of 11 July 1942 and the Expropriation of the Jewish Cemetary", in: Idem. *German-Greek Relations 1940-1960 and the Merten Affair* (Wiebaden. Harrassowitz, 2019), pp. 19-25.

muß er sich bei mir beschweren. Und ich werde schon aufpassen , dass das in Ordnung geht.'"[1] Globke lehnte Mertens Plan ab. Er hatte an der Wannsee-Konferenz teilgenommen und hatte die Kommentare verfasst. Insbesondere hatte er den Absatz über die Rassenschande verschärft. Im Krieg war er im Reichsinnenministerium für die Judenfrage zuständig. Er war der typische Schreibtischtäter. Auf ihn gingen die Zwangsvornamen Israel und Sara zurück. Nach dem Krieg wurde er später Adenauers rechte Hand.

Dennoch gab Merten nicht auf. Als er wieder in Saloniki war, versuchte er über das IRK Kontakt zu den Briten in Palästina aufzunehmen. Gouverneur von Palästina war damals Lord Moyne. Als er von der großen Zahl an Juden erfuhr, die gesandt werden solten, lehnte er den Vorschlag ab. Eine solch große Zahl von Juden werde nur zu Unruhen führen, denn in Palästina gab es schon viele Juden. Damit war Mertens großartiger Rettungsplan gescheitert. Im November 1944 wurde Lord Moyne von einer jüdischen Terrorgruppe ermordet.

Dennoch gab Merten nicht auf. Er war in engem Klontakt mit einem Mitarbeiter des italienischen Konsulats in Saloniki und zusammen schafften sie es, 300 Juden via Eisenbahn in die italienisch Besatzungszone nach Athen zu schicken. Merten organisierte den Zug und half den jüdischen Flüchtlingen an Bord. So überlebten sie den kommenden Horror. Aber nicht nur die Italiener halfen den Juden und den griechischen Juden. Norwegische, Niederländische, Spanische und Iranische Konsuln waren bereit Juden, en Block zu übernehmen, so dass Merten sie von Deportationsliste streichen konnte. Sie sollen 13.000 gezählt haben.[2]

Die Konfiszierung des jüdischen Eigentums
Wie in Deutschland wurde auch in Griechenland das Vermögen der Juden beschlagnahmt. Im Februar 1943 wurde den Juden von der Regierung verboten, ihr Eigentum zu verkaufen. In Griechenland konfizierten Griechen unter der Führung von Laskaris Papanaoum im Auftrag des SD und übertrugen alle an den griechischen Staat. Dieser übergab die Verwaltung der Güter an griechische Treuhänder. Wie bewiesen wurde, bereicherte sich Merten nicht im geringsten an jüdischem Eigentum. Als Überlebende von Auschwitz nach dem Krieg versuchten, ihr Erbe zu erlangen, stießen sie auf Ablehnung der griechischen Behörden. Nur wenn sie eine Sterbeurkunde vorweisen konnten, gab es eine Chance. Eine solche aus Auschwitz zu erhalten war ausgeschlossen. Die Konsequenzen waren klar.

Mertens letzte Monate als Kriesgverwaltungsrat.
Im März 1943 geriet Merten in Konflikt mit der deutschen Militärjustiz, die ihn beschuldigte, pro-griechisch zu sein. Man versetzte ihn daher nach Montenegro, dann nach Beorgad udn Tirana. Im August 1944 wurde er nach Zagreb versetzt, wo er das Kriegsende erlebte und in amerikansche Gefangenschaft geriet. Sein Nachfolger in Salonik war ein gewisser Dr, Markull, der dort bis Juli 1944 blieb. Dessen Nachfolger bis zum Rückzug war ein gewisser Müller-Osten.

Merten in der Nachkriegszeit
Bis Ende 1946 war Merten amerikanischer Kriegsgefangener und dann ziviler Gefangener in Dachau, weil er Kriegsverwaltungsrat gewesen war. Von dort wurde er den Griechen als potentieller Kriegsverbrecher angeboten. Doch der griechische Verbindungsmann, General Thomas Ypsilantis zeigte sich uninterssiert, indem er feststellte, dass Merten sich in Saloniki korrekt verhalten habe und empfahl ihn sofort zu entlassen. Dies geschah und Merten bot

---

[1] *Hamburger Echo* (17. September 1960), p. 10 in: *Ibidem*, p. 32.
[2] Richter, *op.cit.*, p. 34

Ypsilantis an, die griechische Regierung über die Vorgänge in Saloniki und Makedonien zu informieren. Doch das Treffen mit der griechischen Mission, die nach Kriegsverbrechern fandete, in Berlin war ergebnislos, denn Merten befand sich auf keiner Fahndungsliste der Alliierten. Im September 1948 befand ihn die Entnazifizierungskommission als unbelastet. Ypsilantis hatte die Kommmission informiert, dass in Griechenland nichts gegegen Merten vorliege. Im Gegensatz: Merten habe sich in Griechenland tadellos verhalten.

Inzwischen wurde General Bräuer in Athen hingerichtet. Bräuer war einer der Kommandeure auf Kreta gewesen und hatte sein Bestes getan, um Repressalien zu verhindern. Er war völlig schuldlos, aber im Zusammenhang mit dem Wechsel von König Georg zu König Pavlos und seiner Frau Friederike waren die Maßstäbe verschoben worden. Vor allem weil Friederike beweisen wollte, dass sie innerlich keine Deutsche war, daher wurde Bräuer 1947 hingerichtet. Die westlichen Alliierten waren geschockt, und entschieden, von nun keine "Kriegsverbrecher" mehr an Griechenland auszuliefern.[1] Daher begann man jetzt dort, zu versuchen, Merten als Kriegsverbrecher hinzustellen.

1950 soll Merten sich um den Posten eines Generalkonsuls in Athen beworben haben, eine Behauptung, die nicht sehr glaubwürdig ist, da Merten nie im diplomatischen Dienst gewesen war. Merten hatte außerdem 1950 eine Anwaltskanzlei eröffnet. Wenn er sich wirklich bewarb, darf dies als Hinweis interpretiert werden, dass er sich keiner Schuld bewusst war. 1952 arbeitete Merten wieder im Justizminsterium. Inzwischen organisierte er sich in Gustav Heinemanns Gesamtdeutscher Volkspartei, die ein neutrales entmilitarisiertes Deutschland anstrebte. Die GDV war eine Sammlung von überzeugten Demokraten. Ihr Gegner denunzierten sie als kommunistische Untergrundorganisation und ließen sie von der Geheimpolizei (BND) überwachen. Die GDV war damals die wohl demokratischste Partei in Deutschland. Bis Mitte der 1950er Jahre war Merten als Anwalt tätig.

Griechenlands finanzielle Probleme
Seit Griechenland als Staat neu existierte, hatte es von ausländischen Zuschüssen gelebt. Von 1832 bis 1947 kamen diese von Großbritannien. Im Zusammenhang mit der Truman-Doktrin übernahmen die USA einen Teil dieser Zahlungen. Aber schon 1945 versuchte Griechenland von der amerikanischen EXIM-Bank einen Kredit von 250 Mio Dollar zu erhalten. Selbst ein solventer Staat hätte eine solche Summe von dieser Bank nicht erhalten; die Bank war bereit, Griechenland 25 Mio Dollar zu leihen. In Athen war man der Meinung, dass diese Summe eine erste Rate sei. US-Botschafter MacVeagh informierte Wasgington, dass Athen diese Zahlung als die erste Rate betrachtete.

Im August 1945 forderte das State Department die griechische Regierung auf, eine Liste über die Forderungen an Deutschland zu erstellen. Im Oktober nannte der griechische Botschafter in Washington die Summe: 10,449,506,903 Dollars, eine Summe, die Botschafter MacVeagh als *problematic* charakterisierte.

Im Februar 1945 entschieden Roosevelt, Churchill and Stalin, dass Deutschland für die Schäden aufkommen müsse, die es verursacht habe. Doch Deutschland war völlig zerstört und seine Wirtschaft in einem traurigen Zustand, womit klar war. Dass es auf keinen Fall finanzielle Hilfe leisten konnte. Daher sollten materielle Güter und Vermögen in Deutschland und deutsche Güter in Ausland konfisziert weren. In Deutschland produzierte Güter sollten exportiert werdee und deutsche Arbeitskräfte sollten bei Wiederaufbau helfen. All mdies würde durch eine alliierte Kontrollkommission überwacht werden. Auf der Potsdamer Konferenz

---

[1] Gerhard Weber, "Zu den Generalsprozessen. Unterschiede der Verfahren und Urteile über deutsche Besatzungsgeneräle in Griechenland" *Thetis* 18 (2011), p. 267.

wurde festgelegt, von wo diese Reparationsgüter herkommen sollte, Die westlichen Staaten sollten diese von Westdeutschland und die östlichen von der DDR.

Im Pariser Reparationsabkommen wurde festgelegt wieviel jeder Empfängerstaat erhalten sollte. Die Konferenz gewährte Griechenland 4,5 Prozent der materiellen Reparationen und 2,7 Prozent der anderen Reparationen. Die finanziellen Beträge wurden auf 520 Millionen Dollar im Wert von 1938 festgelegt. Die endgültige Verteilung wurde im Londoner Schuldenabkommen am 27. Februar 1953 festgelegt.

In den unmittelbaren Nachkriegsjahren wurden in Deutschland Maschinen und technische Einrichtungen demontiert, konfisziert und nach Frankreich und England geschafft als Vorausreparationen. 1948 schickte Griechenland eine Kommission unter der Leitung von General Georgios Lavdas nach Westdeutschland, die entsprechende Lieferungen beschlagnahmen sollte. Insgesamt wurden 30.000 t hauptsächlich vom Ruhrgebiet nach Hamburg geschafft, wo die Materialien zunächst auf Barken gelagert wurde, weil es durch den Bombenkrieg keine Lagerhallen mehr gab. Die Güter hatten den Wert von 30 Mio.$ bzw. 120 Mio. DM. 1950 wurde auf Veranlassung von Lavdas die Hälfte dieser Güter auf ein englisches Schiff geladen, das sie nach Piräus bringen sollte, aber dort nie ankam. Zwar konnte das übrige Material in einer MAN-Halle gelagert werden, aber bis 1953 war das übrige Material so korrodiert, dass es wertlos wurde. Obwohl deutsche und italienische Firmen für den Schrott bessere Preise boten, verkaufte Lavdas ihn nach England.

Offensichtlich verdiente Lavdas an beiden Fällen, denn er warf mit Geld nur so um sich, Als der Journalist Vasos Mathiopoulos von der liberalen Zeitung *Avgi* darüber schrieb, wurde er von der Bonner Botschaft Griechenlands bedroht. Er würde Prügel beziehen, wenn er nicht schweige. Auch *Der Spiegel* berichtete darüber.[1] Wären diese Maschinen und Produktionsanlagen nach Griechenland gekommen, hätten sie sicher den Kern für eine Industialisierung Griechenland gebildet. Die einzigen Nutznießer waren aber nun die griechischen Oligarchen, die die Einnahme für die verschwundenen Güter an sich brachten.

1949 entstand die Bundesrepublik. 1950 erreichte der Kalte Krieg einen ersten Höhepunkt als der Koreakrieg ausbrach. Da die Amerikaner befürchteten, dass es auch zu einem Krieg in Westeuropa kommen könnte, wollte sie, dass die Bundesrepublik sich wieder bewaffne. Adenauer war damit einverstanden, aber gab zu verstehen, dass dann die Bezahlung von Reparationen ausgeschlossen sei. Lange Verhandlungen begannen, die im Londoner Schuldenabkommen 1953 mündeten. Darin wurde vereinbart, dass Reparationen erst nach der Wiedervereinigung Deutschlands gezahlt werden würden.

Aber es gab zwei Ausnahmen; Jugoslawien und Griechenland. Als Nikita Chrustschow Mitte der 50er Jahre Belgrad besuchte, fürchten die Amerikaner, dass Jugoslawien sich dem Ostblock anschließen könnte. Um dieses zu verhindern, setzten die Amerikaner Bonn unter Druck. Bonn gab nach und zahlte 60 Mio DM Cash an Jugoslawien und gewährte einen Investitionskredit von 240 Mio mit einer Laufzeit von 99 Jahren.

Die griechische Regierung versuchte immer wieder amerikanische finanzielle Hilfe zu erhalten, als dies nach 1953 nicht gelang, versuchte es Regierungschef Markezinis 1953 in London und Bonn. In Bonn gelang es Markezinis, eine Kredit in Höhe von 250 Mio DM zu bekommen. Der Grund war, dass Adenauer Griechenland besuchen wollte. Im März 1954 erfolgte dieser Besuch, bei dem eine Wiedergutmachungsgeste bezüglich Kalavryta gemacht wurde. Es wurde vereinbart, dass die deutsche Industrie Griechenland unterstützen werde. Griechenland seinerseits versprach, nach den Krieg konfiszierte deutsche Güter zurückzu-

---

[1] "Reparationen: Dein Maul zu halten" Der Spiegel (22. Oktober 1952).

geben. Bei den folgenden Besuchen - Papagos in Bonn, Erhard in Athen, kam man zu einem Abkommen auf der Basis von quid pro quo, zur Normalität.

Als das Abkommen mit Jugoslawien in Athen bekannt wurde, versuchte man dort Jugoslawien zu imitieren, d.h. einen Kredit mit einer ebenso langen Laufzeit zu erhalten, was aber tatsächlich eine Reparationszahlung sein würde. Erste Gespräche über diese Themen begannen schon 1950 zwischen Papandreou und Erhard. Bei den Verhandlungen über die Wiederaufnahme diplomatischer Beziehungen in der folgenden Zeit, zeigten sich Differenzen. Die griechische Seite war bereit die Kriegsverbrechensfälle auf Deutschland zu übertragen, vorausgesetzt Deutschland war bereit, die Fälle zu verhandeln. Im Frühjahr 1952 erschien der Chefverfolger der Kriegsverbrecher, Tousis, in Bonn. Er übergab 22 Anklagefälle mit über 200 Angeklagten und verlangte, dass die deutsche Justiz sie verhandle. Würden diese Fälle gerichtlich abgehandelt, würde die griechische Justiz die übrigen Fälle fallen lassen. Der griechische Justizminister war der Meinung, dass dies ein wichtiger Beitrag zur Wiederherstellung der guten Beziehungen beider Staaten sei. Die deutsche Justiz ließ sich mit der Verhandlung der 22 Fälle Zeit. Auch als Tousis im April 1956 eine Fortsetzung der Abmachungen forderte, zeigt es sich, dass man in Deutschland keine großes Interesse an einer Verfolgung von Kriegsverbrechern hatte. Sehr rasch wurde klar, dass sich die juristische Aufarbeitung lang hinziehen werde. Schließlich wurde vereinbart, dass alle Fälle amnestiert werden sollten, wenn die BRD bereit war, Reparationen zu bezahlen. Nur wenn die BRD bereit war, Reparationen zu bezahlen, würde es in Griechenland keine Verfolgungen mehr geben, doch das BMJ lehnte dies ab. Offensichtlich konnte niemand in Bonn sich vorstellen, dass Athen handeln werde, zumal es keine Deutschen in Griechenland gab, die verfolgt hätten werden können.

Doch genau in diesem Moment traf Merten in Athen ein. Er hatte sich bereit erklärt, als Zeuge im Prozess gegen einen ehemaligen Mitarbeiter auszusagen. Tousis war darüber informiert worden und ließ Merten bei seiner Anknft verhaften, da er auf seiner Liste der Kriegsverbrecher stand. Wäre ein anderer Deutscher nach Athen gekommen, der nicht auf der Liste von Tousis stand, wäre nichts geschehen.

Reparationen und der Prozess gegen Merten

In der deutschen Botschaft begriff man sofort, dass der Prozess gegen Merten benützt würde, um die Reparationenfrage voranzutreiben. Die Botschaft informierte das AA, das die Zahlung von Reparationen ablehnte; Merten müsse freigelassen werden. Nach Kontakten zwischen Tousis und der Botschaft stellte letztere gegenüber dem AA fest, dass es nur um Reparationen gehe. Man solle den Fall doch wohlwollend prüfen.

Im Gegensatz zum AA begriff DER SPIEGEL genau was Sache war. Am 22. Mai 1957 schrieb er: *"Die Lösung des Rätsels ist, dass Merten das erste Opfer einer Auseinandersetzung wurde, in deren Verlauf die griechische Regierung seit einem Jahr auf gut balkanische Weise versucht, die Bundesregierung unter Druck zu setzen und sie zu außerplanmäßigen Reparationsleistungen zu veranlassen."*[1] Das griechische Justizministerium veröffentlichte im März 1957 eine Liste"angeblicher Verbrechen", die Merten begangen habe: Mord, Verhaftungen und Überweisungen in das Pavlos Melas Gefängnis, Beschlagnahme jüdischer Vermögen, Plünderung jüdischer Läden, Zwangsarbeit für Juden, Beteiligung an der Vernichtung der Juden. Die nächsten Monate gingen diese Scheinverhandlungen weiter. Athen forderte weiterhin Reparationen und Bonn lehnte diese mit Hinweis auf das Londoner Schuldenabkommen ab.

---

[1]   "Griechenland Beziehungen. Die Falle der Fahndung" *Der Spiegel* 21 (22. Mai 1957), p. 15.

Merten im Athener Gericht 1957

Die ganze Zeit über saß Merten in Einzelhaft im Averof-Gefängnis. Doch es bewegte sich nichts. Inzwischen wurden immer wieder deutsche Touristen als Kriegsverbrecher verhaftet. Aus Bonn kamen Signale, dass man bereit sei, Griechenland finanziell zu unterstützen, aber Athen gab zu verstehen, dass der Fall Merten durch die Justiz geklärt werden müsse. Im September begannen Verhandlungen über die Gewährung eines Kredits. Beide Seiten stimmten überein, dass man damit die Vergangenheit vergessen könne. Bonn gab zu verstehen, dass der Fall Merten zuvor gelöst werden müsse, da sonst der Bundestag mauern werde.

Im November 1958 besuchte Ministerpräsident Karamanlis Adenauer. Nach einer Unterredung versicherte Karamanlis, dass er sich nach seiner Rückkehr nach Athen um die Frage der Kriegsverbrecher kümmern werde. Als er das tat und die Verfolgung der Kriegsverbrecher stoppen ließ und ankündigte, dass man Merten bald entlassen und nach Deutschland abschieben werde, löste dies einen Proteststurm in der Presse aus.[1] Dennoch versucht Karamanlis seine Zusage zu halten, indem er zum deutschen Botschafter sagte, dass Merten durch einen Gnadenakt erlöst werde. Doch schon im Januar 1959 wurde klar, dass Merten bald vor Gericht stehen werde, zumal ein zweites Verfahren gegen ihn eingeleitet worden war.

---

[1]   Richter, *The Merten Affair* , pp. 57-65.

Mertens Prozess

Am 21. Februar 1959 hatte Merten 21 Monate in Einzelhaft im Averof-Gefängnis gesessen. An diesem Tag begann Mertens Prozess vor einem Militärgericht. Die Richter eines Militärgerichts waren im Gegensatz zu ihren zivilen Kollegen nicht verpflichte, Zeugenaussagen auf ihre Wahrheit zu überprüfen. Dadurch war es für die Regierung leichter den Prozess zu kontrollieren. Der vorsitzende Richter war Oberst Ioannis Kokoretsas, ein ehemaliger Kollaborateur, CHI-Mitglied und während des Bürgerkrieges war er Vorsitzender verschiedener Gerichtshöfe gewesen und hatte sich aufgeführt wie der berüchtigte Freisler im Nazi-Volksgerichtshof. Justizminister Konstantinos Tsatsos hatte gefordert, dass der Prozess in zwei Wochen abgeschlossen sein müsse und keine privaten Kläger zugelassen werden sollten. So durfte der bekannte linke Anwalt und EDA-Mitglied Ilias Tsirimokos, keine Juden vertreten.

In der Presse in Saloniki und Athen wurde kräftig gegen Merten gehetzt. In ersterer wurde Merten mit Nero und Caligula verglichen. Er habe damit geprahlt, ein enger Freund Hitlers zu sein. Er habe die Qualitäten eines führenden Nazis gehabt. Die Zeitung *Makedonia* behauptete, dass Merten der Herr über Leben und Tod gewesen sei. Man habe sich sogar vom Tod freikaufen können. Merten habe sich an jüdischem Eigentum bereichert. Die Athener Zeitung *To Vima* spekulierte sogar, ob Mertens Verbrechen nicht zur Todesstrafe führen könnten. Da Tousis nur der Zahlung von Reparationen interessiert war, stoppte er die Presseangriffe.[1]

Im Gericht wurde Merten in vier Punkten angeklagt. Man beschuldigte ihn, bei den Ereignissen auf der Plateia Eleftherias dabei gewesen zu sein und verantwortlich für die Enteignung des jüdischen Friedhofs zu sein. Er habe den Abtransport der Juden in die Vernichtungslager in Polen organisiert. Er habe 600 Geiseln erschießen lassen und habe die Geschäfte in Saloniki plündern lassen. Die erste Beschuldigung musste fallen gelassen werden, da Marbach schon in Schleswig Holstein deswegen vor Gericht gestanden hatte. Die meisten Aussagen der Zeugen der Anklage erwiesen sich als falsch, wenn nicht gar als Lügen.

Unter den Zeugen der Verteidigung waren der IRK-Vertreter Burckhard, der italienische Generalkosul Guiseppe Castrucio und Mertens Vorgesetzter Theodor Parisius. Auch der griechische Generalgouverneur von Makedonien Simonidis äußerte sich positiv. Parisius bestätigte, dass Merten bei den Ereignissen auf der Plateia Eleftherias in Deutschland gewesen war. Burckhadt war nach dem Krieg nach Australien ausgewandert und kam nun von Manila nach Athen und bestätigte ihrer beider Versuch, die Juden zu retten. Der Gouverneur von Makedonien machte folgendes Statement: *"Merten war ein Herr."* Als nach diesen Worten des Zeugen der Anklage Mißfallenskundgebungen des Publikums laut wurde, erklärte er noch einmal: *'Ich bleibe dabei, Merten war ein Herr'.*[2] Hier muss noch hinzugefügt werden, dass Merten ein Zivilist war, und keinerlei militärische Befehle erteilen konnte. Befehle zur Geiselerschießungen durch ihn also ausgeschlossen waren. Unter dem Befehl zum Abtransport der Juden stand i.A., was bedeutete, dass es ein Befehl vom Wehrmachtsbefehlshaber Saloniki-Ägäis war, also von Krenzki stammte.[3]

In der ersten Phase des Prozesses (11.-18. Februar) sagten 100 Zeugen der Anklage aus. Ihre Aussagen waren zum größten Teil erfunden bzw. Lügen. Es gab 50 Zeugen der Verteidigung, von denen nur wenige gehört wurden (griechische Zeugen am 19.-20. Februar).[4] Vom 20. bis zum15 Februar sagten ausländische Zeugen aus. Anschließend sagte Merten aus.

[1]   *Ibidem*, pp. 59-62
[2]   Hamburger Echo (20. September 1960), p. 8.
[3]   Richter, *op.cit, p. 70f.*
[4]   *Ibidem*, p. 71.

Das Urteil

Der Militärankläger hatte für alle Angeklagten 140 Jahre Gefängnis geantragt. Am 5. März 1959 wurde Mertens Urteil gefällt: Zunächst wurden 125 Jahre genannt, die aber auf 25 Jahre und die Beschlagnahmung von Mertens Eigentum reduziert wurde. Die deutsche Botschaft berichtete darüber und die Reaktion der Athener Öffentlichkeit nach Bon: *"Das Urteil hat hier große Überraschung ausgelöst. Besonders in Kreisen der griechischen Juristen war man zum Teil sogar empört. Allgemein hatte man damit gerechnet, dass ein Urteil ergehen würde, das zwischen Freispruch und höchstens acht Jahren Freiheitsstrafe liegen würde. Insbesondere lässt sich das Urteil mit dem Ergebnis der Beweisaufnahme und der ganzen Durchführung des Verfahrens einfach nicht in Einklang bringen."*[1] Das Urteil enthielt keine schriftliche Begründung. In griechischen Militärgerichtsurteilen gibt es so etwas nicht. Das Urteil enthielt nur die Feststellung der Höhe der Strafe.

Die Art und Weise, wie dieser Prozess geführt und das Urteil gefällt wurde, erinnert fatal an die Urteile über die Linke nach den Dekemvriana. Die Urteile im Bürgerkrieg hatten den selben Charakter. Schon bei Beginn des Prozesses lag das Urteil fest.

Rechtsanwalt Dieter Posser, der im Auftrag der GDV den Prozess beobachtet hatte, informierte Heinemann über das Urteil. Beide betrachteten es als ein juristisches Fehlverhalten. In ihren Augen widersprach das Urteil krass den Fakten. In einem Brief an den Haushaltsausschuss des Bundestages verlangte der Abgeordnete Heinemann, dass das Finanzabkommen zurückgenommen werde.[2] Offensichtlich hatte Heinemann die Verbindung zwischen dem Fall Merten und der Bezahlung getarnter Reparationen erkannt.

Aber Merten geriet nicht in das Zwielicht der endgültigen Lösung; er war die Schnittstelle zwischen Wehrmacht und der griechischen Verwaltung und der Bevölkerung, er war verantwortlich für die Versorgung. Er war die Person, die von der griechischen Bevölkerung wahrgenommen wurde; kein Wunder, dass sie ihn Archonten oder König von Saloniki nannten. Da die Anschuldigungen von Korruption auf Hörensagen beruhen, müssen sie nicht ernst genommen werden. Wenn man Merten nicht persönlich getroffen hat, ist es schwierig festzustellen, ob er ehrlich und überbeansprucht war, oder ein rätselhafter Charakter, wie man oft hört. Angeblich kam er nicht ganz sauber aus den Ereignissen heraus, aber wer kam schon sauber heraus. Es kann nicht ausgeschlossen werden, dass die Griechen das Verhalten griechischer Bürokraten auf Merten projizierten. Merten war nicht der Kriegsverbrecher, als welcher er bis heute immer wieder beschrieben wird.

Verhandlungen über Kompensationen und Mertens Entlassung

Im Sommer 1956 forderten elf westeuropäische Staaten die BRD auf, Entschädigungen an jene Personen zu zahlen, die ohne Grund eingesperrt gewesen waren. Im Dezember 1958 informierte Bonn diese Staaten, dass man bereit sei, darüber zu verhandeln, aber das Londoner Schuldenabkommen dürfe nicht verletzt werden. Die finanziellen Möglichkeiten der BRD dürften nicht überbeansprucht werden. Die Zahlungen seien freiwillig. Es handelte sich um das sog. Globalabkommen. Am 8. Dezember 1958 informierte Bann die griechische Regierung, dass man bereit sei, über Kompensationen zu verhandeln. Das Thema der Verhandlungen seien aber nicht Reparationen; beim Globalabkommen gehe es um die Entschädigung für Verbrechen aus rassistischen Motiven.

Bevor die erste Verhandlungsrunde begann, forderte Bonn die elf Staaten auf, präzise An-

---

[1] Botschaft an AA 503-88 No. 381/1959 vom 6. März 1959; AA Referat 206 Band Nr. 135.
[2] ZRS-Aufzeichnung über Unterredung mit Heinemann und Posser mit AA- und ZRS-Vertretern am 8. April 1959 vom 10. April 1959: AA Referat 206 Band Nr. 134.

gaben über die Zahl der Betroffenen zu machen. Griechenland nannte die Zahl 190.800. Es war offensichtlich, dass Athen versucht ein Maximum herauszuholen, denn in dieser Zahl waren ganz offensichtlich auch Resistancekämpfer eingeschlossen, für die es keine Kompensationen geben würde. Bei der Debatte im griechischen Parlament wurde deutlich, dass die Frage eng mit der Zahlung von Reparationen und der Entlassung von Merten verknüpft war. Die ERE stimmte für das debattierte Gesetz und die EDA war dagegen. Am 3. Oktober 1959 wurde das Gesetz verabschiedet und am 5. Oktober wurde Merten nach Deutschland entlassen.

In der Zwischenzeit begann in Athen eine Debatte, wie die Reparationsgelder verteilt werden sollten. Averof warnte, dass wenn es keine Regel gab, werde das Geld an die Juden und die Kommunisten fließen. Es war offensichtlich, dass die Griechen gerne freie Hand bei der Verteilung gehabt hätten. Botschafter Seelos war überzeugt, dass wenn Deutschland keine Mitsprache erhalte, werde die Verteilung des Geldes von der Regierungsseite mißbraucht werden. Doch nun begann eine Auseinandersetzung über die Größe der Summe der Entschädigung.

Das Bundesfinanzministerium war der Meinung, dass 65 Mio. DM genug seien. Auf der griechischen Seite hatte man eine Zahlung von 200 Mio DM erwartet. Es kam zu einer heftigen Auseinandersetzung, als beide Seiten auf ihren Zahlen bestanden. Die griechische Seite stieß Drohungen aus, aber lenkte ein, als Außenminister v. Brentano die Zahlung von 130 Mio anbot. Nach weiterem Hin und Her, an dem auch Adenauer teilnahm, beschloss das Bundeskabinett, dass 100 Mio. die Verhandlungsbasis sein sollten. Schließlich einigte man sich auf die Summe von 115 Mio. Am 18 März 1961 wurde das deutsch-griechische Globalabkommen unterzeichnet.

Die Verteilung der 115 Mio. DM
Nach den Vorstellungen der Bonner Regierung sollten die Mittel des Globalabkommen primär an die rassisch verfolgten Personen verteilt werden. Aber man hatte akzeptiert, dass auch Angehörige von erschossenen Geiseln und Opfer von Massenerschießungen von Wehrmacht und SS entschädigt werden sollten. Die Verteilung sollte von den zuständigen Regierungen kontrolliert werden. Dies funktionierte gut in allen westeuropäischen Staaten, aber im klientelistisch orientierten Griechenland absolut nicht. Der ERE nachstehende Personen erhielten ihren Anteil. Die überlebenden Juden gingen leer aus, weil sie immer noch Zweitklassebürger waren. Der EDA nahestehende Personen gingen leer aus; sie wurden oft nicht einmal über die Möglichkeiten einer Zahlung informiert, Im Gegensatz zu Kalavryta und Distomon gingen Dörfer, in denen die EDA bei den letzten Wahlen die Mehrheit gehabt hatten, völlig leer aus. Der Klientelismus bestimmte auch in dieser Sache das Leben.

Mertens Entlassung
Als Merten aus der Haft entlassen wurde, protestierte der World Jewish Congress in London heftig dagegen. Aus Londoner Sicht war Merten ein Kriegsverbrecher und war mit zweieinhalb Jahren Haft zu leicht davon gekommen. Man verlangte von der Bundesregierung alles zu tun, um Merten zu bestrafen. Sollte dies nicht geschehen, sei dies ein Beweis, dass die BRD immer noch kein demokratischer Staat war.

Als Merten am 5. November 1959 in München ankam, wurde er aufgrund eines Haftbefehls der Berliner Distriktgerichts vom 7. Oktober 1957 verhaftet und am nächsten Tag ins Gefängnis Moabit überstellt. Der Untersuchungsrichter verhörte Merten mehrere Tage im November und entließ ihn am 16. November. Doch dies war der Beginn einer neuen juristischen Runde.

Mertens Kampf um seine Rehabilitierung

Im Zentrum von Mertens Kampf um seine Rehabilitierung stand Staatssekretär Globke. Die Auseinandersetzung mit ihm hatte schon während Mertens Prozess in Athen begonnen. Er hatte damals ausgesagt, dass Globke den geplanten Transport von Juden nach Palästina torpediert hatte. Die deutsche Botschaft versuchte, ihn von dieser Aussage abzuhalten. Man gebe sich dort alle Mühe, Merten zu helfen, so dass er in vier Wochen draußen sei. Merten machte dennoch seine Aussage, die keine Wirkung hatte, denn er wurde bekanntlich zu Gefängnis verurteilt.

Schon kurz nach seiner Rückkehr suchte Mertens Anwalt, Dieter Posser, Merten auf. Im März 1960 nahm Posser Kontakt zum hessischen Oberstaatsanwalt Fritz Bauer auf. Bauer stammte aus einer jüdischen Familie und war während der Nazi-Zeit ins Ausland geflohen. Jetzt tat er sein Bestes, um die Verantwortlichen für den Holocaust zu verfolgen, so im ersten Auschwitz-Prozess 1963-1965. Von da an bemühte er sich, Nazi-Täter vor Gericht zu bringen. Bauer hörte aufmerksam zu, als Posser ihm Mertens Geschichte erzählte. Am 3. Juni 1960 erzählte Merten ihm den Fall und Bauer machte Notizen, aber eröffnete noch kein Verfahren gegen Globke.

Am 19. Juli 1960 sollte Merten im Amtsgericht Tiergarten in Berlin vom dortigen Richter verhört werden. Merten bestand darauf, dass er dafür eine Genehmigung von Bonn benötige. Bauer stellte den notwendigen Santrag in Bonn. Am 7. September 1960 traf die Genehmigung des BMJ ein. Aber Merten wurde weder in Frankfurt noch in Berlin vom Gericht verhört. Merten hielt es für geraten, sich an die Presse zu wenden. Das SPD nahe Blatt *Hamburger Echo* veröffentlichte eine Arikelserie darüber. Am 28. September erschien die Geschichte wie Globke die Abreise der Juden nach Palästina verhindert hatte. Eine Tag später wiederholte DER SPIEGEL die Anschuldigungen gegen Globke.

Globke wandte sich an Adenauer und beide wandten sich an die Bonner Staatsanwaltschaft. Globke sprach von Verleumdung und trug sein Anliegen dem Bonner Staatsanwalt vor, der eine Nazi-Vergangenheit hatte, und nun Merten vorlud. Als Bauer davon erfuhr, eröffnete er ein Verfahren gegen Globke. Nun mischte sich Adenauer ein, indem er in einem Brief an Hessens Ministerpräsidenten August Zinn forderte, dass der Fall nach Bonn verlegt werde. Gegenüber DIE ZEIT leugnete Globke alles. Inzwischen verdächtigte BND-Chef Gehlen, dass Merten mit Kommunisten im Bund sei. Der Prozess gegen Merten begann im Oktober 1965. Da Merten krank wurde, verschob man den Prozess auf 1968, drei Jahre bevor Merten starb.

Mertens Vorgänger Marbach hatte inzwischen Karriere gemacht, er war Chef des Staatsgerichtshof von Schleswig-Holstein geworden. Merten versuchte ihn vor Gericht zu bringen. Marbach wurde angeklagt, aber nicht verurteilt. Im Gegensatz, im Januar 1974 erhielt er das Große Bundesverdienstkreuz mit Stern.

Merten hatte nach seiner Rückkehrbeim Bezirksamt Berlin Schöneberg für seine *"griechische Passionszeit einen Antrag auf Heimkehrerentschädigung gestellt, der im Sommer 1961 positiv entschieden wurde. Merten erhielt am 4. August einen ersten Beihilfebetrag von 300 DM. 1962 stellte Merten den Antrag, dass seine Frau und ihr Sohn im Falle seines Todes Hinterbliebenenrente erhalten sollte, was vom Berliner Oberverwaltungsgericht zunächst abgelehnt, aber dann auf dem Weg eines außergerichtlichen Vergleich doch noch gewährt wurde. Max Merten starb am 31. September 1971 im Alter von gerade einmal 60 Jahren.*[1]

---

[1]   Heinz A. Richter; *Mythen und Legenden in der* griechischen Zeitgeschichte (Ruhpolding: Rutzen-Verlag, 2016), p. 31.

Mertens Schätze. Eine Indiana Jones Geschichte

Da Merten in die Abwicklung jüdischer Vermögen involviert war, ging die griechische Seite davon aus, dass er sich bereichert habe. Angeblich brachte er einen kleinen Teil davon zu seiner Frau, die damals in Ungarn lebte. Den Rest versteckte er irgendwo in Griechenland. Dieses Gerücht zirkulierte in Griechenland Jahrzehnte lang, und ich erinnere mich, es gehört zu haben, aber niemand nahm es ernst.

1999 nahm das Gerücht eine neue Qualität an, als ein gewisser Konstantinos Vrettos über seinen Anwalt Kontakt mit der jüdischen Gemeinde in Saloniki aufnahm. Er behauptete, dass er wisse, wo die Schätze seien, die Merten gestohlen habe. Angeblich sei er Zellengenosse von Merten im Gefängnis gewesen. Tatsache ist jedoch, dass Merten die ganze Zeit über in Einzelhaft gewesen war. Angeblich hatte Merten ihm erzählt, dass sein Schatz aus 46 Kisten mit 230.000 goldenen Pounds (Sovereigns, einer großen Schachtel mit 300 riesigen Diamanten und einem Heiligen Kelch bestand. 1944 habe er den Schatz mit einem U-Boot der deutschen Marine in den Golf von Mykenae in der Nähe von Kalamata geschafft, wo der Schatz mit der Hilfe von drei deutschen Offizieren auf ein Kaiki umgeladen und in einer bestimmten Bucht im Meer versenkt wurde. Um sein Geheimnis zu wahren, habe Merten die drei Offiziere erschossen und sei mit dem U-Boot nach Saloniki zurückgekehrt. Vrettos reicherte seine Geschichte an, indem er Leute erwähnte, die es nir gegben hatte. Vrettos erklärte sich bereit, der jüdischen Gemeinde den Ort zu nennen, wo der Schatz lag - vorausgesetzt er erhalte 200.000 Euros. Es ist unbekannt, ob diese Summe gezahlt wurde. Tatsache ist jedoch, dass im Sommer 2000 Beamte, Privatleute und Mitglieder der jüdischen Gemeinde nach dem Schatz tauchten. Das griechische Fernsehen übertrug die Vorgänge live. Natürlich wurde nichts gefunden. 2002 wurde bekannt, dass Vrettos ein Krimineller war, der mehrfach im Gefängnis gesessen hatte.

Bis hierher könnte dieses Märchen als eine groteske Geschichte à la Indiana Jones charakterisiert werden, über die man sich amüsieren könnte. Woher sollte Merten diesen Schatz von der jüdischen Gemeinde einsammeln, die 1942 nicht einmal jene Summe aufbrachte, um die jüdischen Zwangsarbeiter abzulösen, und gezwungen war, den Friedhof an die Stadt Saloniki zu verkaufen. Wie der Heilige Kelch in den jüdischen Schatz gekommen sein soll, ist ebenfalls unerklärbar. Wie Merten, ein ziviler Beamter im Rang eines Hauptmannes, ein U-Boot herbeibefehlen und dem Kapitän Befehle erteilen konnte, ist unerklärbar, zumal nicht ein deutsches U-Boot der Kriegsmarine damals im Mittelmeer unterwegs war. Die Idee, dass er es von Kiel anforderte, ist noch grotesker, denn das U-Boot hätte kaum die Straße von Gibraltar passieren können.

Woher kamen die drei Offiziere? Aus der Armee oder der Marine? Wer steuerte das Kaiki? Wer steuerte das Kaiki zurück zum U-Boot und dieses zurück nach Saloniki? Wie erklärte Merten dem U-Boot-Kommandanten, dass die drei Offiziere verschwunden waren. Die ganze Geschichte ist verrückt und dies umsomehr als Merten schon März 1944 Saloniki verlassen hatte und sich im Norden des Balkan, vielleicht sogar schon in Zagreb, befand. Da Merten nicht die Fähigkeit zur Bilokation hatte, ist die ganze Geschichte totaler Unsinn.

Doch im August 2000 berichtete der MDR in Serie über die Tauchaktion. Am 18 August 2000 wiederholte das ZDF die Geschichte und fügte hinzu, dass weitere 10 Tage nach den Schätzen getaucht werden würde. Aus einem Brief des MDR wird deutlich, dass die verantwortlichen Redakteure nicht die geringste Ahnung von den Ereignissen in Saloniki im Zweiten Weltkrieg hatten und nicht begriffen, dass sie einer Erzählung à la Indiana Jones aufgesessen waren.[1] Merten war kein Kriegsverbrecher, sondern ein korrekter ziviler Wehrmachtsbeamter.

---

[1]   Heinz A. Richter, *German-Greek Relations 1940-1960 and the Merten Affair* (Wiesbaen: Harrassowitz, 2019), pp. 91-93

REPARATIONEN
Griechenlands kontinuierliche Staatsdefizite

Griechenlands finanzielle Probleme
Niemals seit Griechenland 1832 ein unabhängiger Staat wurde, war das griechische Staatsbudget ausgeglichen. Es gab immer eine Lücke, die von der Schutzmacht geschlossen werden musste. Von 1860 bis 1947 war dies Großbritannien gewesen. Von da an übernahmen die USA diese Rolle im Rahmen der Truman Doctrine. Schon 1945 hatte Griechenland versucht, einen Kredit von der Export-Import Bank in Höhe von 250 Mio Dollar zu bekommen. Aber nicht einmal ein solventer Staat hätte diese Summe erhalten. Die Bank war nur bereit, Griechenland mit einem Kredit in Höhe von 25 Mio Dollar zu unterstützen.

Das State Department informierte Botschafter MacVeagh darüber. Das Gerede über 250 Mio Dollar müsse aufhören. MacVeagh informierte die Griechen, aber in Athen glaubt man fest daran, dass die 250 Mio.$ gegeben werden würden und die 25 Mio. Dollar nur die erste Rate wären. Ein offizielles Dementi der US-Botschaft hatte keine Wirkung. Botschafter MacVeagh betrachtete das griechische Verhalten als verantwortungslos: *"Greece needs almost everything that can be obtained from abroad, but there is little evidence of any sense of responsibility in arriving at a proper balance of requirements within reasonable limits of cost. Many of the requests submitted to UNRRA are frankly extravagant and the Eximbank list may well contain items of the same character."*[1]

Die griechische Regierung zeigte eine ähnlichr Haltung in Bezug auf die Zahlung von Reparationen von Deutschland. Im August hatte das State Depatment die Griechen aufgefordert, bis Oktober eine Liste mit ihren Forderungen vorzubereiten. Am 17. Oktober legte Symon Diamantopoulos, der griechische Botschafter in Washington, die griechische Wunschliste vor. Sie belief sich auf die phantastische Summe von 10.449.506.903 Dollar, eine Summe, die der amerikanische Botschafter als "problematic" bezeichnete, als er sie gegenüebr Außenminister Dean Acheson erwähnte.[2] Gleichzeitig sagte de Botschafter, dass die griechische Regierung erwarte, das ausländische Staaten den Wiederaufbau des Landes finanzierten. Offensichtlich verließ sich Griechenland auf ausländische Hilfe. In Washington war über Griechenlands leichtfertigen Umgang mit Zahlen entsetzt.

Erste deutsche Reparationen
Im Februar 1945 beschlossen Roosevelt, Churchill und Stalin in Yalta, dass Deutschland so weit wie möglich für die Schäden aufkommen solte, die es verursacht hatte. Aber Deutschland war total zerstört und seine Wirtschaft in einem solch traurigen Zustand, so dass klar war, dass es keine finanzielle Hilfe leisten konnte. Deshalb sollten materielle und monetäre Güter in Deutschland oder solche, die sich im Ausland befanden, konfiziert werden. Produkte der deutschen Wirtschaft könnten jährlich konfisziert werden. Deutsche Arbeitskräfte könnten für den Wiederaufbau verwendet werden. All dies sollte durch eine alliierte Reparationskommission kontrolliert werden. Auf der Konferenz in Potsdam wurden diese Gegenden in Deutschland

---

[1] United States, Department of State, *Foreign Relations of the United States 1945,* VIII (Washington: Government Printing Office, 1969), p. 244. Zitiert als FRUS.

[2] *Ibidem.* Der Vetrag, der auf der Pariser Friedenskonferenz 1947 geschlossen wurde, sah vor, dass Italien 105 millionen Dollar und Bulgarien 50 Millionen Dollar an Griechenland zahlen sollte. Ungarn sollte 200 Millionen und Rumänien 300 Million Dollars an die Sowjetunion bezahlen..

festgelegt, von denen die Reparationsgüter genommen werden sollten. Die Westmächte und
die Staaten, die berechtigt waren Reparationsgüter zu erhalten, sollten diese von Westdeutschland erhalten, die Sowjetunion und Polen primär von Ostdeutschland.

Im Pariser Reparationsabkommen vom 14. Februar 1946 wurde beschlossen, dass die
westlichen Reparationen unter allen Staaten, die Ansprüche auf Reparationen hatten, ausge-
nommen Polen und die Sowjetunion, aufgeteilt würden. Die Konferenz stand Griechenland
4,5 Prozent der materiellen Reparationsgüter zu und 2,7 Prozent der anderen Reparationgüter.
Die Geldbeträge, die verteilt werden sollten, waren die ausländischen Geldguthaben Deutschlands und die demontierbaren Güter, die alle einsclossen, die demontierbar waren. Diese Be-
schlüsse wurden nur von den Alliierten gefasst. Die Deutschen hatten nichts zu sagen, was
nicht erstaunlich war, denn Deutschland war ein besetzter Staat ohne eigene Regierung.[1] Später wurden die zuzahlenden Beträge auf 520 Mio.§ im Marktwet von 1938 geschätzt. Der
Wert der demontierten industriellen Güter wurde niedriger eingeschätzt. Auf der Londoner
Schuldenkonferenz am 27. Februar 1953 wurde über die Reparationen endgültig entschieden.[2]

In den ersten Nachkriegsjahren wurden in Westdeutschland Industrieanlagen und andere
Einrichtungen, z.B. Krankenhäuser demontiert und nach Frankreich und England transportiert
als Vorwegreparationen. Die USA war mit Patenten und hochtechnischen Produkten der Zeit,
wie z.B. Raketen und Düsenflugzeuge zufrieden. 1948 sandte Griechenland eine Kommission
nach Westdeutschland, um die griechische Forderunegn durchzusetzen. Das Material, das
Griechenland zugestanden wurde, bestand aus 30.000 t Industriemaschinen, einschließlich
mehrere Walzwerken, Maschinen, Kränen, Gießereimaschinen und Farbproduktionsanlagen.

1948 wurde alles vom Ruhrgebiet nach Hamburg trasportiert, wo es auf Barken gelagert
wurde, weil es wegen des Bombekriegs keine Lagerhallen gab.

1950 wurden die ersten 10.000 t auf eine englischen Frachter verladen und nach Piräus in
Marsch gesetzt, aberdas Shiff kam nie dort an. Da die übrigen Tonnen weiterhin korodierten,
wurden sie in eine MAN-Lagerhalle verlegt. Aber der Korrodierungsprozess ging weiter, und
1953 musste die Lagerhalle geräumt werden und das Material war inzwischen so korrodiert,
dass es nur noch Schrott war. Es konnte nur noch als solcher verkauft werden. Obwohl je eine
deutsche und eine italienische Schrottfirma ein gutes Angebot machten, wurde der Schrott
nach England verkauft.

Der griechische Verantwortliche für diese Reparationsfragen war ein General namens
Georgios Lavdas. Er war in Bonn geblieben, als seine Mitarbeiter nach Griechenland zurückkehrten. Wie *Der Spiegel* schrieb war Lavdas in die dunklen Geschäfte in der Reparationenfrage verwickelt, aber auc weitere Miglieder der Botschaft. Lavdas habe mit Geld geradezu
um sich geworfen. Er hatte die erste Verschiffung auf dem englischen Frachter organisiert. Er
war auch für den Verkauf des Schrotts verantwortlich und es darf angenommen werden, dass
er auch hier kräftig mitverdiente. Aber nun wurde die Angelegenheit zu einem Skandal als der
Journalist Vasos Mathiopoulos von der Plastiras-Zeitung *Avgi* darüber schrieb. Mitarbeiter der
Botschaft drohten ihm eine kräftige Tracht Prügel an, wenn er nicht schweige.[3] Der Wrt der
industriellen Güter hatte, bevor sie korrodierten, 30 Mio Dollar betragen also 120 Mio. DM.

Die industriellen Güter waren ausgezeichnete Maschinen und Produktionsanlagen, die
zuvor der deutschen Rüstungsindustrie im Ruhrgebiet gedient hatten. In Großbritannien liefen
diese Maschinen bis Ende der 1950er Jahren, wie ich aus eigener Erfahrung weiß, denn ich

---

[1]   Das Argument, dass diese demontierten Güter keine deutschen Reparations waren, weil die deustche Regierung
      an der Entscheidung micht teilhatte, ist total absurd. Deutschland war ein besetztes Land.
[2]   Helmut Rumpf, "Die deutsche Frage und die Reparationen" *http://www.zaoerv.de* (1973).
[3]   "Reparationen. Dein Maul zu halten" *Der Spiegel* (22. Oktober 1952).

sah sie in Betrieb. Hätten diese Maschinen Griechenland erreicht, hätten sie mit Sicherheit den Kern für eine Industrialisierung des Landes gebildet. Die einzigen Profiteure waren ein Teil der griechischen Oligarchie, die es schaffte, sich einen großen Teil der Einnahmen aus den verschwundenen Gütern, anzueignen. Einige dieser Familien gehören noch heute zu der wohlhabenden Oberschicht Griechenlands.

Das Londoner Schuldenabkommen von 1952

1949 entstand die Bunderepublik Deutschland (BRD). 1950 erreichte der Kalte Krieg einen ersten Höhepunkt, als der Koreakrieg ausbrach. Da die USA befürchtete, dass die Sowjetunion nach Westen vorstoßen könnte, und wollten daher, dass Deutschland sich wieder bewaffne, um Westeuropa zu schützen. Adenauer war einverstanden, aber gab zu verstehen, dass die BRD sich entweder wiederbewaffnen oder Reparationen bezahlen könne. Beides würde die wirtschaftliche Kraft der BRD übersteigen. Aber die Amerikaner bestanden auf der Wiederbewaffnung. Nun begannen lange Verhandlungen, die erst 1953 mit dem Londoner Schuldenabkommen endeten.

Darin wurde vereinbart, dass deutsche Reparationen erst gezahlt werdensollten, wenn die beiden Teile Deutschlands wiedervereint sein würden, oder die beiden Teile gemeinsam bezahlen würden. Die deutschen Vorkriegsschulden und die aus der Zeit danach würden davon nicht betroffen sein. Diese bestanden aus preußischen Bonds und solchen des deutschen Reiches sowie jenen Schulden, die Deutschland nach dem Krieg gemacht hatte. Die Gesamtschuld betrug 12.38 Billionen DM. Niemand konnte sich 1951 vorstellen, dass die beiden verfeindeten deutschen Staaten die Schulden gemeinsam abbezahlen würden; da eine Wiedervereinigung damals als ausgeschlossen galt, war die Bezahlung. der Reparationen auf den Weltuntergangstag verschoben. Griechenland und Jugoslawien unterzeichneten deennoch beide dieses Abkommen.[1] Damit hatte die BRD eine rechtliche Basis, alle Forderungen nach Reparationen vor einer Wiedervereinigung zurückzuweisen.

Aber es gab zwei Ausnahmen: Jugoslawien und Griechenland. Als Nikita Chrustschow Mitte der 1950er Jahren Jugoslawien besuchte, brach in den USA die Panik aus, Jugoslawien könnte sich wieder dem Ostblock anschließen. Um dieses zu verhindern übte Washington Druck auf Bonn aus, Jugoslawien Reparationen zu bezahlen. Bonn tat dies und zahlte 60 Mio. DM Reparationen an Jugoslawien und einen Investitionskredit in Höhe von 240 Mio. DM und einer Laufzeit von 99 Jahren.

Griechische Bemühungen um deutsche Finanzhilfe

Seit der Truman Doctrine verließen sich griechische Politiker auf die Amerrikaner, die die Lücke im griechischen Budget schließen und Griechenland finanziell unterstützen würden. McNeil beschrieb dieses Verhalten akurat: *"Greek politicians found no real need to do more than agree in words with American demands for economy and reorganization in government. So long as the Americans were prepared to pump hundreds of millions of dollars into the economy each year, why should the Greek government not run an unbalanced budget and let the balance of foreign payments take care of itself? The Americans would have to make the deficits good; and if they complained of the use to which their funds were put, one would mollify them with promises for the future. [...] The United States owed them a great debt of gratitude for having fought the guerilla war and stopped the advance of Communism. [...] Some politicians were even inclined to feel that it would not really be a good thing to balance the budget*

---

[1]   Christoph Buchheim, "Das Londoner Schuldenabkommen", in: Ludolf Herbst (ed.): *Westdeutschland 1945–1955. Unterwerfung, Kontrolle, Integration* (München; Oldenbourg, 1986), pp. 219–229.

and correct the shortfall in exports, for if these things were done, then the crying need for American aid would disappear, and the country might then be left to fend for itself economically." [1]

Jedoch 1953 beschloss die republikanische Regierung Eisenhower, die chronische Lücke im griechischen Budget zu schließen und reduzierte drastisch die unterstützenden Zahlungen. Das amerikaische Verhalten machte den Griechen klar, dass sie von nu an auf keine substantielle wirtschaftliche Unterstützung hoffen konnten. In Athen verstand man, dass man von nun an eine neue Geldquelle benötigte, England und die BRD waren die ersten Kandidaten. Im Juli 1953 besuchte Markezinis London und sprach mit Regierungsstellen und hervorragenden Geschäftsleuten, die alle sehr herzlich waren, aber erbrachten keine Ergebnisse.[2] Daher blieb die BRD der einzige Kandidat.

1953 besuchte Markezinis Bonn und verkündete nach seiner Rückkehr, dass die BRD einen Kredit von 200 Mio. DM versprochen habe. Da Adenauer plante, im März 1954 Griechenland zu besuchen, musste ein Kreditgeber gefunden werden. Obwohl der Finanzminister einen Kredit verweigerte, beschloss das Kabinett, die *Kreditanstalt für Wiederaufbau* zu autorisieren einen Kredit in Höhe von 259 Mio. DM zu vergeben.[3] Damit war ein stressfreier Besuch Adenauers am 9. März gesichert.

Adenauers Besuch in Griechenland war der erste eines deutschen Regierunsgchefs überhaupt. Das offizielle Programm ging vom 10. bis zum 12. März 1954. Adenauers Reise nach Griechenland füllte das Programm wirtschaftlicher Zusammenarbeit mit Substanz. Von da an wurde von der deutscen Industrie erwartet, am Wiederaufbau Griechenlands zu helfen und das Land durch Investitioen wirtschaftlich voranzubringen. Griechenland andererseits versprach ehemaliges Eigentum des deutsches Reichs der BRD zurückzugeben.[4]

Im Juni 1954 erschien Premierminister Papagos in Bonn zum Gegenbesuch. Er brachte ein Gesetz mit, das kurz vor seiner Abreise vom Parlamentverabschiedet worden war. Es handelte von der Restitution von ehemals deutschen Vermögenswerten. Ein Abkommen über wirtschaftliche Zusammenarbeit wurde unterzeichnet. Im November 1954 besuchte Wirtschaftsminister Ludwig Erhard Athen. Deutsche Vermogenswerte wurden zurückgegeben, und Erhard verlängerte die Laufzeit des Kredits beträchtlich und stimmte zu, dass die Importmenge von griechischem Wein und Tabak erhöht wurde. Offensichtlich war man beim quid pro quo System angekommen, d.h. bei der Normalität.[5]

1955 wude Karamanlis Premierminister. Wie seine Vorgänger versuchte er amerikanische Wirtschaftshilfe zu bekommen. Aber nach der Eisenhower Doktrin erhielten diese nur direkt bedrohte Staaten. Während seines Aufenthaltes in Washington erinnerte er die zuständigen Personen, dass die USA immer das Loch im griechischen Bidget geschlossen hatten. Die Amerikaner reagierten freundlich, aber blieben unverbindlich.[6] So wurde es lar, dass Karamanlis eine andere Geldquelle finden musste. Er wollte keinen Krredit, der nur die Schulden des Landes vergrößern würde, sonern Zuschüsse, die nicht zurückbezahlt werden mussten. Jedoch mit Ausnahme der USA gab es keine anderen Staat, der solche verlorenen

[1]   William Hardy McNeill, *Greece: American Aid in Action 1947-1956* (New York: The Twentieth Century Fund, 1957), p. 61.
[2]   Spyros Linardatos, *Apo ton emfylio sti chounta*, II (Athen: Papazisis, 1977), p. 89f.
[3]   22. Sitzung des Kabinetts am 8. März 1954 C. "Finanzierung Industrieller Vorhaben in Griechenland". http://www.bundesarchiv.de/cocoon/barch/0000/k/k1954k/kap1_2/kap2_9/para3_5.html
[4]   22. Sitzung des Kabinetts am 8. März 1954 C. "Finanzierung Industrieller Vorhaben in Griechenland". http://www.bundesarchiv.de/cocoon/barch/0000/k/k1954k/kap1_2/kap2_9/para3_5.html
[5]   Lazaridou, *op. cit.*, p. 179f.
[6]   *FRUS 1955-1957*, XXIV, pp. 574-576.

Zuschüsse gewähren würde, nicht einmal die BRD.

Das deutsch-jugoslawische Verhandlungen waren in Athen beobachtet worden, und als die Ergebnisse im Oktober 1956 in Athen bekannt wurden, wandte sich Handelminister Panagiotis Papaligouras an die deutsche Botschaft und forderte ökonomische Hilfe. Der Mionister erwähnte die Hilfe, die Jugoslaiwen erhalten hatte. Die BRD war der wichtigste Handelspartner Griechenlands und wirtschaftlich die stärkste Kraft in Europa. Wirtschaftshilfe würde Greichenland im westlichen Lager fixieren. Nebenbei erinnerte Papaligouras, dass Deutschland die Pflicht hatte, Reparationen a Griechenland zu zahlen für die angerichteten Schäden im Krieg. Griechenand dachte an Kredite mit einer langen Laufzeit.[1] So versuchte Griechenland Jugoslawien zu imitieren und Reparationen zu erhalten, die als langfristiger Kredit getanrt war.

Botschafter Theo Kordt empfahl eine wohlwollende Prüfung des griehischen Wunsches. Das AA war gegen eine Zurückweisung des Wunsches, aber das Finanzministerium lehnte ihn ab, wie zuvor den jugoslawischen. Es gäbe keine Mittel für fremde Staaten. Man solle keinen neuen Präzedenzfall schaffen. Außerdem sei die finanzielle Lage der BRD knapp. Das Wirtschaftsministerium sah die Sache anders. Griechenland habe im Zweiten Weltkrieg und im Bürgerkrieg mehr gelitten als Jugoslawien. Die griechische Presse griff die Athener Regierung an, weil sie keine Reparationen von der BRD gefodert hatte, wie dies Jugoslawien getan hatte. Da der Ostblock versuche, in den griechischen Markt einzudringen, indem er Güter billig anbiete, daher wäre es vernünftig, den Griechen mit einem 120-150 Mio. DM Kredit mit einer Minimallaufzeit von 10-20 Jahren zu helfen. Die notwendigen Mittel könnten aus dem Budget für Entwiccklunsghilfe genommen werden.[2]

Anfang März berichtete Botschafter Kordt, dass im griechischen Parlament heftig über Reparatione debattiert werde, und die Forderungen nach deutscher Wirtschaftshilfe immer stärker werde. Die Frage nach Reparationen, die nicht gezahlt worden seien, sei geeignet, die Stimmung auf Hochtouren zu bringen. Genau weil Griechenland das Londoner Schuldenabkommen unterzeichnet habe, nehme der moralische Druck auf Deutschland zu, Griechenland großzügige Wirtschaftshilfe zu gewähren.

Als Mitte März Vizekanzler Franz Blücher Athen besuchte und Karamanlis traf, sprach dieser über die wirtschaftliche Hilfe. Im April und Mai gingen diese Forderungen weiter und die Hilfe für Jugoslawien wurde erwähnt. Während den griechisch-deutschen Wirtschaftsgesprächen Ende Mai gab Wirtschaftsminsiter Erhard zuverstehen, dass Deutscchland prinzipiell bereit sei, dem griechischen Wiederaufbau zu helfen, indem man Hermes Geldanleihen gewähre, die Gewährung von Regerungsanleihen wäre ein völlige novum. Die jugoslawischen Anleihen seien aus politischen Gründen gewährt worden, un dfür solche Sachen sei der Außenminsiter der richtige Ansprechpartner. Mit diesem Statement signalisierte Erhard, dass er die Unterstützung Griechenlands befürworte.

Anfang Juni erreichte der Meinungsbildungsprozess unter den verschiedenen Ministerien ein Ende, Man stimmte überein, dass Griechenland geholfen werden solle. Die Gewährung einer Anleihe war jedoch ausgeschlossen, da eine solche die Zustimmung des Parlamentes brauchte, was schwierig sei, da Wahlen bevorstünden, Man könne aber überprüfen, ob ein langfristiges Darlehen möglich wäre. Die griechische Seite aber wollte nicht rückzahlbare Reparationen, um Druck auszüüben. In frühen Juli entschied Bonn, dass Griechenland einen niederzinslichen Kredit in Höhe von 60-70 Mio.DM erhalten sollte.[3] Wie es zu diesem Mei-

---

[1]   Lazaridou, *op. cit.*, p. 211f.
[2]   *Ibidem*, p. 213f.
[3]   *Ibidem*, p. 218f.

nungswechsel kam, ist unklar. Die Forderung nach Reparationen mögen eine Rolle gespielt haben.

Vom 6 bis zum 10. July 1957 kam Papaligouras auf Blüchers Einladung hin nach Bonn. Papaligouras erzählte seinen Gesprächspartnern von den Plänen die Infrastruktur zu verbessern. Unterstaatssekretär Westrick schlug vor, das Kraftwerk von Ptolemaida in der Lignit-Ärea zu unterstützen. Adenauer betrachtete diesen Vorschlag als den einzig vernünftigen und realisierbaren.[1]

Papaligouras kehrte hochzufrieden nach Athen zurück. Da aber Bonn nichts unternahm, dieses Versprechen einzulösen, nahm die Frusstration in Athen wieder zu, zumal man sah, dass Bonn seine Versprechunegn an Jugoslawien einhielt. Im November 1957 wurden die Wirtsschaftsgespräche wieder aufgenomen, führten aber zu keinen konkreten Resultaten.

Reparationen von Italien und Bulgarien

An dieser Stelle erscheint es sinnvoll einen Blick auf die Reparationsleistugen der beiden anderen Besatzungsmächte zu werfen. Bis Spätsommer 1943 war Italien die größte Besatzungsmacht; ihr folgte Deutschland, das nun die größte Besatzungsmacht bis zum Kriegsende war. Von Anfang an war Bulgarien die zweitgrösste Besatzungsmacht; sie blieb es bis zum Kriegsende in dieser Region im Herbst 1944.

Die italienischen Reparationen in Höhe von 105 Mio. Dollar waren 1947 im Ftiedensvertrag zwischen Griechenland und Italien festgelegt worden. Ein wenig später wurde der Betrag auf 100,8 Mio. Dollar reduziert. Die amerikanische Botschaft in Athen stellte fest, dass Italien in der Form von alten Schiffen und Kraftwerksanlagen schon gezahlt habe, so dass nu noch 15 Mio. Dollar übrig blieben. Doch die Preise für diese Güter waren viel höher als die üblichen Weltmarktpreise. 1953 wurde ein Reparationsabkommen geschlossen, das die Reparationen auf 4,8 Mio. Dollar festlegte, die auf 3.000 Griechen verteilt werden sollten.

Auf der Friedenskonferenz hatte Griechenland 985 Mio. Dollar Reparationen von Bulgarien gefordert, aber nur 45 Mio.. wurden ihm zugestanden. Bulgarien weigerte sich zu bezahlen und forderte eine Verrechung mit den griechischen Vorkriegsschulden. 1965 erklärte sich Sofia bereit, 7 Mio. Dollar zu bezahlen, die in der Form von zu liefernden Gütern geleistet werden sollten.[2]

Merten und die Reparationen

Am 3. Oktober 1959 wurde das Globalabkommen Gesetz und am 5. Oktober wurde Merten nach Deutschland entlassen. Die ganze Zeit vorher war Merten der Verhandlungschip über die Höhe der Summe gewesen.[3] Nun erhielt Griechenland 115 Mio. Diese Summe wurde an die überlebenden Juden und an Familien von Exekutionsopfern wie Kalavryta und Distomon verteilt.

Deutsche Wiedervereingung

Die deutsche Wiedervereinigung beendete das Londoner Schuldenabkommen. Da niemand dem Zwei.-Plus-Vier-Vertrag widersprach, war das Londoner-Abkommen außer Kraft gesetzt.

---

[1] *Ibidem*, p. 220f; 188. Kabinett DSitzung am 10. Juli 1957: http://www.bundesarchiv.de/cocoon/barch/0000/k/-k1957k/kap1_2/kap2_29/para3_11.html: http://www.bundesarchiv.de/cocoon/barch/0000/k/k1958k/kap1_2/kap-2_24/para3_12.html.

[2] Hagen Fleischer/Despina Konstantinakou, "Ad calendas graecas?", p. 386; *FRUS 1958-1960*, X, 2, p. 690 Fußnote 2. *Keesing's Contemporary Archives*, p. 20.198.

[3] Susanne-Sophia Spiliotis, *Der Fall Merten, Athen 1959: Ein Kriegsverbrecherprozeß im Spannungsfeld von Wiedergutmachungs- und Wirtschaftspolitik* MA-Arbeit (München, 1991), p. 155.

Griechenland unterzeichnete den Vertrag nicht, aber widersprach dem neuen Abkommen auch nicht in Schriftform. Damit stimmten sie alle dem Abkommen de fact und de iure zu. Alle griechischen Regierungen mit Ausnahme von Tsipras wussten dies. Anscheinend wurde er auch nicht über die früheren Reparationsforderungen informiert. Seine erste Forderung lautete auf 273 Mio. Euros. Er begriff nicht, dass es keinen jursitsichen Weg gab, eine neue Reparationsdebatte zu beginnen.

Weder die griechische Öffentlichkeit, noch die meisten Politiker waren über die tatsächliche Lage informiert. Dass die Investitionskredite tatsächlich Reparatione waren, wurde nicht begriffen. Dass das Globalabkommen, de facto ein Abkommen über Reparationen war, war unbekannt, weshalb man glaubte, nach wie vor Ansprüche auf Reparationen zu haben. Als die Finanzkrise ausbrach, kochten die alten Reparationsforderungen wieder hoch.

Die Finanzprobleme begann als Andreas Papandreou Premier wurde. Unter ihm stiegen die Schulden so an, wie noch nie zuvor. Als Tsipras an die Macht kam, war Griechenland pleite. Als die Krise ausbrach, kamen clevere griechische Politiker auf die Idee, Deutschland dazu zu bringen, die Schulden durch Reparationen zu bezahlen. Da die früher geforderten Summen niedriger waren, als die jetzigen, erfand man ein rückwärtiges Datum, von dem aus hochgerechnet wurde. Der inzwischen über 90 Jahre alte nationale Held, Manolis Glezos,[1] übernahm die Aufgabe, die griechischen Forderungen einzutreiben. Er war jetzt SYRIZA-Abgeordneter im Euro-Parlament. Nach seinen Berechnungen beliefen sich die griechischen Schulden auf 362 Billionen Euro. Diese Zahl enthielt sogar Forderungen aus der Zeit des Ersten Weltkriegs. Wie diese entstanden waren, sagte er nicht, denn damals war Griechenland von Deutschland weder angegriffen, noch besetzt worden.

DIE LINKE organisierte Treffen in Deutschland, wo Glezos seine Forderungen vortragen konnte und die Anwesenden aufrief, Druck auf die deutsche Regierung auszuüben. Er traf politische Betonköpfe aus der ehemaligen DDR und alte bundesdeutsche Maoisten (KBW), die ihm zustimmten. Aber weder Glezos noch seine deutschen Genossen nahmen die Tatsache zur Kenntnis, dass die BRD Reparationen gezahlt hatte. Die Summe von 315 Mio. DM, die in den 1950er Jahren gezahlt wurde, war damals eine riesige Menge Geld. Die Summe, die Glezos jetzt forderte, entsprach einem Jahresbudget der BRD.

2015 veröffentlichte der ehemalige Stasi-Spion in Westdeutschland Karl Heinz Roth ein Pamphlet, das mit der Realität nichts gemein hatte.[2] Es wurde ins Griechische übersetzt und jeder griechische Abgeordnete erhielt eine Kopie. Das Ergebnis war, dass eine griechische Parlamentskommission einen Bericht verfasste, in welchem 279 Billionen Euro gefordert wurden. Im diesem Pamphlet wurden 9 Billionen Euros Schulden aus den 1. Weltkrieg genannt. Von da an wurde konstant gefordert, dass Deutschland bezahlen solle. Inzwischen war die Regierung der BRD über die Realität informiert und wies die griechischen Forderungen jedesmal auf freundliche Weise zurück. So wurden schließlich und endlich die Forderungen fallen gelassen. Natürlich wird Griechenland seine aufgehäuften Schulden nie abbezahlen können, Sie werden wohl irgendwann von den europäischen Steuerzahlern mitgetragen werden müssen

---

[1] Er und ein Studienkollege Apostolos Santas hatten 1941 die Reichskriegsflagge von der Akropolis geholt
[2] Karl Heinz Roth, *Griechenland am Abgrund. Die deutsche Reparationsschuld* (Hamburg: VSA, 2015).

DIE BESATZUNGSANLEIHE

Die "Zwangsanleihe"

Im Juli 2016 legte ein Ausschuss des griechischen Parlamentes einen Bericht über die Milliardenforderungen an Reparationen gegenüber Berlin vor. Es wurden 279 Mrd. Euro gefordert. Eingeschlossen in die griechischen Forderungen ist die Rückzahlung der sog. Zwangsanleihe. In letzterem Fall hat man auf der griechischen Seite die Vorstellung, dass sich Hitler von Griechenland Geld unter Anwendung von Zwang geliehen hat, um seinen Krieg zu finanzieren und diese Summe müsse zurückgezahlt werden. Im September solle das Parlament darüber diskutieren und dann solle die Regierung Tsipras die Forderungen erheben.

Wie wenig auch deutsche Journalisten informiert sind, zeigt ein Artikel der Berliner Zeitung, in der im Februar 2015 folgender Satz stand: *"Im Kern geht es um eine Zwangsanleihe, die Deutschland dem besetzten Griechenland 1942 abgepresst und trotz schriftlicher Zusage nie zurückgezahlt hat."*[1] DIE LINKE reagierte auf die obige Forderung, indem einer ihrer Abgeordneten feststellte, dass das "Wegducken" der Bundesregierung und das Wegdrücken" von berechtigten Forderungen "ein Ende finden müsse".[2]

Schon das Wort Zwangsanleihe oder Besatzungsanleihe führt in die Irre. In Griechenland hat man die Vorstellung, dass Deutschland bei Griechenland einen Kredit aufgenommen hat, mit dem es seinen Krieg finanzierte. Aber auch in Deutschland hat man nur vage Vorstellung, was damit gemeint sein könnte, wie das obige Zitat zeigt.

Die Fakten

Auch in der wissenschaftlichen Literatur ist seit langem klar, dass Griechenland keine Reparationszahlungen mehr erwarten, bzw. keine Forderungen erheben konnte. Aber seit vielen Jahren ist auch in der seriösen wissenschaftlichen Literatur immer wieder zu lesen, dass die Frage der sog. Zwangsanleihe, wie die Besatzungsanleihe auch genannt wird, offen sei. Die Grundlage aller dieser Forderungen ist der Abschlussbericht der Reichsbank vom 12. April 1945.[3] Dort steht auf Seite 114 folgender Satz: *"Demzufolge würde sich die Restschuld, die das Reich gegenüber Griechenland hat, noch auf 476 Mio. RM belaufen."* Diese Zahl wurde zur Grundlage aller späteren Berechnungen, die von 3 Mrd Euro bis zu 11 Mrd Euro reichen; letztere Zahl nannte der *Focus*.[4] Ganz wilde griechische Berechnungen kommen sogar auf 160 Mrd., ja sogar auf 575 Mrd. Euro, die Deutschland Griechenland schulde, wobei in letzterer Zahl auch die Reparationforderungen einfließen. Mit letzteren könnte dann die ganze gegenwärtige griechische Staatsschuld abgelöst werden.

Doch der Satz steht nicht isoliert im Reichsbankbericht, sondern ihm folgt in dem Originaldokument folgende Tabelle:

---

[1] Holger Schmale, "Deutsche Besatzung in Griechenland. Tsipras präsentiert eine offene Rechnung" *Berlinder Zeitung* (2. Februar 2015).
[2] *Neues Deutschland* (15. August 2016).
[3] Politisches Archiv des Auswärtigen Amts R 27320, p. 114.
[4] "Schuldenkrise paradox Deutschland schuldet Athen elf Milliarden aus Zwangskredit" *Focus* (12. Januar 2015). http://www.focus.de/finanzen/news/staatsverschuldung/presse-deutschland-schuldet-athen-elf-milliarden-aus-zwangsanleihe_id_4397229.html

Gesamtsumme der der Deutschen Wehrmacht zur Verfügung gestellten Beträge	*786,5 Mio. RM*
Griechische Abschlagszahlungen auf Besatzungskosten	*218,5 Mio. RM*
Deutsche Anlastungen	*568,0 Mio. RM*
Deutsche Rückzahlungen	*92,0 Mio. RM*
Deutsche Restschuld	*476,0 Mio. RM*

Aus dieser Tabelle geht ganz klar hervor, dass es sich bei den 476 Mio. RM nicht um einen Kredit oder eine Anleihe handelt, sondern um einen Rechnungsbetrag bezüglich der Besatzungskosten von der griechischen Seite. Dass es auch eine analoge Auflistung der griechischen Schulden bei Deutschland geben könnte, wurde bislang übersehen oder willentlich unterschlagen. Auf der Seite 156 des Reichbankberichtes heißt es ganz klar: *"dass das Reich durch Lebensmittellieferungen aus seinem eigenen Versorgungsraum, durch den Export von deutschen Waren, die z.T. im Reich Mangelgüter waren, und durch Zurverfügungstellung von Gold aus den beschränkten Eigenbeständen sein Möglichstes getan hat, die Lage in Griechenland zu erleichtern."*[1]

Noch erstaunlicher ist es, dass der auf Seite 33 des Berichts enthaltene konkrete Hinweis auf die passive Bilanz der griechischen Seite nicht zur Kenntnis genommen wurde. Dort heisst es: *"Bei Abschluss des deutsch-griechischen Verrechnungsverkehrs nach Räumung Griechenlands dürfte der griechische Passivsaldo [...] den Betrag von 300 Mio RM erreicht haben."*[2]

Bei den Ausführungen im Reichsbankbericht handelt es sich also um eine Bilanz, um eine Gegenüberstellung von Forderungen und Leistungen beider Seiten, bei dem anscheinend die griechische Seite Schulden hatte. Da dieses Thema gegenwärtig politisch von höchster Brisanz ist, soll die Entwicklung, die zu diesen Aussagen im Abschlussbericht der Reichsbank führten, nachgezeichnet werden.

Das erste große Problem der Besatzungszeit, nämlich die Hungersnot, wird in einem separaten Kapitel dieses Buch abgehandelt.[3] Das zweite Problem war die Inflation.

Inflation
Schon kurz nach dem Beginn des Krieges mit den Italienern in Albanien begann die Drachme inflationär zu werden. Bis zum Beginn der Besatzung stieg der Banknotenumlauf von 6 Mrd bei Kriegsbeginn auf 18 Mrd. Drachmen. Bis Ende Oktober 1942 kletterte er auf 180 Mrd. und eilte auf die Billion zu. Ein Oka Olivenöl (1.300 Gr) kostete 30.000 Drachmen und der Wert eines englischen Goldpfundes war auf 300.000 Drachmen gestiegen. Der "lohngestoppte" Verdienst eines Arbeiters oder unteren Angestellten betrug 30.000 Drachmen. Der Versuch der Regierung Tsolakoglou, durch massive Strafandrohungen die Preise zu stoppen und den Schwarzen Markt zu bekämpfen, scheiterte nicht nur kläglich, sondern bewirkte das Gegenteil. Die Waren verschwanden völlig vom Markt. Die einzige wirtschaftliche Einrichtung, die auf Hochtouren lief, war die Notenpresse. Die Schwarzhändler und Spekulanten verdienten ganze Vermögen.

Die Inflation wurde noch dadurch beschleunigt, da Griechenland gemäß der Haager Landkriegsordnung von 1907 verpflichtet war, die Unterhaltskosten für die Besatzungsarmee zu tragen. Da die griechische Wirtschaft und der Handel darniederlagen, hatte der griechische Staat kaum Steuereinnahmen. Um die Besatzungskosten zu bezahlen, ließ man die Notenpres-

---

[1]   Politisches Archiv des Auswärtigen Amts R 27320, p. 156.
[2]   *Ibidem*, p. 33.
[3]   *Aufteilung in Besatzungszonen und die Hungersnot*

se rotieren, was zum raschen Wertverlust der Drachme führte und die Besatzungsmächte zu höheren Forderungen veranlasste, was wiederum die Notenpresse in Rotation versetzte, usw.

Zu diesem Circulus vitiosus trug auch das anfangs im Umlauf befindliche Besatzungsgeld bei. Die deutschen Truppen zahlten mit Reichskreditkassenscheinen (RKK-Scheine), die italienischen mit Bons der Cassa Mediteranea di Credito, die auf (Mittelmeer-)Drachmen lauteten. Der Kurs der RKK-Scheine entsprach einer 1 RM = 60 Drachmen, der der italienischen Bons betrug 1 Lira = 8 Drachmen. Dieses Besatzungsgeld war bis einschließlich Juli 1941 in Umlauf. Insgesamt wurden von deutscher Seite rd. 77 Mio. RM (= 4,62 Mrd. Drachmen) in Umlauf gesetzt; die Italiener setzten etwa 5 Mrd. Mittelmeer-Drachmen in Umlauf.[1]

Im März 1942 unternahm man einen ersten Versuch, die Besatzungskosten in den Griff zu bekommen. Finanzminister Sotirios Gotzamanis hatte schon mehrfach bei den italienischen und deutschen Stellen gegen die übermäßigen Besatzungskosten protestiert. Nun reiste er nach Rom, um eine vertragliche Regelung zu erreichen. Er schlug eine Trennung der Kosten vor, indem man zwei Konten einrichtete. Vom ersten Konto sollten die Besatzungsmächte die regulären Besatzungskosten gemäß der HLO erhalten. Diese wurden auf monatlich 1.500 Mio. Drachmen für beide Besatzungsmächte festgesetzt. Alle darüber hinausgehenden Kosten für die Bedürfnisse der Besatzungsarmeen sollten als "Vorschüsse" in der Form einer Zwangsanleihe über ein zweites Konto laufen. Es handelt sich um die auch heute noch aktuelle Besatzungsanleihe (*Katochiko Daneio*). Diese "Vorschüsse" sollten später durch Warenlieferungen oder in bar zurückgezahlt werden. In Rom war man damit einverstanden und die sog. "Vereinbarungen von Rom" wurden sofort in Kraft gesetzt.[2]

Dies wäre eine vernünftige Vereinbarung gewesen, wenn die Drachme stabil gewesen wäre, aber durch die Inflation stieg der nominelle Betrag der "Vorschüsse" zwischen März und August auf rund das Dreifache, d.h. im März hatte der "Vorschuss" 6.720 Mio. betragen, im August lag er bei 22.600 Mio. Drachmen. Davon gingen im März 5.420 Mio. Drachmen an die Deutschen und 1.300 Mio. an die Italiener; im August lauteten die Zahlen 17.850 Mio. bzw. 4.750 Mio. Diese Zahlungen konnten nur durch die Rotation der Notenpresse gedeckt werden, was die Inflation noch weiter anheizte und zu weiteren erhöhten "Vorschüssen" führte.[3]

Im Sommer 1942 war die Lage in Griechenland überhaupt keine Lage mehr, wie das der 'Sonderbeauftragte des Reiches für wirtschaftliche und finanzielle Fragen in Griechenland', Hermann Neubacher, drastisch formulierte.[4] Lebensmittel waren nur noch auf dem Schwarzen Markt zu erwerben, und die Inflation jagte auch dort die Preise immer mehr in die Höhe und auch die Besatzungskosten trieben die Inflation in die Höhe. Am 30. August 1942 sandte Botschafter Pellegrino Ghigi SOS aus Griechenland, wie Außenminister Ciano in sein Tagebuch schrieb.[5] Im September begab sich eine Delegation von höheren Beamten des griechischen Wirtschaftsministeriums und der Bank von Griechenland unter der Leitung von Gotzamanis nach Berlin.[6] Wohl im Zusammenhang mit diesem Besuch erschien am 6. Oktober der Wirt-

---

[1]   Politisches Archiv des Auswärtigen Amts R 27320, p. 79. Vor ein paar Jahren wurden 57 Säcke mit diesen Geldscheinen im Tresor der Bank von Griechenland gefunden, was für einen ziemlichen Presserummel sorgte. *Griechenland Zeitung* (12. April 2012).

[2]   Heinz A. Richter (ed.), *Griechenland 1942-1943. Erinnerungen von Elisabeth und Konstantinos Logothetopoulos* (Ruhpolding: Rutzen, 2015), p. 16; Politisches Archiv des Auswärtigen Amts R 27320, pp. 81, 175.

[3]   *Ibidem,*

[4]   Hermann Neubacher, *Sonderauftrag Südost 1940-1945. Bericht eines fliegenden Diplomaten* (Seeheim: Buchkreis, 1966), p. 75.

[5]   Galeazzo Ciano, *Diario 1937-1943* (Milano: Rizzoli, 1994), p. 446.

[6]   Richter, *Logothetopoulos*, p. 27.

schaftsfachmann des Auswärtigen Amtes, Carl Clodius, in Rom, um mit der italienischen Regierung Verhandlungen über die finanzielle Lage Griechenlands zu führen. Ghigi wies auf die schwere Inflation hin. Clodius versprach, nach seiner Rückkehr nach Berlin die Angelegenheit mit seinen Vorgesetzten zu thematisieren.[1] Nach dem Ende ihrer Verhandlungen in Berlin reiste die griechische Delegation nach Rom weiter.

Am 8. Oktober zeigte sich Mussolini über die deutsche Haltung bezüglich Griechenlands beunruhigt. Wohl am selben Tag traf der griechische Finanzminister Gotzamanis in Rom ein. Clodius informierte Ciano, dass Deutschland bereit sei, seine Besatzungskosten von 18 auf 15 Mrd. Drachmen zu senken, was jedoch Gotzmanis als immer noch zu hoch ablehnte. Am 10. Oktober erklärte Gotzamanis, wenn man so weitermache wie bisher, werde Griechenland in zwei Monaten finanziell zusammenbrechen. Am 17. Oktober informierte Ribbentrop seinen italienischen Kollegen, dass Neubacher mit neuen Vorschlägen nach Rom kommen werde. Ciano entschied, ihm den Bankier Alberto d'Agostino beizuordnen.[2]

Etwa um die selbe Zeit besuchte Neubacher das Auswärtige Amt und unterhielt sich mit Botschafter Karl Ritter über die Lage in Griechenland. Beim Gespräch entwickelte er ziemlich unorthodoxe Ideen: Eine kriegswirtschaftliche Marktregelung wie in Deutschland sei völlig falsch. Die Versorgung der Besatzungstruppen aus dem Land müsse auf ein Minimum reduziert und der Nachschub aus der Heimat maximiert werden. Den Schwarzmarkt müsse man durch Lieferung von Lebensmitteln und Waren sowie durch finanztechnische Mittel bekämpfen. Die Preise für sie müssten freigegeben werden. Man ließ sich im AA von Neubachers Ideen beeindrucken und ernannte ihn zum Sonderbeauftragten des Reichs für wirtschaftliche und finanzielle Fragen in Griechenland. Wirtschaftsminister Funk und Finanzminister v. Schwerin-Krosigk stimmten ebenfalls zu.

Am 19. Oktober traf Neubacher in Rom ein. Am 21. Oktober kamen Botschafter Mackensen, Neubacher, d'Agostino, Ghigi und Gotzamanis in Cianos Büro zusammen. Neubacher trug seine Ideen vor; Ciano und Gotzamanis hatten Bedenken, d'Agostino hielt sie für umsetzbar: *"Ich einigte mich mit meinem Kollegen d'Agostino auf die denkbar verruchteste Ketzerei: die Herstellung eines freien Marktes in Griechenland."*[3]

Das "Wunder vom Oktober 1942"

Das "Wunder vom Oktober", wie es Neubacher nannte, wurde durch zwei günstige Ereignisse unterstützt: Erstens trafen die ersten Lebensmittelsendungen der internationalen Hilfsaktion des Roten Kreuzes ein, und zweitens erlitt Rommel bei El Alamein eine Niederlage, was zu einem Sturz des Goldkurses führte, weil die Spekulanten mit einem baldigen Kriegsende rechneten. Dies wiederum löste ein Sinken der Lebensmittelpreise auf dem Schwarzen Markt aus.

Kaum in Athen angekommen, kündigte Neubacher eine wirtschaftliche Sonderaktion an. Schon diese Ankündigung führte dazu, dass die griechischen Spekulanten die Lebensmittelpreise stoppten, die weit über den Goldkurs geklettert waren. Doch nun führte er mit finanztechnischen Mitteln einen schweren Schlag gegen die Spekulanten.

"1) Eine plötzliche Auszahlungssperre für die Lieferantenguthaben bei den beiden Besatzungsarmeen. Den Lieferanten wurde bedeutet, dass die laufenden Lieferungen weiter bezahlt werden, die im Augenblicke aufgelaufenen Verbindlichkeiten aber nur ratenweise bis Jahresende abgetragen werden können; infolge einer nicht näher bekannten Währungsaktion der beiden Sonderbeauftragten sei eine empfindliche Drachmenknappheit entstanden. Dieselbe

---

[1] Ciano, *op. cit*, p. 653.
[2] *Ibidem*, pp. 654-658.
[3] Neubacher, *op. cit.*, p. 76.

Zahlungssperre wurde über die öffentlichen Kassen verhängt. Die Aufregung war gewaltig. Lieferanten liefen zu den Banken, um sich Kredite zu besorgen; dort stießen sie auf folgenden Schrecken:

2) Vollkommene Sperrung der Bankkredite für Handelsunternehmungen und Private. Industriekredite liefen weiter, aber über ein Zensorenkomitee. Das Unglück war aber noch nicht voll:

3) Die Banken wurden angewiesen, auf breiter Front mit Kreditkündigungen vorzugehen, die von der Spekulation angesichts des Zahlungsstops nur durch Verkauf der spekulativ angelegten Warenvorräte honoriert werden konnten.

4) Die Wiederherstellung des normalen Überbringerschecks, der aus steuertechnischen Gründen einer langwierigen Prozedur unterworfen war, ließ sofort das Disagio des Schecks gegenüber der Barzahlung (über 20%, die natürlich auf die Preise abgewälzt wurden) verschwinden. Ich erinnere mich noch der Freude des Bankiers d'Agostino über diese erfolgreiche Wiederherstellung des normalen Schecks. Es war seine Idee.

5) Alle Höchstpreise wurden aufgehoben."[1]

Zugleich sorgte Neubacher dafür, dass größere Lebenmittelmengen aus Deutschland und anderen Staaten, vor allem Südosteuropas (Banat), in Richtung Griechenland in Bewegung gesetzt wurden. Bis Anfang 1943 wurden 65.000 t Weizen, 50.000 t Hülsenfrüchte und 40.000 t Zucker eingeführt.[2] Neubacher hatte außerdem erfahren, dass große Vorräte an Olivenöl, Hülsenfrüchten und Zucker in geheimen Verstecken gehortet worden waren. Um diese auf den Markt zu bringen, hob er die staatlich verordneten Höchstpreise auf. Die Spekulanten reagierten blitzartig. In wenigen Tagen füllten sich die Regale in den Läden wieder, und auf den Märkten herrschte wieder lebhaftes Treiben. Innerhalb von zwei Wochen stürzten die Preise um 80 Prozent und dies bei einer weiterhin steigenden Inflation. Er ließ 600 t Olivenöl, die von einer deutschen Firma gekauft worden waren, konfiszieren und warf sie in Athen auf den Markt. Die Transportwege wurden in Stand gesetzt und Lokomotiven repariert. Neubacher selbst war erstaunt, wie erfolgreich seine Aktion gewesen war; sie hatte alles übertroffen, was er erwartet hatte.[3]

Aber es gab noch ein wichtiges Problem: nämlich den Umrechnungskurs von Drachme und Reichsmark. Die Reichsbank wollte an ihrem fiktiven Kurs von 60:1 festhalten, da eine ständige Neufestlegung angesichts der galoppierenden Inflation in Griechenland fast nicht möglich gewesen wäre. Dieser Umrechnungskurs, der mit der Realität nichts mehr zu tun hatte, führte dazu, dass griechische Studenten in Deutschland wie die Fürsten leben konnten.

Händler machten unglaubliche Gewinne, wie Neubacher berichtet: *"Ein Grieche kaufte eine Maschine aus Deutschland und zahlte brav auf der Grundlage des mehrhundertfach überholten Kurses für den Gegenwert von 1000 RM 60.000 Drachmen ins Clearing; die Maschine verkaufte er sofort an die deutsche Wehrmacht um 25 Millionen Drachmen, die er natürlich sofort in Gold und Waren verwandelte. Kofferweise wurden Papierdrachmen nach Deutschland geschmuggelt. [...] Auslandsdeutsche in Griechenland überwiesen nach Deutschland Vermögen, die sie nie gehabt hatten. Schiebungen ohne Ende!"*[4] Die griechischen Importeure machten märchenhafte Gewinne und die Exporteure extreme Verluste. Es ist daher wenig verwunderlich, dass das zweite Konto bei diesem Umrechnungskurs nie ausgeglichen werden konnte.

---

[1] *Ibidem*, p. 78.
[2] *Ibidem*, p. 83.
[3] *Ibidem*, p. 79.
[4] *Ibidem*, p. 80.

Sogar auf dem Kultursektor wurden hohe Gewinne erzielt: *"Die Kulturabteilung der deut-schen Gesandtschaft war besonders stolz auf einen geradezu atemberaubenden Siegeszug des deutschen Buches. Die deutsche Buchhandlung wurde überlaufen, unscheinbare Griechen, die kein Wort deutsch sprachen, kauften Goethe, Kant und Schopenhauer, wuchtige wissenschaft-liche Werke - sie nahmen in ihrer Begeisterung für das deutsche Buch einfach alles. Ich hörte diese stolze Schilderung mit tiefem Mißtrauen und ging der Sache nach: die Mehrzahl dieser Verehrer der deutschen Literatur verkaufte die schönen Bücher, die für Deutsche längst nicht mehr zu haben waren, ein paar hundert Schritte weiter nach Gewicht an einen Altpapierhänd-ler. Das Geschäft - eine Reichsmark gleich 60 Drachmen - war glänzend.[...] Ein Grieche, dem eine inkassofähige Differenz entgeht, ist kein Grieche. Und in Griechenland leben lauter Griechen!"*[1]

DEGRIGES und SACIG

Es war klar, dass dies nicht so weiter gehen konnte, denn das hätte den deutsch-griechischen Warenaustausch ruiniert. Das Reichswirtschaftsministerium hatte daher eine neue Konstruk-tion vorbereitet, die nun in Gang gesetzt wurde. Dazu wurde die Deutsch-Griechische Han-delsgesellschaft (DEGRIGES) ins Leben gerufen. Die Italiener riefen die SACIG (Socità Ano-nima Commerciale Italiana) ins Leben. Die Funktionsweise beider Gesellschaften erklärte Neubacher in seinen Memoiren so:

"Ich komme auf meinen Maschinen-Händler zurück. Dieser zahlte wie bisher für den in Rechnung gestellten Wert von 1000 Mark seine 60 000 Drachmen in die Verrechnungskasse der Notenbank, aber erhielt die Maschine erst dann aus dem Zollverschluss, wenn er einen weiteren von einem Aufschleusungskomitee der jeweiligen Marktlage angepaßten Aufschleu-sungsbetrag bei der 'Degriges' erlegt hatte, der ihm noch einen erstrebenswerten Nutzen üb-rigließ. Dieser Händler war ob dieser Neuerung der Dinge sehr traurig, weil ihm nach den herrlichen Geschäften der Vergangenheit ein Gewinn von 20-50 % einfach ruinös erschien - aber er handelte weiter. Diese Aufschleusungsbeträge wurden zu 3/5 für den Ankauf griechi-scher Waren zu freien Marktpreisen verwendet. Auch in diesem Falle wurden die Ankaufsprei-se über das Clearing mit 60 Drachmen für die Mark verrechnet, aber die Differenz auf den freien Marktpreis dem griechischen Lieferanten aus der Aufschleusungskasse bezahlt. 2/5 der Aufschleusungserlöse wurden für die Abdeckung der Besatzungskostenkredite verwendet."[2]

Die Aktivitäten der DEGRIGES und der SACIG waren also von gegenseitigem Nutzen. Griechische Waren, vor allem Tabak und Rosinen, konnten zu inflationsbereinigten vernünf-tigen Preisen nach Deutschland exportiert werden. Ein Teil der Gewinne wurde verwendet, um die Besatzungskosten des zweiten Kontos zu verringern.

Die Lage der griechischen Finanzen und der Versorgung hatte sich im Oktober und No-vember 1942 so gebessert, dass Neubacher auf einer Sitzung mit Logothetopoulos und Gotza-manis am Abend des 1. Dezember einen Vertrag aushandelte, wonach ab dem 1. April 1943 die die Besatzungskosten überschreitenden Ausgaben der fremden Truppen grundsätzlich aus dem Erlös der Verkäufe der von der DEGRIGES und der SAGIC eingeführten Waren gedeckt werden sollten. Gleichzeitig wurde vereinbart, dass auch die bis zum 31. März ausgezahlten "Vorauszahlungen" durch die gleiche Kasse in monatlichen Raten beglichen würden. Ab die-sem Termin sollten die Besatzungskosten die 8 Mio. Drachmen-Grenze nicht überschreiten. Neubacher hoffte, dass der militärische Ausbau des griechischen Operationsraumes bis dahin

---

[1]   *Ibidem*, p. 81.
[2]   *Ibidem*, p. 82.

abgeschlossen sein würde, wodurch die Banknotenpresse nicht länger rotieren müsste. Zugleich machte Logothetopoulos klar, dass er zurücktreten werde, wenn die Besatzungsmächte nach dem 31. März 1943 höhere Beträge fordern würden. Mit Genugtuung stellte er fest, dass während seiner Amtszeit der Kurs des Goldpfundes stabil zwischen 130.000 und 150.000 Drachmen lag.

Zugleich setzte Neubacher durch, dass die militärischen Dienststellen sparsamer wirtschafteten. Bauvorhaben über 5.000 RM mussten vom Wehrmachtsbefehlshaber Südost genehmigt werden. Um die gegenseitige Konkurrenz der drei Wehrmachtsteile bei der Beschaffung von Baustoffen zu verhindern, wurden die Einkäufe in der Hand des Wehrwirtschaftsoffiziers konzentriert. Um die Nahrungsmittelpreise nicht wieder in die Höhe zu treiben, wurde der Einkauf aus dem Lande auf Frischgemüse und Obst beschränkt.[1]

Doch Rommels Rückzug in Nordafrika löste immer neue Befehle zum Ausbau der Befestigungen aus dem deutschen Hauptquartier aus, die beim Sonderbeauftragten landeten. Dieser bremste zwar, so gut er konnte, musste sie aber zu großen Teilen in der Form von immer neuen Kreditforderungen an die griechische Regierung weitergeben. Die Folge war eine erneute Zunahme der Inflation und ein Steigen der Preise.[2] Um Kosten für die Arbeitskräfte zu senken, versuchte man diese über die Zivilmobilmachung zu beschaffen, was aber zu von der EEAM (Arbeiter-EAM) angeführten Streiks führte und die Umsetzung des Programms verhinderte.[3]

Neubachers Goldaktion
Durch Errichtung der militärischen Bauten begann natürlich die Inflation wieder zu traben. Die Aufwärtsbewegung der Preise konnte durch die Aufschleusungsbeträge für die gelieferten Waren nicht mehr wirksam gebremst werden. Der Kurs des Goldpfundes schoss in die Höhe und erreichte im November 1943 die erschreckende Marke von 2 Mio. Drachmen. Da die Italiener durch den Seitenwechsel an der Entwicklung in Griechenland nicht länger teilnahmen und auch Altenburg versetzt worden war, mussten Neubacher und der Generalkonsul Graevenitz versuchen, die anstehenden Probleme in den Griff zu bekommen. Im August 1943 wurde Neubacher zum "Sonderbevollmächtigten des Auswärtigen Amtes für den Südosten" ernannt. Als die wirtschaftliche und finanzielle Lage immer kritischer wurde, entwickelte Neubacher erneut eine unorthodoxe Idee.

Anfang November 1943 flog Neubacher nach Berlin, wo er am 8. November mit Wirtschaftsminister Funk, Finanzminister v. Schwerin-Krosigk, dem Vizepräsidenten der Reichsbank und einigen anderen Ressortvertretern konferierte. Man kam überein, dass Neubacher 1 Mio. Goldpfund (24 Mio. RM) in sechs Monatsraten zu je 6 Mio. erhalten sollte, um die griechische Währung zu verteidigen. Die monatliche Rate würde den Geldbedarf der Wehrmacht decken.[4] Auf dem Rückflug nach Athen nahm Neubacher schon eine beträchtliche Portion der Goldmünzen mit.

Schon wenige Tage nach seiner Rückkehr startete er die erste Goldaktion an der Athener Börse. Neubacher erinnerte sich in seinen Memoiren: *"Die Überraschung der Griechen war ungeheuer. Kein Mensch hätte es für möglich gehalten, dass Deutschland Gold auf den Markt wirft. Der Verkauf von 20.000 Goldpfunden an einem Börsenvormittag genügte, um den Kurs des Goldpfundes von 2 Millionen auf 900.0000 zu drücken. Sofort war eine Baisse-Partei zur*

[1]   Politisches Archiv des Auswärtigen Amts R 27320, p. 84.
[2]   Neubacher, *op. cit.*, p. 86.
[3]   Woodhouse, *op. cit.*, p. 135.
[4]   Politisches Archiv des Auswärtigen Amts R 27320, p. 35. Auf Seite 57 befindet sich eine Auflistung der prozentualen Anteile pro Monat.

*Stelle, die gleichfalls Gold anbot. [...] Der Sinn der Goldaktion war folgender: die aufgekauf-
ten Banknotenmengen wurden für die Deckung der Besatzungskosten verwendet, dadurch
wurde die Banknotenpresse entlastet. [...] So blieb die Papierdrachme, die wirklich nur reines
Papier war, trotz einer uferlosen Inflation Geld. Die Löhne wurden auf Grund eines Lebens-
kostenindex laufend den Preisen angepaßt."*[1]

Neubacher schaffte es durch seine in unregelmäßigen Abständen durchgeführten Goldver-
käufe, dass die Drachme bis zum Abzug der Wehrmacht aus Griechenland ihren Geldcharakter behielt. Der Erlös aus der Goldaktion wurde für die Deckung der Besatzungskosten des
zweiten Kontos verwendet, wobei die Kosten, zwischen 16 bis 75 Prozent schwankend, gedeckt wurden.[2] Im Mai 1944 reduzierte Berlin die Zahl der Goldstücke, die monatlich an Neubacher geliefert wurden, wodurch die Inflation wieder auf Touren kam.[3]

Dennoch darf festgestellt werden, dass Reichsbankdirektor Paul Hahn recht hatte, *"dass
ohne die einschneidenden Manipulationen der Goldaktion die 'Vergasung' der griechischen
Währung schon zu einem früheren [...] eingetreten wäre. Wenn im September und Oktober
1944 das Inflationstempo gewaltig beschleunigt und schließlich die Trillionengrenze über-
schritten wurde, so war dieser Tatbestand neben der ungünstig zu beurteilenden Kriegslage
auf dem Balkan auch dem nur in geringem Umfange noch verfügbaren Goldbestand zuzuschreiben."*[4]

Beim Abzug der Wehrmacht erreichte die Inflation astronomische Ausmaße: Im Oktober
1944 kostete 1 Goldpfund 1,3 Billionen Drachmen. Für 100.000 Pfund hätte man die gesamte
umlaufende Drachmenmenge aufkaufen können.

Der Abschlussbericht der Reichsbank vom April 1945 spiegelt den Währungsverfall wider,
wie folgende Tabelle zeigt:

Besatzungskosten vom August 1941 bis zum Oktober 1944[5]

1941	9,5 Mrd. Drachmen
1942	137, 9 Mrd. Drachmen
1943	1.351,9 Mrd. Drachmen
1944	465.947,4 Mrd. Drachmen

Nach dem Abzug der Deutschen erreichte die Inflation solche Ausmaße, dass die Drachme
ihren Geldcharakter verlor. Der britische Währungsspezialist David Waley veranlasste einen
Währungsschnitt: 20 Billionen alte Drachmen wurden auf eine neue Drachme abgewertet.
Dies verbesserte die Lage merklich, aber es dauerte dennoch geraume Zeit, bis die Inflation
wirklich überwunden war.[6]

Logothetopoulos und die Besatzungsanleihe
Logothetopoulos' Memoiren enthalten eine längere Passage über die sog. Besatzungsanleihe,
die mit "Geldabhebungen für Auslagen und Vorauszahlungen" überschrieben ist.[7] Darin heißt
es, dass das Gericht im Prozess gegen die Kollaborateure festgestellt habe, dass die Italiener

---

[1] Neubacher, *op. cit.*, p. 87f.
[2] Politisches Archiv des Auswärtigen Amts R 27320, p. 38.
[3] Fleischer, *Kreuzschatten*, I, p. 453.
[4] Politisches Archiv des Auswärtigen Amts R 27320, p.41.
[5] *Ibidem*, p. 97.
[6] Heinz A. Richter, *Geschichte Griechenlands im 20. Jahrhundert, II, 1939-2004* (Ruhpolding: Rutzen, 2015), pp.
     194, 210.
[7] Richter, *Logothetopoulos*, pp. 148-152.

und Deutschen insgesamt den Gegenwert von 9.097.000 Goldpfund abgehoben hätten. Durch die Aussage des Generaldirektors des Finanzministeriums Athanasios Sbarounis und des Intendanten des Heeres Brigadegeneral Skarvelis wurde klar, dass der "legale" Teil, der der HL-O entsprach, 4.100.000 Goldpfund betrug. Der "illegale" Teil belief sich auf 4.996.000 [4.997.000] Goldpfund. Dabei zahlten die Regierungen Tsolakoglou 1.753.000, Logothetopoulos 630.000 und Rallis 2.613.000 Goldpfund, zusammen also die Summe von 4.996.000 Goldpfund.[1]

Logothetopoulos fährt fort: *"Ein Großteil dieser Auslagen wurde für die gleichzeitigen griechischen Bedürfnisse ausgegeben, wie für Straßenbau, für die Ausbesserung und den Bau von Kasernen, Gebäuden usw., die letzten Endes dem Griechischen Staate zugute kamen. Für die vierjährige Besatzungszeit stellte sich dieser Betrag, nach unserer Berechnung, auf 1.000.000 engl. Goldpfund . [...] Wenn wir zu diesem Betrag noch die unbezahlten 1.500.000 engl. Goldpfund [...] für stattgefundene Importe aus Deutschland hinzurechnen, [...] und dazu noch die ca. 1.500.000 engl. Goldpfund, welche die Deutschen während der Regierung I. Rallis einführten und durch die Bank von Griechenland auf den Geldmarkt warfen, wie von kompetenter Seite vor Gericht ausgesagt wurde, und zusätzlich noch engl. Goldpfund 1.000.000, die sie einführten und durch die Deutsche Gesellschaft für Zementschiffbau für ihre dringendsten Bedürfnisse auf den Markt warfen, im ganzen also engl. Goldpfund 5.000.000, die eingeführt oder im Lande verbraucht wurden, und durch welche ungeachtet jeder unserer anderen oben erwähnten wohlbegründeten Behauptung, der Betrag, der von dem willkürlichen Urteil des Gerichts den Regierungen als von den Fremden 4.947.000 engl. Goldpfund zu unrecht erhoben angerechneten, auf jeden Fall gedeckt wird."*

Addiert man die deutschen Zahlen, kommt man auf 5.000.000 Goldpfund. Griechenland schuldet damit seit der Räumung des Landes Deutschland 3.000 oder 4.000 Goldpfund. Wenn bis heute der Eindruck besteht, dass Deutschland 1944 in Griechenland 476 Mio. RM Schulden hinterließ, liegt das daran, dass man bislang im Abschlussbericht der Reichsbank vom 12. April 1945 nur die Seite 114 zur Kenntnis genommen hat, wo von einer deutschen Restschuld in dieser Höhe die Rede ist.[2] Die Aussagen auf Seite 156, die ich eingangs schon erwähnte, wo von griechischen Schulden bei Deutschland die Rede ist, wurden einfach nicht zur Kenntnis genommen. Dort heißt es: *"Man hat den Achsenmächten den Vorwurf gemacht, Griechenland über Gebühr für Kriegsleistungen in Anspruch genommen zu haben. [...] Die aufgeblähten Zahlen der griechischen Leistungen dürfen aber nicht über die großen, keineswegs billigen Anstrengungen der um ihre Existenz ringenden Achsenmächte für die Unterstützung Griechenlands hinwegtäuschen. Es wäre wertvoll, den Beitrag Griechenlands zur Kriegsführung der Achsenmächte und die materielle Hilfe, die die Achsenmächte Griechenland während der Dauer der Besetzung zuteil werden liessen, bilanzmäßig gegenüberzustellen. Bedauerlicherweise muss es diesen Ausführungen versagt bleiben, die deutschen Passive zahlenmässig durch die entsprechenden Aktive zu ergänzen, weil hierfür die Unterlagen noch ausstehen. Auch ohne einen ins einzelne gehenden Nachweis steht ausser Zweifel, dass das Reich durch Lebensmittellieferungen aus seinem eigenen Versorgungsraum, durch den Export von deutschen Waren, die z.T. im Reich Mangelgüter waren, und durch Zurverfügungstellung von Gold aus den beschränkten Eigenbeständen sein Möglichstes getan hat, die Lage in Griechenland zu erleichtern."*[3]

---

[1]   Die Summe der von Logothetopoulos genannten Einzelwerte ergibt 4.996.000 Goldpfund. Die von ihm genannte Summe von 4.997.000 hat sich wahrscheinlich durch Aufrundungen ergeben.
[2]   Politisches Archiv des Auswärtigen Amts R 27320, p. 114.
[3]   *Ibidem*, p. 156.

Wie wir gezeigt haben, gibt es in diesem Bericht auch konkrete Hinweise auf deutsche Ausgleichszahlungen. Es ist einfach erstaunlich, dass diese Passage und die anderen Hinweise des Abschlussberichts der Reichsbank bislang in der Literatur nicht zur Kenntnis genommen wurden. Noch erstaunlicher ist es, dass der konkrete Hinweis auf die passive Bilanz der griechischen Seite auf der Seite 33 des Berichts weggelassen wurde: *"Bei Abschluss des deutsch-griechischen Verrechnungsverkehrs nach Räumung Griechenlands dürfte der griechische Passivsaldo [...] den Betrag von 300 Mio RM erreicht haben."*[1] Dieser Betrag entspricht in etwa den 4.000 engl. Goldpfund.

Legenden
In Griechenland ist oft zu hören, dass die eine Million Goldstücke Neubachers das "Judengold" seien, das Wisliceny den Juden abgenommen hätte. Dem ist entgegen zu halten, dass die jüdische Gemeinde von Saloniki schon im Oktober 1942 nicht in der Lage war die Ablösesumme für die jüdischen Zwangsarbeiter in Höhe von 3,5 Mrd. Drachmen (etwa 15.000 Goldpfund) aufzubringen und nur 2 Mrd. bezahlen (etwa 10.000 Goldpfund) konnte. Die Differenz wurde durch den Verkauf des jüdischen Friedhofs an die Stadt Saloniki beglichen. Die jüdische Gemeinde war also keinesfalls so reich, wie immer wieder zu hören ist.

Das sog. "Judengold" waren Ringe, Armbänder und anderer Goldschmuck. Diese und das gesamte Barvermögen der Juden Saloniki mussten im März 1943 auf Befehl der SS abgeliefert werden. Der Gesamtwert soll 280 Mrd. Drachmen betragen gaben. Angesichts der galoppierenden Inflation dürfte der reale Betrag nicht viel höher gewesen sein, als der oben genannte Betrag der Ablösesumme. Die Vorstellung, dass die Juden eine Million Goldpfunde abgeliefert hätten, ist absurd. Außerdem bestanden die 1 Mio. Goldstücke Neubachers zu zwei Dritteln aus französischen Goldfrancs und zu einem Drittel aus goldenen Sovereigns. Wie die Goldfrancs nach Saloniki gekommen sein sollen, konnte mir niemand erklären.

Eine noch absurdere Legende besagt, Neubachers Gold sei das eingeschmolzene "Judengold". Wie man daraus in Berlin goldene Francs und Sovereigns hergestellt haben soll, konnte mir ebenfalls niemand erklären. Die eine Mio. Goldstücke stammten ohne jeglichen Zweifel von der Reichsbank. Allerdings passte dies nicht in die griechische Vorstellungswelt. Genauso wenig wie die, dass die deutsche Seite Lebensmittel geliefert hat, schließlich hätten die Deutschen die Hungersnot von 1941 verursacht. Und an den Warenlieferungen hätten deutsche Firmen riesige Gewinne auf Kosten der Griechen gemacht.

Doch nun zur Zwangsanleihe. Seit der Finanzkrise behaupten die Athener Zeitungen ständig, dass dem besetzten Griechenland Ende 1942 eine Zwangsanleihe auferlegt worden sei. Der Betrag bei niedriger Verzinsung sei bis heute auf etwa 11 Mrd. Euro angewachsen sei. Götz Aly äußerte sich dazu wie folgt: "Die Umrechnung erscheint mir plausibel, doch bezweifle ich die genannte Schuld. Anders Hagen Fleischer, ein deutsch-griechischer Historiker, der die Legende von der 'Zwangsanleihe' seit Jahren hegt und pflegt. Fleischer stützt sich nur auf eine Quelle, nämlich den 251 Blatt starken Schlussbericht, den deutsche Finanz- und Wirtschaftsbeamte am 12. April 1945 fertigstellten. [...] Wer den Bericht im Politischen Archiv des Auswärtigen Amtes (Signatur R27320) genau liest, stellt fest: Hagen Fleischer zitiert das Dokument in einseitiger Weise; er pickt sich die Aktiva zugunsten Griechenlands heraus und verschweigt die Passiva. Ich kritisiere die verfälschende Interpretation eines einzelnen Dokuments."[2]

---

[1]   *Ibidem*, p. 33.
[2]   Götz Aly, "Griechische Schuldenlegenden" *Berliner Zeitung* (24. Februar 2015), p. 4.

Als ich vor acht Jahren Hagen Fleischer anlässlich der Präsentation der griechischen Ausgabe meines Buches über die Operation Merkur in Athen traf, erzählte ich ihm, dass ich vorhätte, mich genauer mit dieser Anleihe zu befassen. Er informierte mich über den Reichsbankbericht und übersandte mir wenig später eine Fotokopie. Als ich letztes Jahr an dem Buch über Elisabeth und Konstantinos Logothetopoulos arbeitete, las ich auch den Reichsbankbericht und dabei machte ich dieselbe Entdeckung wie Götz Aly, dessen Aufsatz mir damals noch unbekannt war. Fleischer hatte in seinen Veröffentlichungen die Seite 156 weggelassen. Ich wollte ihn nicht direkt angreifen und sprach daher nur von der "Literatur", ohne ihn beim Namen zu nennen.

Inzwischen hat Fleischer mich massiv angegriffen und mir unterstellt, ich würde Quellen manipulieren, was absurd ist. Als Historiker bin ich verpflichtet, auch politisch kritische Quellen in meine Analyse einzubeziehen und wenn sie die Wahrheit sagen, sie zu verwenden. Hagen Fleischer hat bei diesem Thema genau das gemacht, was er mir vorwirft. Er hat die Geschichte verfälscht.

FELMY UND LANZ UND DIE RETTUNGEN
VON ATHEN UND EPIRUS

Vorgeschichte

Bei der Frühjahrsoffensive der Roten Armee 1944 zeigten sich zwei Hauptstoßrichtungen: Zentralpolen und Südosteuropa. Premierminister Churchill befürchtete, dass die Sowjets bei der Fortsetzung der Offensive im Sommer bis an die Adria vorstoßen und sogar Griechenland besetzen könnten. Da Griechenland für ihn ein unverzichtbares Glied der britischen *Life Line* durchs Mittelmeer nach Indien war, bemühte er sich darum, das Land in der britischen Einflusssphäre zu halten. Als erstes veranlasste er Anfang Mai Außenminister Eden, gegenüber den Sowjets festzustellen, dass die britische Regierung Rumänien als in der sowjetischen *Sphere of Activity* liegend betrachte und erwarte, dass die sowjetische Regierung der britischen bezüglich Griechenland dasselbe zugestehe. Man solle sich doch gegenseitig unterstützen. Churchill hatte sich vorsichtig ausgedrückt und das Wort "Interessensphären" vermieden, aber in Moskau begriff man sofort, dass solche gemeint waren.

Man gab der britischen Regierung zu verstehen, dass man mit diesem Vorschlag im Prinzip einverstanden sei, aber wissen wolle, ob die Amerikaner zustimmten. Churchill versprach, Präsident Roosevelt darüber zu informieren. Dies geschah und Außenminister Hull, der grundsätzlich gegen die Errichtung von Interessensphären war, leistete zunächst heftigen Widerstand. Als dieser überwunden war, erklärte sich Roosevelt damit einverstanden, dass Churchills Vorschlag einem dreimonatigen Versuch unterzogen werde. Er ermahnte ihn jedoch, dass daraus keine Nachkriegsinteressensphären entstehen dürften. Im Juli informierten die Amerikaner die Sowjets, dass sie mit der Drei-Monats-Regelung einverstanden seien, aber Interessensphären nach wie vor ablehnten. Es ist unklar, ob ein formelles Abkommen geschlossen wurde oder nicht, was letztlich jedoch unerheblich ist, denn beide Seiten hielten sich an die Absprache:

Die Briten schwiegen zum sowjetischen Vorgehen in Bulgarien und Rumänien in den folgenden Monaten und die Sowjets interessierten sich nicht für Griechenland und Jugoslawien. Sie begnügten sich aber nicht mit der Rolle des Zuschauers, sondern unterstützten sogar die Briten bei ihren Plänen, indem sie die griechische KP (KKE) und die jugoslawische KP zur Kooperation aufforderten. Erstere nahm daraufhin einen Kurswechsel zur Kooperation vor; Tito blieb jedoch bei seinem unabhängigen Kurs.

Am 20. August 1944 begann der Angriff der Roten Armee auf Rumänien. Die rumänische Armee brach auseinander und am 23. August erklärte König Carol den Krieg für beendet. Am 31. August marschierte die Rote Armee in Bukarest ein. Bei einem weiteren Vorstoß der Roten Armee in Richtung Adria drohten die Heeresgruppe E und die ihr unterstehenden Truppen in Griechenland abgeschnitten zu werden. Angesichts dieser Lage befahl der Wehrmachtsführungsstab dem OB Südost in Belgrad, alle Truppen und alles Material auf eine Linie Korfu-Ioannina-Kalambaka-Olymp zurückzunehmen, d.h. die Räumung Griechenlands und der Ägäis einzuleiten, indem man die Truppen sukzessive abzog.[1]

Der Rückzugsbefehl leitete eine höchst komplizierte Entwicklung auf mehreren Ebenen ein. Das Ziel der deutschen Militärführung war es, mit möglichst vielen Truppen und Material

---

1   Percy Ernst Schramm (ed.), *Kriegstagebuch des Oberkommandos der Wehrmacht (Wehrmachtführungsstab)*, IV, 1, *1. Januar 1944-22. Mai 1945* (Frankfurt: Bernard & Graefe, 1961), p. 714. Ab hier zitiert als KTB OKW.

unter so geringen Verlusten wie nur möglich Griechenland zu verlassen, um weiter nördlich im Balkan eine Abwehrfront gegen die Rote Armee aufzubauen. Um ungehindert mit starken Kräften abziehen zu können, war es notwendig, nicht in neue Partisanenkämpfe verwickelt zu werden. Sämtliche schon vorbereiteten Operationen gegen die griechischen Partisanen in den griechischen Bergen wurden daher abgeblasen, und ein Teil der dafür vorgesehenen Truppen erhielt den Auftrag, die Rückzugswege offenzuhalten. Es war klar, dass die Räumung des Großraum Athen besonders heikel sein würde, denn dort konnte es zu Kämpfen kommen. Sollten solche ausbrechen, würde dies zu letzten sinnlosen Zerstörungen führen. Außerdem lag ein Befehl Hitlers vor, wichtige lebensnotwendige Einrichtungen wie z. B. das Elektrizitätswerk und den für die Wasserversorgung Athens unverzichtbare Marathon-Staudamm vor dem Abzug zu sprengen.[1]

Die Situation in Athen war in der Tat prekär, denn die linksorientierte griechische Widerstandsbewegung EAM mit ihrem bewaffneten Arm ELAS wartete nur auf den Abzug der Deutschen, um die Macht zu übernehmen. Ihr Ziel war die Errichtung einer eher linksorientierten griechischen Nachkriegsrepublik und eine Verhinderung der Rückkehr König Georgs II. Der Führung dieser Kräfte war klar, dass ihr nach dem Abzug der Deutschen eine Auseinandersetzung mit der griechischen Exilregierung und mit den diese unterstützenden Briten bevorstehen würde. Die Briten auf der anderen Seite wollten die Exilregierung zurückbringen, um so ihre Kontrolle über Griechenland wieder herzustellen. Dies konnte nur erreicht werden, wenn es im Raum Athen zu einer Art von Wachablösung zwischen den deutschen und den britischen Kräften kommen würde. Zugleich mussten die Briten versuchen, die EAM/ELAS kooperationsbereit zu halten, denn eine gewaltsame Rückkehr nach Griechenland gegen den Willen der Résistance wäre ausgeschlossen gewesen. Zwar hatte sich die Führung der Linken in den vergangenen Monaten kooperationswillig gezeigt, aber das Drei-Monats-Abkommen war am Auslaufen und man konnte nicht sicher sein, ob es auch nach Ablauf der drei Monate noch respektiert und ob nicht doch ein sowjetischer Vorstoß nach Griechenland erfolgen würde.

Auf der deutschen Seite erwartete man beträchtliche Schwierigkeiten besonders beim Rücktransport der Truppen von den Inseln. Der Gegner hatte die volle Luft- und Seeüberlegenheit.[2] Auf Kreta befanden sich im August 1944 60-70.000 Mann und auf Rhodos und den übrigen Inseln 23.000 Mann.[3] Von Mai bis Juli hatten britische See- und Luftstreitkräfte den deutschen Seetransport besonders nach Kreta praktisch zum Erliegen gebracht. Im Juli waren 5.364 t Schiffsraum verloren gegangen. Im August wurden jedoch nur 742 t versenkt. Nach Angaben des Seetransportchefs Ägäis wurden zwischen dem 25. August und dem 15. September 7.209 Soldaten, 1.282 Pferde und Esel, 93 Geschütze, 2 Panzer, 256 Motorfahrzeuge, 834 andere Fahrzeuge und 4.846 t Material per Schiff zum Festland gebracht.[4] Eine größere Zahl von Soldaten wurden von der Luftwaffe ausgeflogen, wobei anfangs 44, später über 100 Ju 52 zum Einsatz kamen. Innerhalb weniger Tage überführten die Transportstaffeln der Luft-

---

1 Roland Hampe, *Die Rettung Athens im Oktober 1944* (Wiesbaden: Steiner, 1955), p. 23; Affidavit von Friedrich Wilhelm Herzog, ehem. Feuilletonredakteur der "Deutschen Nachrichten" in Griechenland; Fall 7, *Dok. Buch* VI, Felmy, p. 49; Fall 7, *Sitzungsprotokoll*, p. 6983 Von Hampes Buch gibt es einen Nachdruck: Roland Hampe, *Die Rettung Athens im Oktober 1944* (Ruhpolding: Franz Philipp Rutzen Verlag, 2011).

2 Gerhard Hümmelchen, "Balkanräumung 1944" *Wehrwissenschaftliche Rundschau* 9 (1959), p. 573. Zur desolaten Lage der Kriegsmarine in der Ägäis auch Friedrich Karl Birnbaum & Carlheinz Vorsteher, *Auf verlorenem Posten. Die 9. Torpedoboot-Flotillen* (Stuttgart: Motorbuch Verlag, 1987), *passim*.

3 KTB OKW, p. 714.

4 Baerentzen, "Anglo-German Negotiations during the German Retreat from Greece in 1944," *Scandinavian Studies in Modern Greek*, 4 (1980), p. 27.

waffe im rollenden Einsatz von Kreta etwa 60.000 Mann, von Rhodos und den anderen Inseln etwa 17.000. Bis zum 15. September 1944 wurde die Masse der Kampfverbände der 22. Infanteriedivision aus Kreta, der Sturmdivision Rhodos und der Festungsbrigade 967 von Leros nach Athen verbracht. Am 12. September waren Lesvos, Samos, Chios und Limnos sowie die ionischen Inseln geräumt. Die 22. Inf. Div. wurde sofort weiter nach Thessaloniki transportiert, damit sie dort in der Rupel-Enge eine Verteidigungsposition gegen mögliche Angriffe aus Bulgarien einnehmen konnte. Bulgarien war Anfang September aus dem Krieg ausgeschieden und trat am 8. September auf alliierter Seite erneut in den Krieg ein.[11] Am 21. September war auch die Peloponnes geräumt.

Der Archäologe Roland Hampe beobachtete den Rücktransport von den Inseln: *"Täglich trafen See- und Lufttransporte von den Inseln des Ägäischen Meeres ein. [...] Anfangs wurden diese Transporte von den Briten unbehelligt gelassen. Die Truppen legten den sonst so gefahrvollen Sprung übers Meer ohne Verluste und mit voller Ausrüstung zurück. Soldaten eines Seetransportes berichteten etwa, dass sie von britischen Jägern umflogen wurden, ohne beschossen zu werden. Luftkonvois, die aus Ju 52 bestanden und nur durch ein bis zwei Arado-Wasserflugzeuge ganz ungenügend gesichert waren, wurden von britischen Beaufightern umkreist, aber nicht angegriffen."*[2]

Dies wird durch weitere Berichte bestätigt. Am 13. September stellte man beim OB Südost erfreut fest, dass *"das Verhalten der englischen See- und Luftstreitkräfte [...] als bewußte Zurückhaltung angesprochen werden muß."*[3] Im Kriegstagebuch des OKW hieß es, dass *"von einer engl. Einwirkung gegen die Rückführungen kaum etwas zu bemerken"* war.[4]

Am 15. September 1944 endete die britische Zurückhaltung, als die RAF bei einem Angriff auf die Flugplätze im Raum Athen etwa die Hälfte der Ju 52 zerstörte. In den folgenden Tagen nahmen auch die Angriffe der Royal Navy gegen die wenigen deutschen Seetransporte wieder stark zu. Die deutsche Seite schaffte neue Ju 52 Transportmaschinen nach Griechenland, die nun vermehrt in der Nacht flogen. Nach Angaben des Kriegstagebuchs des OKW sollen täglich wieder 100 Flüge stattgefunden haben. Die Verluste hätten sich trotz britischer Angriffe auch in der Nacht in tragbaren Grenzen gehalten.[5] Damit kann also festgestellt werden, dass während der entscheidenden Phase des deutschen Rückzugs die britische Seite sich passiv verhielt. Über die Gründe stellte Hampe Vermutungen an: *"Man hatte den Eindruck, den Briten sei daran gelegen, möglichst starke deutsche Kräfte nach dem Nordbalkan gelangen zu lassen, um dort den russischen Vorstoß aufzufangen und einen russischen Durchbruch nach der Adria möglichst zu verhindern."*[6] Hampes Vermutungen sind richtig, die tatsächlichen Hintergründe sind jedoch noch viel interessanter.

In seinen Memoiren berichtet Albert Speer, dass es eine deutsch-britische Vereinbarung über den Abzug gegeben habe: Die Briten hätten den Abtransport der deutschen Truppen von den Inseln gestattet, weil die deutsche Seite zugesagt habe, *"mit Hilfe dieser Truppen Saloniki so lange vor den Russen zu halten, bis es von britischen Kräften übernommen werden könne. Als diese Aktion, die Jodl vorgeschlagen hatte, beendet war, erklärte Hitler: 'Das war das*

1   Richter, *Revolution*, p. 465.
2   Hampe, *op. cit.*, p. 17f.
3   OB Südost Ic/AO, 7356/44 gKdos zitiert nach Hagen Fleischer, *Im Kreuzschatten der Mächte. Griechenland 1941-1944*, Band 1 (Frankfurt, Bern, New York: Peter Lang, 1986), p. 525.
4   *KTB OKW*, p. 718.
5   *KTB OKW*, p. 719.
6   Hampe, *op. cit.*, p. 18.

einzige Mal, dass wir uns auf so etwas einließen.'"[1] Speers Aussage ist zu großen Teilen äußerst unpräzise oder nicht zutreffend. Die Briten strebten nach einer Wachablösung in Athen aber nicht in Thessaloniki. Die nach Norden abziehenden Truppen sollten die Russen daran hindern, nach Griechenland einzudringen oder die Adria zu erreichen. Nirgendwo in den deutschen Quellen ist die Rede von einem Halten von Thessaloniki. Außerdem verbot Hitler Anfang September jeglichen Kontakt mit der anderen Seite, wie wir noch sehen werden. Speer scheint hier nicht genau informiert gewesen zu sein.

Am 2. September 1944 berichtete der OB Südost und Chef der Heeresgruppe F, Generalfeldmarschall v. Weichs, über die Lage in Griechenland: Die griechische Kommunistische Partei (KKE) bereite die Machtübernahme nach dem deutschen Abzug vor. *"Nach vorliegenden Meldungen und tatsächlichem engl. Verhalten gegenüber nationalistischen griechischen Kräften ist sicher, dass England diesem Machtkampf mit dem russischen Einfluß nicht ausweichen, sondern kommunistischen Absichten zuvorkommen will. In diesem Sinne ist es vitales engl. Interesse, die jetzt von Deutschland besetzten Schlüsselpositionen Griechenlands in die Hand zu bekommen, ohne dass ein zeitliches Vakuum entsteht, das kommun. Banden Möglichkeit zum Umsturz bestehender Ordnung und Besetzung vor den Engländern geben würde. Notwendigkeit, Griechenland im Fall deutscher Räumung vor griechischen Kommunisten oder auch Russen fest in die Hand zu bekommen, ist treibendes Moment für alliiertes Oberkommando Mittlerer Osten in Kairo und erklärt gemeldetes Gesprächsangebot des Obersten Tom bei Zervas und Fühler über griechische nationale Kanäle in Athen mit dem Ziel, kurzfristig eine Übereinkunft mit uns über eine Räumung Zug um Zug herbeizuführen. Nach Gesandten Neubacher vorliegenden politischen Meldungen hält dieser Möglichkeit eines zunächst informativen Gesprächs mit engl. Beauftragten für gegeben. Von rein militärischen Erwägungen möglichster Erhaltung von Menschen und Material im Hinblick auf Gesamtlage vordringlichem Einsatz in mazedonischem, serbischem und Donauraum ausgehend, würde ich derartiges Gespräch für nützlich halten und es begrüßen. Eine Abrede würde unsererseits zur Voraussetzung haben, dass Gegenseite sich mit planmäßiger Zerstörung aller Verkehrseinrichtungen als Sicherung gegen Nachstoß motorisierter Feindkräfte abfinden muß."*[2]

Der Bericht beschreibt recht zutreffend die in Griechenland bestehende Lage und den britischen Wunsch nach einer "Wachablösung". Es werden zwei britische Gesprächsangebote erwähnt, nämlich eines von einem Oberst Tom und eines über griechische nationale Kanäle in Athen. Das erste Angebot wurde von mir an anderer Stelle ausführlich beschrieben, so dass ich mich hier auf eine Skizze beschränken kann.[3]

Als Anfang August 1944 die 1. Gebirgsdivision nach Norden verlegt wurde, interpretierte man das in den Reihen der britisches Verbindungsoffiziere bei den Partisanen in Epirus völlig richtig als den Beginn des deutschen Rückzugs.[4] Der im Hauptquartier der rechtsgerichteten EDES-Partisanen stationierte Oberstleutnant Tom Barnes und EDES-Chef Napoleon Zervas waren sich im Klaren darüber, dass die EDES nach einem Abzug der Deutschen gegen die ELAS kaum eine Überlebenschance haben würde. In der Tat war im Januar 1944 zwischen Zervas von der EDES und General Lanz ein Stillhalteabkommen geschlossen worden, das auch das Überleben der EDES gegenüber der ELAS sicherte. Es war ferner bekannt, dass der

---

1   Albert Speer, *Erinnerungen* (Frankfurt: Propyläen, 1969), p. 409.

2   OB. Südost (Okdo. H. Gr. F)Ic/AO Nr. 56/44 g. K. Chefs. Aus 66.142. Unterstreichung im Original.

3   Heinz Richter, "General Lanz, Napoleon Zervas und die britischen Verbindungsoffiziere," *Militärgeschichtliche Mitteilungen*, 1 (1989), pp. 111-138

4   Nigel Clive, *A Greek Experience 1943-1948* (London: Michael Russell, 1985), p. 108.

Kommandeur des XXII. (Geb.) Armeekorps, General Hubert Lanz, kein Nazifreund war. Es gab sogar Gerüchte, er sei in die Verschwörung vom 20. Juli verwickelt gewesen.[1]

Barnes und seine Vorgesetzten in Kairo hielten es sogar für möglich, dass er kapitulieren wollte und fragten daher in London an, wie man sich im Falle eines solchen Angebotes verhalten sollte. London antwortete am 2. August *that it was most desirable to obtain surrenders of senior German officers and their garrisons, provided no special provisions were made.*[2]

Diese Antwort löste nun eine erste Runde von Verhandlungen aus. Der damalige Ia des XXII (Geb.) A.K., Oberst Walter Klingsporn, berichtete, dass Anfang August ein Verbindungsoffizier von Zervas (vermutlich Hauptmann Asterios Michalakis) auf dem Korpskommando erschienen sei, der ihm in Anwesenheit des Ic, Gebhard v. Lenthe und des O3, Erdmann, angeblich im Auftrag von Tom Barnes vorschlug, dass die in Epirus befindlichen deutschen Truppen unter dem Befehl ihrer Führer und mit allen eigenen Waffen dort stehen bleiben sollten, um dem Vordringen der kommunistischen Kräfte aus dem mazedonischen Raum Einhalt zu gebieten.[3]

Am 4. August tauchte derselbe Verbindungsoffizier bei Tom Barnes auf und unterbreitete nun diesem einen Vorschlag, der angeblich von Lanz stammte. Der Originalbericht von Barnes an seine vorgesetzte Dienststelle in Kairo fehlt, aber es existiert ein Dokument aus Kairo, in dem sein Bericht erörtert wird. Daraus geht hervor, dass Lanz ein inoffizielles Treffen mit Tom Barnes vorgeschlagen haben soll. Die einzelnen Formulierungen zeigen jedoch deutlich, dass dieser Vorschlag unmöglich von Lanz stammen konnte. Es dürfte sich mit großer Wahrscheinlichkeit um Erfindungen des Verbindungsoffiziers gehandelt haben. Barnes meldete die angeblichen deutschen Angebote nach Kairo und von dort kam die Instruktion, dass er sehr vorsichtig sein sollte. Man halte es für möglich, dass Lanz ein Mitglied der Verschwörung sei und sich herauswinden (extricate) wolle. Der SOE-Analytiker hielt es für möglich, dass Lanz auf die britische Seite übertreten wollte. Am 11. August meldete Barnes nach Kairo, dass Lanz ihm über den Verbindungsoffizier habe mitteilen lassen, dass er weiterhin an einem Treffen interessiert, aber im Augenblick verhindert sei.[4]

Am 4. August tauchte derselbe Verbindungsoffizier bei Tom Barnes auf und unterbreitete nun diesem einen Vorschlag, der angeblich von Lanz stammte. Der Originalbericht von Barnes an seine vorgesetzte Dienststelle in Kairo fehlt, aber es existiert ein Dokument aus Kairo, in dem sein Bericht erörtert wird. Daraus geht hervor, dass Lanz ein inoffizielles Treffen mit Tom Barnes vorgeschlagen haben soll. Die einzelnen Formulierungen zeigen jedoch deutlich, dass dieser Vorschlag unmöglich von Lanz stammen konnte. Es dürfte sich mit großer Wahrscheinlichkeit um Erfindungen des Verbindungsoffiziers gehandelt haben. Barnes meldete die angeblichen deutschen Angebote nach Kairo und von dort kam die Instruktion, dass er sehr vorsichtig sein sollte. Man halte es für möglich, dass Lanz ein Mitglied der Verschwörung sei und sich herauswinden (extricate) wolle. Der SOE-Analytiker hielt es für möglich, dass Lanz auf die britische Seite übertreten wollte. Am 11. August meldete Barnes nach Kairo, dass Lanz ihm über den Verbindungsoffizier habe mitteilen lassen, dass er weiterhin an einem Treffen interessiert, aber im Augenblick verhindert sei.[5]

---

1   Richter, *Lanz*, p. 122.
2   *Force 133 Directives* in Richter, *Lanz*, p. 120.
3   *Ibidem*, p. 123.
4   *Ibidem*, p. 120f.

Mitte August lagen also sowohl der SOE in Kairo als auch dem XXII. (Geb.) Armeekorps "Angebote" vor. Jede Seite hatte den Eindruck, dass das ihr vorliegende "Angebot" von der anderen Seite stammte; d. h. die Briten glaubten, dass die Initiative von den Deutschen ausgegangen sei und umgekehrt. Aus Klingsporns Bericht geht der genaue Inhalt des angeblichen britischen Angebots hervor. Obwohl Tom Barnes' Originalbotschaft nicht vorliegt, erlaubt der Wortlaut des SOE-Dokuments die Rekonstruktion des angeblichen deutschen Angebots. Zwar unterscheiden sich die beiden angeblichen Angebote auf den ersten Blick - "verbleiben" gegenüber "übergehen" - aber die Analyse der implizierten Konsequenzen beider "Angebote" zeigt, dass sie mehr oder weniger identisch sind. Der beiderseitige Eindruck, dass die andere Seite Verhandlungen anbot, schuf nun eine recht seltsame Lage. Zwar lehnten beide Seiten Verhandlungen - und ganz besonders mit der Regierung der anderen Seite - kategorisch ab, aber wenige Tage später standen beide Seiten, ohne sich dessen bewusst zu sein, in Kontakt, und die übergeordneten Stellen beider Seiten diskutierten die angeblichen Vorschläge der anderen Seite. Beide entwickelten irreale illusorische Konzepte, die tatsächlich kaum mehr waren als die Projektionen ihrer eigenen Wunschträume: die Briten phantasierten über den Seitenwechsel des XXII. (Geb.) Armeekorps, und die Deutschen träumten von einem Abkommen über einen ungestörten Abzug, von einer Art Wachwechsel. Einige Tage lang entwickelten beide Seiten solch hektische unrealistische Aktivitäten, dass man geneigt ist, die ganze Angelegenheit als Schattentheater zu bezeichnen.

Mitte August wurden die von London gebilligten Vorstellungen in Kairo deutlich. Der Minister Resident Cairo, Lord Moyne, schrieb: *"We should [...] take advantage of any serious approaches from the Germans in Greece to bring about their surrender and handing over all of their arms and equipment. What would suit us best would be that, once British troops are ready to go into Greece, arrangements for surrender of Germans should be made providing for handing over of all German arms and supplies so they should not fall into the hands of EAM and so that there should be no hiatus of which EAM would take the full advantage."*[1] Die britische Seite hätte es also am liebsten gesehen, wenn die Deutschen in Griechenland geblieben wären und das Land gegen die linke Résistance gehalten hätten, bis sie selbst übernehmen konnten. Doch ein solches Arrangement hätte nicht geheim gehalten werden können, wie Lord Moyne selbst feststellte, und der politische Schaden bei Bekanntwerden wäre riesig gewesen. Deswegen begnügte man sich, mit dem Konzept Wachablösung.

Im XXII. (Geb.) A.K. diskutierten Lanz und seine Stabsoffiziere das britische "Angebot". Man war sich im Klaren, dass der bevorstehende Rückzug sehr schwierig sein würde, weil die reguläre Rückzugsstraße über Belgrad durch den sowjetischen Vorstoß gefährdet war. Die Alternative parallel zur Adriaküste war aufgrund der kaum vorhandenen Straßen und der alliierten Luftherrschaft von Italien aus auch nicht erfreulich, aber ein Verbleiben in Epirus wäre Meuterei gewesen und hätte üble Konsequenzen haben können. Da Lanz andererseits möglichst kampflos abziehen wollte, galt es Zeit zu gewinnen. Der Kontakt mit Barnes durfte nicht abreißen, denn solange "verhandelt" wurde, würde es ruhig sein. Um sich andererseits bezüglich der Kontakte abzusichern, meldete das Korps diese an die Heeresgruppe E in Thessaloniki, wobei man inhaltlich nur das Gesprächsangebot erwähnte.

Die Heeresgruppe E informierte erst am 13. August den OB Südost über das "Angebot" von Barnes, mit einer höheren deutschen Kommandostelle Kontakt aufzunehmen. Der OB Südost Weichs hielt dies für eine interessante Angelegenheit. Sofort nach Eingang der Botschaft der Heeresgruppe E nahm Weichs telephonisch Kontakt mit dem Oberkommando der

---

1 *Ibidem*, p. 125.

Wehrmacht auf. Hitler selbst drückte die Ansicht aus, dass die guten Beziehungen zu Zervas aufrechterhalten werden sollten. Die Heeresgruppe E erhielt den Befehl, die Möglichkeiten der Gesprächsaufnahme mit Tom Barnes offen zu lassen.

Am 19. August sandte der OB Südost ein Telegramm an den Sonderbevollmächtigten des Auswärtigen Amtes für den Südosten, Hermann Neubacher, in dem er diesen über einen weiteren Kontakt mit einem britischen Offizier (Lodwick[1]) informierte und ihn bat, Hitler darüber zu informieren. Offensichtlich wollte v. Weichs die ganze Angelegenheit nicht selbst Hitler vortragen und versuchte, Neubacher vorzuschieben. Neubachers Argumente würden weniger leicht von Hitler abgelehnt werden. Am 26. August ließ die Heeresgruppe E Lanz wissen, dass Hitler umgehend über die Besprechungspunkte mit Tom (Barnes) informiert werden wollte. Lanz antwortete, dass er Zervas' Verbindungsoffizier am 27. August erwarte.

Dieser erschien jedoch erst am 29. August und bot im Auftrag von Barnes erneut Verhandlungen über die Übergabe an. Wieder veränderte Lanz den Inhalt des "Angebots", indem er anstelle von Übergabe von Informationen über die Räumung sprach. Die Heeresgruppe E meldete dies und fügte hinzu, dass man die Verhandlungen hinziehen wolle. Verbindungsoffizier Michalakis wurde am 31. August oder 1. September vom XXII. Korps informiert, dass nur über den Abzug gesprochen werden könne. Dazu könne ein erstes Treffen am 3. September stattfinden, dem weitere folgen könnten. Als Barnes dies nach Kairo meldete, schloss man dort eine Kapitulation des XXII. (Geb.) A.K. immer noch nicht aus. Nur darüber könne man verhandeln.[2]

In den nächsten Wochen gingen die "Übergabeverhandlungen", wenn auch ergebnislos, weiter, während die Truppen des XXII. (Geb.) A.K. sukzessive nach Norden abzogen. Am 15. Oktober verließen Lanz und die letzte Einheit des Korps Ioannina. Er ließ eine völlig unbeschädigte Stadt zurück und ließ nicht einmal die großen Versorgungslager vernichten, obwohl dies befohlen worden war. Als dann im Dezember 1944 die angestauten politischen Spannungen zur Explosion kamen, griff die ELAS die EDES an und zerschlug sie. Ohne die Anwesenheit des XXII. (Geb.) A.K. hatte Zervas keine Chance gegen die ELAS.

Im Bericht des OB Südost vom 2. September 1944 wurde außerdem erwähnt, dass auch dem Sonderbevollmächtigten, des AA, Neubacher, ein Gesprächsangebot vorlag. Schon im Juli und Anfang August hatte es Versuche von griechischer kollaborierender Seite gegeben, Kontakte zwischen Neubacher und den Briten herzustellen, die allerdings fehlschlugen.[3] Am 1. September 1944 erschien jedoch der stellvertretende Ministerpräsident und Finanzminister Ektoras Tsironikos bei Neubacher in Belgrad. Tsironikos informierte Neubacher über die Lage in Athen.

Neubacher fasste Tsironikos' Ausführungen in einem Telegramm an Ribbentrop zusammen, wobei er Tarnbegriffe verwendete: *"In Griechenland ist offenbar im Zusammenhang mit allgemeiner Lage Konkurrenzkampf der beiden grossen Firmen im Gange, wobei alte Firma [GB] [aus] unserer vermuteten Preisgabe des Marktes [Rückzug] Nutzen ziehen will. Tsironikos wurde von griechischen Freunden der alten Firma [GB] vor seiner Abreise darauf angesprochen, ob nicht Möglichkeit Fühlungsnahme alter Firma mit mir bestehe. Geschäftliche Angelegenheit sei wegen Konkurrenz [SU] ausserordentlich heikel, weshalb auf meine*

---

1   Captain John (?) Lodwick war auf Kreta gefangen genommen worden. Er sagte aus, dass er den Auftrag habe, mit dem Kommandanten der Festung Kreta zwecks Entsendung eines deutschen Offiziers nach Kairo Kontakt aufzunehmen. Zweck der informalen Besprechung in Kairo sei es, eine Einigung über die Räumung Griechenlands, Kretas und aller Inseln zu erzielen. OB. Südost/Chef Generalstab Nr. 1947/44 g.K.Chefs. Vom 29. 8. 44 aus: Baerentzen, *Negotiations* , p. 57.

2   Richter, *Lanz*, p. 130.

3   Baerentzen, *Negotiations*, p. 40f.

Person Wert gelegt wird. Griechische Vertrauensmänner der Firma glauben, dass durch eine solche Besprechung eine gegen den griechischen Markt für nahen Termin geplante Sonderaktion [Aufstand] verhindert werden könnte. Tsironikos ist der Meinung, dass gewünschte Unterhaltung über den unmittelbaren Marktbericht hinaus von Wichtigkeit sein könnte. Ich halte angesichts des offenkundigen ausserordentlichen Interesses der alten Firma, totalen Einbruch der Konkurrenz [SU] unter allen Umständen zu verhindern, geschäftliche Vorteile für uns, insbesondere in der Frage der Inseln und südlichen Filialen, für möglich, abgesehen von sonstiger Tragweite einer geschäftlichen Vereinbarung. Bitte um sofortige Vollmacht, diese Angelegenheit zu studieren, wobei meines Erachtenwegen Tempos politischer Entwicklung Eile geboten ist. Das Konkurrenzproblem beherrscht im Augenblick weitgehend den Südostraum, ganz besonders aber den griechischen Markt. Erbitte umgehende Weisung."[1]

Am 2. September berichtete Neubacher, dass britische Agenten nun auch an Ministerpräsident Rallis herangetreten seien und eine Vereinbarung für den Fall eines deutschen Rückzugs anböten. Rallis sei der Meinung, dass die Initiative vom Hauptquartier Nahost in Kairo ausgehe. Er habe versprochen, in 4 bis 5 Tagen zu antworten. Er, Neubacher, halte eine *"Aufklärung dieses Fragenkomplexes durch mich persönlich an Ort und Stelle für notwendig."*[2] Der OB Südost v. Weichs unterstützte Neubachers Vorschlag in einem Fernschreiben an Keitel. Doch bevor Keitel das Fernschreiben Hitler vorlegen konnte, hatte dieser ebenfalls am 2. September schon beschlossen, dass die Militärs wie im Falle von Barnes nichts unternehmen sollten und am 5. September lehnte er auch Neubachers Antrag ab.[3] Die "Verhandlungen" mit Barnes bzw. Zervas waren die einzigen, über die Hitler informiert war; vermutlich sind dies auch jene, von denen Speer etwas erfuhr. Dazu würde auch der von Speer überlieferte Satz Hitlers passen. Hitler verbot aber nicht nur jeden Kontakt mit der anderen Seite, sondern erteilte auch den Kommandeuren in Griechenland Zerstörungsbefehle.

Hitlers Befehl, "Verhandlungen" jeder Art zu unterlassen, dürfte auch mit den Vorgängen in Paris zu tun gehabt haben. Anfang August hatte Hitler General Dietrich von Choltitz zum Wehrmachtsbefehlshaber von Groß-Paris ernannt und ihn beauftragt, Paris gegen die anrückenden Alliierten zu verteidigen. Am 23. August erteilte Hitler den Befehl, dass Paris "nur als Trümmerfeld in die Hand des Feindes fallen" dürfe.[4] Choltitz hatte schon kurz nach seiner Ankunft in Paris am 9. August begonnen, sich den Befehlen Hitlers zu widersetzen, obwohl er wusste, dass seiner Familie Sippenhaft drohte, und hatte mit der anderen Seite, d.h. mit den Alliierten und der französischen Résistance Kontakt aufgenommen. Über den schwedischen Generalkonsul Raoul Nordling handelte er mit dem amerikanischen General Bradly die Kapitulationsbedingungen aus. Mit de Gaulles Hilfe gelang es, die Pariser Kommunisten von einem Aufstand im letzten Moment abzuhalten, der zweifellos zu großen Zerstörungen wie zuvor in Warschau geführt hätte.[5]

In Bezug auf Griechenland darf damit wohl festgestellt werden, dass es keine wie auch immer geartete offizielle Absprache zwischen der deutschen und der britischen Seite gab. Während es genügend Unterlagen über die Kontakte zwischen Barnes und der SOE Nahost gibt, ist man auf britischer Seite über die Tolerierung des deutschen Abzuges sehr schweigsam. Teil-

---

1 Sonderbevollmächtigter Südost für Herrn Reichsaußenminister persönlich. Telegramm, Belgrad Nr, 1865 vom 1. 9. 1944. Aus Baerentzen, *Negotiations*, p. 42 Fußnote 1.
2 *Ibidem*, p. 43 Fußnote 1.
3 Richter, *Lanz*, p. 131.
4 OKW/WFSt/Op. (H) Nr. 77 29 89/44 vom 23. 8. 1944.
5 http://www.choltitz.de

weise wird dies sogar heftig bestritten.[1] Der Abzug wurde stillschweigend gestattet, um die Sowjets aus Griechenland herauszuhalten.

Auch Rallis selbst mischte sich ein: Am 3. September meldete der Militärbefehlshaber Griechenland (Scheuerlen), Rallis habe bei ihm vorgefühlt, ob die deutsche Wehrmacht Interesse daran habe, in Verhandlungen einzutreten, welche Möglichkeit zur Schonung Griechenlands und Vermeidung kommunistischer Aufstände gefunden werden könne und, falls Deutschland überhaupt an eine Räumung des griechischen Raumes denke, wie dies ohne Blutvergießen durchzuführen sei. Diese Initiative gehe von militärischer Seite aus, und zwar nach Rallis' Vermutung von seiten des Hauptquartiers Nahost. Die Heeresgruppe E nahm dazu wie folgt Stellung: *"Alle politischen sich anbietenden Möglichkeiten, um die für den griechischen Raum befohlenen Maßnahmen und die Truppenbewegungen im Zuge der Schwerpunktverlagerung reibungsloser durchführen zu können, müssen weitgehend ausgenützt werden. Hierbei muß versucht werden, die feindlichen Parteien Griechenlands gegeneinander auszuspielen; darüber hinaus entspricht Fühlungsaufnahme und Aufrechterhaltung der Verbindung mit Engländern den mündlich bei Anwesenheit der Oberbefehlshaber gegebenen Weisungen des Führers."*[2]

Auf diese Weisung hin verfügte der OB Südost, dass die Militärs ihre Kontakte auf die bestehenden Verbindungen mit den Partisanen zu beschränken hätten. Alle weiter gehenden Kontakte mit den Briten seien eine Angelegenheit des Sonderbevollmächtigten des AA. Neubacher meldete am 14. September, dass er weisungsgemäß jede Fühlungnahme mit den Engländern verhindern werde. Am selben Tag informierte Jodl den OB Südost, dass Hitler den endgültigen Räumungsbefehl erteilt habe. *"Das passive Verhalten der Briten gegen unseren Abzug aus Griechenland und von den Inseln läßt auf Forderungen Rußlands nach dem gesamten Balkanraum schließen."* Nun folgten Instruktionen über das Verhalten im innergriechischen und interalliierten Konflikt: *"Es liegt nicht in deutschen Interesse, Konflikte und Zusammenstöße zwischen den kommunistischen und nationalen Kräften und damit auch zwischen Angelsachsen und Rußland zu verhindern. Im Einvernehmen mit dem Gesandten Neubacher sind daher aus dem Konflikt der beiden feindlichen Gruppen alle Vorteile für den eigenen Abzug zu ziehen, andererseits aber auch jede Auseinandersetzung beider Gruppen nach deutschem Abzug weitgehend zu fördern."*[3] Mit anderen Worten: Verhandlungen mit der anderen Seite konnten fortgeführt werden, vorausgesetzt sie schadeten der anderen Seite und nützten der eigenen.

Wie diese Taktik angewendet wurde, geht aus einem Telegramm Neubachers vom selben Tag hervor: Rallis hatte dem deutschen Geschäftsträger in Athen die Entsendung von nationalen Einheiten nach Thrakien vorgeschlagen. Neubacher stimmte dieser Absicht zu und übertrug die Leitung dieser Subversionsaktion der Heeresgruppe E. Er fuhr fort: *"Zu Ihrer politischen Unterrichtung teile ich Ihnen mit, dass die von Rallis beantragte Aktion uns geeignet erscheint, die Gegensätze zwischen englischer und Sowjetpolitik im griechischen Raum zu verschärfen. Rallis gegenüber wollen Sie diese Aktion als ein freundschaftliches Zugeständnis an das nationale Griechenland darstellen, wobei uns die antikommunistische Bedeutung einer solchen nationalen Schutzmaßnahme gleichfalls interessiert."* Neubacher gab noch weitere

---

1   Fleischer, *op. cit.,* p. 525 Fußnote 21a.
2   Okdo H.Gr E Ic/Ia Nr. 0176/44 gKdos. Chefs. vom 2. 9. 1944 aus: Richter, *Revolution,* p. 488.
3   OB Südost Ic/AO Nr. 7422/44 gKdos vom 16. 9. 1944 aus: Richter, *Revolution,* p. 489.

Hinweise, wie eine größte politische Wirkung zu erzielen sei.[1] Aus deutschen Unterlagen geht hervor, dass der Versuch in Thrakien tatsächlich unternommen wurde.[2]

Ende September 1944 machte der Ic der Heeresgruppe E deren Haltung zu den Verhandlungsangeboten klar, die von allen Seiten eingingen. Auf sie dürfe nur in enger Zusammenarbeit mit Neubacher reagiert werden. Ausschlaggebend könne nur sein, was den eigenen operativen Maßnahmen den größten Vorteil biete. *"Das Okdo tritt allen Versuchen der gerade von nationalen Griechen gewünschten Wachablösung scharf entgegen und fordert im Gegenteil alle Möglichkeiten, die zum politischen Chaos führen, da auch politisch gesehen eigenen Absichten am meisten gedient ist, wenn ein wenigstens vorübergehend von Kommunisten beherrschtes Athen bei etwaiger Aufgabe durch uns entsteht."*[3]

Am 30. September machte Neubacher seine Politik noch deutlicher: *"Zur Vermeidung von Mißverständnissen [...] die Aufgabensteilung unserer Störpolitik in Griechenland [ist] eine rein negative [...]. Wir sollen jeden Gegensatz verschärfen und soviel Streitfälle und Zusammenstöße als möglich erzeugen. Von einer Parteinahme für die eine oder andere Gruppe kann keine Rede sein. Wir fördern die nationalistische Intervention in Thrazien, solange die Kommunisten die offenkundige Vorhand haben. Selbstverständlich bleibt die Sicherheit unserer Wehrmacht in ihren Absetzbewegungen die oberste Rücksicht. Es geht also nicht darum, Griechenland vor der Bolschewisierung zu retten, sondern ausschließlich darum, den englischrussischen Gegensatz mit allen Mitteln zu verschärfen.[...] Wir können je nach Lage auch an Vereinbarungen mit nationalen Verbänden interessiert sein, welche die ausdrückliche Zustimmung der Engländer finden und daher geeignet sind, die Russen zu provozieren und die Gegensätze zu verschärfen. Fest steht als politische Richtlinie, dass wir in Griechenland Störungspolitik zu betreiben haben."*[4]

Ein Bericht des OB Südost vom 2. Oktober 1944 zeigt wie weit diese Politik in Athen gediehen war: *"Die Verhältnisse in Athen gehen also einer Entwicklung entgegen, die uns nicht unlieb sein kann. Es wird versucht, durch geeignete Maßnahmen (Niederhaltung des Bürgerkrieges in Athen, Propaganda) die feindlichen Parteien so gegenüberzustellen, dass sie mit der Räumung der Stadt aufeinanderprallen."*[5] Vor diesem düsteren Hintergrund müssen nun die Bemühungen von Hampe und Felmy um einen gewaltfreien Abzug interpretiert werden.

Hampe hatte 1937 zusammen mit Ulf Jantzen die von Hitler geförderte Grabung in Olympia geleitet. Im selben Jahr heiratete er Eleni Dragoumi aus der bekannten prominenten Politikerfamilie. 1938 kehrte er nach Deutschland zurück und wurde sofort nach Beginn des Zweiten Weltkriegs zur Wehrmacht eingezogen. Die Habilitationsprüfung fand während eines dreitägigen Urlaubs statt. Mit dem Hinweis auf seine Neugriechich-Kenntnisse verhinderte Hampe, dass er an die Ostfront versetzt wurde. Er wurde nach Griechenland kommandiert. Dort war er zunächst als Dolmetscher und Übersetzer tätig. 1942 war er für ein Jahr in Kreta, wo er an einer Hochzeit teilnahm, bei der auch britische Offiziere anwesend waren. Später war er genau wie Jantzen im Kunstschutz tätig.[6]

---

1   Chef Okdo H.Gr E Ic/AO Nr. 3126/44 gKdos vom 18. 9. 1944 aus: Richter, *Revolution*, p. 489.
2   Ibidem, p. 490. Dazu auch Vaios Kalogrias, *Makedonien 1941-1944. Okkupation, Widerstand und Kollaboration* (Ruhpolding: Rutzen, 2008) *passim*.
3   Chef Okdo H.Gr E Ic/AO Nr. 3257/44 gKdos vom 29. 9. 1944 aus: Richter, *Revolution*, p. 490.
4   Telegramm Neubachers an Höffinghoff vom 30.9.44, aus Richter, *Revolution*, p. 491.
5   OB Südost Ic/AO Nr. 3342/44 gKdos vom 2. 10. 1944 aus: Richter, *Revolution*, p. 491.
6   Zu Hampes und Jantzens Tätigkeit in Kreta Harald Gilbert, *Das besetzte Kreta* (Ruhpolding: Rutzen, 2014), *passim*.

Roland Hampe in WWII

Ulf Jantzen in WWII

Auch Ulf Jantzen, der 1940 zur Wehrmacht einge- zogen wurde, wurde wegen seiner guten Griechisch- kenntnisse wieder nach Griechenland versetzt. Im Oktober 1941 wurde er für den Kunstschutz nach Kreta abgeordnet. Er stoppte einige wilde illegale Gra- bungen der Wehrmacht und richtete das zerstörte Muse- um von Chania in der Mo- schee neu ein. Er erwischte General Müller dabei, als dieser eine Kiste mit einer Statue aus Samos nach Trier schicken wollte, und beschlagnahmte sie. Sie wurde im Athener Nationalmuseum deponiert und nach dem Krieg nach Samos zurückgebracht.[1]

1944 wurden Oberfähnrich (ROA) Hampe und Wachtmeister Jantzen nach Athen versetzt. In der Schlussphase der deutschen Besatzungszeit gehörten beide dem Frontaufklärungstrupp 376 an, Hampe als Zugführer, Dolmetscher und VM-Führer, Jantzen als Dolmetscher und gelegentlich als VM-Führer. Unmittelbar vor dem Abzug hatten beide eine Sonderaufgabe: Sie werteten die vom griechischen Untergrund veröffentlichte Zeitungen und Flugblätter aus. Diese Publikationen enthielten Kampfberichte der griechischen Widerstandsgruppen, Verlaut- barungen der Exilregierung, Nachrichten über die Kriegslage von alliierten Rundfunksendern, Proklamationen usw. Hampe kannte daher die im Sommer 1944 bestehende politische Lage und die drohenden Gefahren weit besser als die meisten anderen Deutschen, die Offiziere und Diplomaten eingeschlossen.[2]

Angesichts dieser Situation verfasste Hampe eine Gefahrenanalyse, die er Mitte August 1944 dem Ic (Feindoffizier, heute G3) des 68. Armeekorps übergab. In diesem Bericht schlug Hampe vor, mit führenden Persönlichkeiten Griechenlands Kontakt aufzunehmen, um so die drohende Gefahr abzuwenden. Hampe hatte es offen gelassen, wen er damit meinte, aber es war klar, dass kaum die Kollaborationsregierung unter Ministerpräsident Ioannis Rallis ge- meint sein konnte. Der Ic war von Hampes Vorschlägen so beeindruckt, dass er den Bericht dem kommandierenden General, Hellmuth Felmy, überreichte, der prompt Hampe zum Vor- trag befahl.

---

1   Ulf Jantzen, *Anekdota* (Kiel: Freunde der Antike, 1990), pp. 16-18: K. Fittschen, *Athenische Mitteilungen* 115 (2000), p. 2f.
2   *Ibidem*, pp. 351-354.

Hampe schlug eine Fühlungsaufnahme mit Persönlichkeiten vor, die weder mit der Widerstandsbewegung noch mit der Kollaborationsregierung etwas zu tun hatten, aber einflußreich waren, also nicht so obskuren Figuren, mit denen die anderen verhandelt hatten. Hampes intime Kenntnis der griechischen politischen Welt kam hier zum Tragen. Er wusste, dass jeder Versuch, Kontakte über die Kollaborationsregierung, sei es Ministerpräsident Rallis oder Vizepremier Tsironikos, herzustellen, sinnlos war, denn die Résistance hätte jeden Kontakt mit ihr abgelehnt. Direkte Kontakte mit der Widerstandsbewegung oder der britischen Seite waren ebenfalls ausgeschlossen. Daher wollte Hampe Erzbischof Damaskinos und den Führer der Liberalen, Themistoklis Sofoulis, einschalten, die auf allen Seiten großes Ansehen genossen und Dinge bewegen konnten. An sie wiederum konnte nur er aufgrund der familiären Beziehungen

General Hellmuth Felmy

seiner Frau herankommen. Felmys bisheriger Chefdolmetscher Stadtmüller[1] verstand zwar viel von Griechenland, hatte aber keine persönlichen Beziehungen. Daher war Hampe der einzige, der für Felmy verhandeln konnte. Felmy selbst wollte den Zerstörungsbefehl Hitlers umgehen. Dies war nur möglich, wenn man durch Verhandlungen die Voraussetzungen schuf, Athen zur "offenen Stadt" zu erklären.[2] Daher erhielt Hampe von Felmy den Auftrag, Kontakte mit allen Seiten aufzunehmen, um dies zu erreichen. Die Erinnerungen Hampes an diese Verhandlungen finden sich in Hampes "Die Rettung Athens im Oktober 1944". Gerhard Weber hat die Verhandlungen wissenschaftlich aufgearbeitet.[3]

In seinem Bericht über die Ereignisse in Athen schreibt Hampe: "*Dass die Erklärung Athens zur Offenen Stadt gelang, obwohl sie von britischer Seite nicht gewünscht wurde, dass dadurch die lebenswichtigen Anlagen von Athen, insbesondere der Stausee von Marathon, gerettet werden konnten, obwohl ihre Zerstörung von höchster deutscher Stelle ausdrücklich befohlen war, muß nachträglich wie ein Wunder erschei-*
nen. Aber dieses Wunder fiel nicht vom Himmel, war auch nicht der Laune des Zufalls zu verdanken, sondern ist durch wochenlange mühsame und zum Teil gefahrvolle Verhandlungen innerhalb verworrener, ja geradezu chaotischer Verhältnisse errungen worden. Dass diese friedliche Lösung gelang, dass die Hauptstadt Griechenlands vor der Zerstörung bewahrt bleiben konnte, das ist auf deutscher Seite dem hohen Verantwortungsgefühl von General Felmy zu danken, auf griechischer Seite der weitblickenden Einsicht von Themistokles Sofoulis

---

3 Später Neuzeithistoriker in München.
4 Im Kriegsrecht bezeichnet "offene Stadt" einen unverteidigten Ort, der besonderen Schutz genießt.
1 Gerhard Weber, *"General Hellmuth Felmy 1885-1968. Griechenland und Irak im Zweiten Weltkrieg"* Diss. (Mannheim 2010).

sowie - bis zu einem gewissen Zeitpunkt - der raschentschlossenen Tatkraft von Erzbischof Damaskinos."[1]

Typisch für die Kalte Kriegszeit, in der Hampe diese Erinnerungen niederschrieb, ist, dass sein Bericht die zurückhaltende Haltung der ELAS nicht erwähnt. So kurz nach dem Ende Bürgerkriegs (1949, 1953) war dies ausgeschlossen.

Hampe erwähnte in seinen Erinnerungen an diese Zeit in Athen seinen Kollegen Ulf Jantzen nicht ein einziges Mal, obwohl er dort mit ihm zusammen war. Auf Seite 98 spricht er von einen Wachtmeister, *"der ihn in den letzten Wochen als Freund und ständiger Helfer und zugleich als Fahrer unseres Wagen zur Seite stand."* In dem Exemplar von Hampes Erinnerungen, das Jantzen besaß, machte er ein Kreuzchen an den Wachtmeister und schrieb unten an die Seite 98 quasi in einer handschriftlichen Fußnote: *"nämlich Ulf Jantzen. R. Hampe untertreibt die Rolle der Hilfskräfte. Ich habe etwas mehr getan, als er sagt. Aber das tat er immer. U. J."* Dieser Wachtmeister war also Ulf Jantzen und er dürfte zu den Verhandlungen durchaus substantiell beigetragen haben. Schließlich sprach auch er Griechisch und kannte das Land so gut wie Hampe, wenn er auch nicht mit einer Griechin verheiratet war. Auch als Felmy schon nach Norden gefahren war, blieben Hampe und Jantzen noch einige Zeit zurück, um sicher zu stellen, dass nicht doch noch im letzten Moment ein Malheur geschah.

Am letzten Abend bat Hampe Sofoulis, dass man ihm Polizisten zur Bewachung des Autos schicke. Die Polizisten kamen. *"Da wir sie auf Griechisch ansprachen und sie uns in der Dunkelheit nicht gleich erkennen konnten, äußerten sie freimütig, dass sie keine Lust hätten, in dieser Nacht noch einem Deutschen einen Dienst zu tun. Wir klärten sie lachend darüber auf, wir selbst seien die Betroffenen und stellten ihnen frei, wieder zu ihrem Revier zurückzukehren."* Sie blieben jedoch da. Jantzen fügte eine weitere handschriftlichen Fussnote auf dieser Seite (100) hinzu: *"nicht wir, sondern ich, U. J. in Zivil, nicht in 'Dunkelheit', sondern in Akzentfreiheit, die R. H. nie erreicht hatte."* Dass Hampe seinen Kollegen Jantzen in seinen Erinnerungen nicht einmal mit Namen erwähnt, ist schäbig, passt aber zu seinem arroganten Verhalten, wie ich aus eigener Erfahrung weiss.

Athen hatte Glück, dass in der entscheidenden Endphase der Besatzungszeit kein nazistischer Fanatiker das Sagen hatte, sondern ein konservativer Berufssoldat alter Schule mit einem Gewissen und - Zivilcourage, der bereit war, ein hohes persönliches Risiko einzugehen, um Athen zu retten. Schließlich war v. Choltitz in absentia zum Tode verurteilt worden. Felmy schaffte es, in Athen eine kampflose Wachablösung durchzusetzen, indem er sich über die mangelhafte Kooperationsbereitschaft der anderen Seite hinwegsetzte und einseitig Athen zur offenen Stadt erklärte. Die dazu notwendige Genehmigung des Wehrmachtführungsstabs erhielt er, weil er aufgrund der von Hampe vermittelten Verhandlungen mit Damaskinos einen freien Abzug erreichte.

Wenn diese Aktion in Athen so erfolgreich über die Bühne ging und die Stadt nicht im letzten Moment sinnlose Zerstörungen erlebte, so ist dies drei Personen zu verdanken: Hellmuth Felmy, Roland Hampe und Ulf Jantzen. Letzterem wurde in der Nachkriegszeit von König Paul für seine Verdienst um Griechenland der Georgs-Orden verliehen. Eigentlich wäre es an der Zeit, dass man dies in Athen honoriert und angemessen anerkennt. Statt dessen wird in letzter Zeit gegen Felmy gehetzt und behauptet, er sei ein Nazi gewesen. Dies hat etwas mit der Finanzkrise zu tun, die massive anti-deutsche Propaganda hervorrief.

Aber nicht nur in Athen gab es Menschen, die letzte sinnlose Zerstörungen verhinderten. In Patras versuchte der Marineoffizier Alexander Magnus mit Hilfe des Vertreters des IRK, des Schwedens Hans Ehrensträle, größere Zerstörungen zu verhindern, was allerdings nur

---

2   Hampe, *op. cit,* p. 99 f.

teilweise gelang, weil sich die Briten nicht an die Abmachungen hielten.[51] Dass Ioannina un-zerstört geräumt wurde, war der Bereitschaft von Lanz zuzuschreiben, sich über Führerbefehle hinwegzusetzen. Bei der Heeresgruppe E in Thessaloniki gab es in der Führung keinen Of-fizier, der letzte sinnlose Zerstörungen verhindern wollte. Dort war es der Chef der Marine-wetterwarte, Georg Eckert, der Führer einer sozialdemokratischen Widerstandsgruppe, der im entscheidenden Moment seinem Verbindungsoffizier zur ELAS die Informationen über die Sprengkabel im Hafengebiet zukommen ließ, so dass diese durchgeschnitten werden konnten und die Hafenanlagen intakt blieben.[2]

Zwar gelang in Athen die Wachablösung, und die erwartete Auseinandersetzung mit der EAM/ELAS blieb aus, denn die Linke erwies sich als ausgesprochen kooperativ. Die Athener Rechte hingegen, die während der Okkupationszeit nichts gegen die Besatzer getan, oft sogar kollaboriert hatte, konnte nur mit Mühe von letzten sinnlosen Gesten abgehalten werden. Ty-pisch sind die von ihren Vertretern Akritas und Zalokostas geäußerten nationalistischen Ti-raden. Hampe schrieb: *"Es ging wieder ein Wortschwall auf mich nieder, der in den Worten des Herrn Akritas gipfelte: 'Wir wollen in Athen nicht an Opfern hinter dem Land zurück-stehen. Wenn die Deutschen Athen zerstören, wird das ein Opfer auf dem Altar der Freiheit sein, nicht nur der Freiheit Griechenlands, sondern der ganzen Welt.' Akritas und Zalokostas wetteiferten nun miteinander, mir etwa fünf Minuten lang von der bevorstehenden Landung, dem Einsatz der gesamten Mittelmeerflotte, alliierten Bombengeschwadern, der Exilarmee zu berichten, welche die Deutschen aus dem Land vertreiben würden. [...] England wolle nun die Scharte auswetzen, die es damals beim Einmarsch der Deutschen erlitten habe."*[3]

Am 12. Oktober 1944 verließen die letzten deutschen Truppen Athen. Am 9. Oktober 1944 hatte sich Churchill im sog. Prozentabkommen mit Stalin die Nachkriegskontrolle über Grie-chenland gesichert und im Dezember 1944 setzte er sie durch die bewaffnete britische Inter-vention endgültig durch, indem er die griechische linke Résistance zerschlagen ließ. Der Traum von der Errichtung einer sozialen griechischen Republik, die mit Großbritannien auf gleicher Augenhöhe verbündet war, war ausgeträumt. Mit seiner Intervention verhinderte Churchill auch eine "Westeuropäisierung" Griechenlands, d.h. die Überwindung des Kliente-lismus. Nicht nur die Monarchie sondern auch der Klientelismus wurden restauriert. Die Folge seiner Politik war dann der Bürgerkrieg von 1946 bis 1949.[4]

Hampe verfasste eine erste Version des Textes 1953.[5] Der vorläufige Titel lautete: "Die kampflose Übergabe von Athen im Oktober 1944." Im Frühjahr 1953 übersandte Hampe das Manuskript dem Historiker Percy Ernst Schramm und seiner Frau Ehrengard Schramm-von Thadden, die Griechenland gut kannte,[6] mit der Bitte zu, ihn betreffend einer möglichen Pub-likation zu beraten. Schramm hatte bei Hampes Vater Karl 1922 promoviert. Beide waren der Meinung, dass das Manuskript unbedingt gedruckt werden sollte und schlugen vor, dass Ham-pe sich wegen der Veröffentlichung an DIE ZEIT zu wenden. Hampe richtete am 20. Mai

---

1   Hermann Frank Meyer, Von Wien nach Kalvryta. Die Blutige Spur der 117. Jäger-Division durch Serbien und
     Griechenland (Möhnesee: Bibliopolis, 2002), pp. 422-438.
2   Heinz Richter, "Sozialdemokratischer Widerstand im besetzten Griechenland: Die Gruppe um Georg Eckert,"
     THETIS, 7 (2000), pp. 237-252.
3   Hampe, op. cit,, p. 64.
1   Heinz A. Richter, British Intervention in Greece: From Varkiza to Civil War, February 1945 -August 1946
     (London: The Merlin Press, 1986).
2   Hampe in einem Brief an Dr. Achim Tobler vom Institut für Besatzungsfragen in Tübingen vom 18. 12. 1954.
     Ich danke Frau Ersi Xanthopoulos ganz herzlich, dass sie mir Zugang zu den Papieren ihres Vaters Roland
     Hampe gewährte.
3   Ehrengard Schramm-von Thadden, Griechenland und die Großen Mächte im Zweiten Weltkrieg (Wiesbaden:
     Franz Steiner, 1955).

1953 eine entsprechende Anfrage an Marion Gräfin Dönhoff.[1] Die Gräfin antwortete am 17. Juni 1953 ablehnend, obwohl sie den Text gerne im Feuilleton abgedruckt hätte, aber er war einfach zu lang für eine Wochenzeitung.[2]

Nun versuchte Hampe den Bericht bei den *Vierteljahrsheften für Zeitgeschichte* in München unterzubringen. Zu diesem Zweck sandte er das Manuskript im Juni an Prof. Arnold Bergstraesser. Dieser war der Meinung, dass der Text für einen Aufsatz etwas lang, für die Schriftenreihe allerdings zu kurz sei. Er werde das Manuskript an Theodor Eschenburg weiterleiten, der im Augenblick die Redaktionsarbeit mache.[3] Eschenburg lehnte am 6. August 1953 aus den von Bergstraesser genannten Gründen ab. 1954 schließlich erklärte sich das Mainzer Institut für Europäische Geschichte bereit, das Manuskript in seine Schriftenreihe aufzunehmen, wo es Anfang 1955 erschien.

General Hubert Lanz

Im Frühjahr 1955 besuchte Hampe Athen. Bei Treffen mit dem deutschen Botschafter, dem ehem. Ministerpräsidenten der Exilregierung, Georgios Papandreou, und Themistoklis Tsatsos, dem ehemaligen Justizminister in derselben Regierung, überreichte Hampe ihnen jeweils ein Exemplar seines Büchleins. *"Im Hause von Herrn Tsatsos fand dann ein Diner statt, zu dem Papandreou sowie der deutsche Botschafter und die Spitzen des griechischen Verfassungsgerichtes geladen waren. Die Anwesenden waren sich darüber einig, dass eine Veröffentlichung in griechischer Sprache unbedingt erfolgen solle, auch wenn die Schrift natürlich manche Angaben enthält, die nicht allen Beteiligten in Griechenland angenehm sein werden."* Hampe traf daraufhin mit der damals auflagenstärksten Tageszeitung Griechenlands, *Athinaïki*, eine Vereinbarung über eine Übersetzung und Veröffentlichung des Buchtextes.[4]

Die Zeitung ließ den Text übersetzen. Die Übersetzung wurde von Hampe und dem griechischen Schriftsteller Ilias Venezis überprüft. Ein Vertrag mit dem Verlag Ikaros sah vor, dass der Text anschließend als Buch erscheinen sollte. Inzwischen verkauften auch einige Athener Buchhandlungen das deutsche Originalbüchlein, was rasch für größeres Aufsehen sorgte und drei andere Zeitungen veranlasste, ebenfalls Übersetzungen anzukündigen. Da diese nicht autorisiert waren, griff die *Athinaïki* ein und stoppte dies. Dies hinderte aber die Athener Tageszeitung *Ta Nea* nicht daran, Auszüge und eine etwas tendenziös gefärbte Inhaltsangabe zu veröffentlichen und die Öffentlichkeit zu Stellungnahmen aufzufordern. Zwei Wochen lang *"erschienen nun Erwiderungen in Großaufmachung, zunächst drei anonyme Hetzartikel, dann sachlichere Stellungnahmen der Betroffenen, die an der Darlegung der Ereignisse selbst nicht rütteln konnten, ihnen aber eine andere Motivierung unterzulegen suchten."*[5]

Die Reaktionen einiger Betroffener waren charakteristisch: Man bestritt und dementierte alles. Dies galt sowohl für die Konservativen als auch die Linken, wie Artikel in der EDA-

4   Hampe an Marion Gräfin Dönhoff am 20. 5. 53.
5   Marion Gräfin Dönhoff an Hampe am 17. 6. 53.
5   Brief Prof. Arnold Bergstraesser an Hampe vom 25. 6. 1953.
6   Brief Hampe an Prof. Dr. Franz Babinger, München, vom 12. 7.1955.
1   *Ibidem.*

Zeitung *Avgi* zeigten. Dort wurde aus parteipolitischen Gründen das vernünftige Verhalten des ehemaligen ELAS-Oberkommandierenden Stefanos Sarafis dementiert, der damals den Befehl erteilt hatte, dass die Wehrmacht Athen kampflos verlassen konnte. Einer der damaligen Gesprächspartner von Hampe, Christos Zalokostas, hatte inzwischen romanhafte Memoiren über jene Ereignisse verfasst, wobei bei ihm der Oberfähnrich Hampe als Major Weber auftaucht[1] und bestritt nun heftig sein von Hampe geschildertes damaliges uneinsichtiges Verhalten. Der ehemalige Vizepremier der Kollaborationsregierung Tsironikos führte die kampflose Räumung Athens auf seine Intervention bei Neubacher zurück und behauptete sogar, dass er in Berlin interveniert habe. Es war ihm offensichtlich nicht klar, dass die Erklärung zur offenen Stadt nur von der militärischen Führung, also vom Wehrmachtsführungsstab ergehen konnte. Seiner Meinung nach hätten die Bemühungen Felmys und Hampes nur dazu gedient, die deutschen Truppen zu retten. Ein ehemaliger Kapetanios der ELAS (Nikandros Kepesis) hielt die Erklärung Athens zur offenen Stadt für lächerlich, da Athen nie befestigt gewesen sei. Die Deutschen hätten diese Erklärung nur aus Furcht vor Angriffen der ELAS abgegeben.

In einer vorbereiteten Entgegnung an *Ta Nea*, die Hampe allerdings nicht mehr einreichte, weil die Zeitung kein Interesse daran zeigte, schrieb er unter anderem, wie wichtig es wäre, in Griechenland ernsthafte objektive Zeitgeschichtsforschung zu betreiben und die Ereignisse jener Jahre objektiv aufzuarbeiten. Dies war ein frommer Wunsch, wie der Verfasser aus eigener Anschauung weiß. Als er 1967 nach Athen kam, um über die Okkupationszeit wissenschaftlich zu arbeiten, erklärte ihm der damalige Ordinarius für neugriechische Geschichte, Apostolos Daskalakis, dass es die historische Disziplin Zeitgeschichte nicht gebe. Alles was jünger als 50 Jahre ist, sei nicht Geschichte, sondern Tagespolitik und werde von den Journalisten kommentiert. Angesichts dieser Haltung sind die oben geschilderten Reaktionen nicht verwunderlich und es ist nicht erstaunlich, dass es in der Tat bis zu den Erschütterungen des Katastrophenjahrs 1974 dauerte, bis endlich auch in Griechenland die Aufarbeitung der jüngsten Geschichte beginnen konnte.

---

2   Christos Zalokostas, *Το χρονικό της σκλαβίας* (Athen: Estia, o.J.), p. 311.

BIBLIOGRAPHIE

A

Akten zur Deutschen Auswärtigen Politik, XII, I, Nr. 221, (Bonn: Hermes, 1964),
ADAP, Serie D, 1937-1945, Band XII, 1 (Göttingen: Vandenhoek & Ruprecht, 1969),
American Council on Public Affairs, (ed), *The Greek White Book. Diplomatic Documents Relating to Italy's Aggression Against Greece* (Washington, 1943),
Alexander Field Marshal of Tunis, *The Alexander Memoirs 1940-1945* (London: Cassell, 1962),
Aly, Götz "Griechische Schuldenlegenden" *Berliner Zeitung* (24. Februar 2015), p. 4.

B

Bickham Sweet-Escott, *Greece. A Political and EconomicSurvey* (London: Royal Institute of International Affairs, 1954)
Breyer, Wolfgang "Dr. Max Merten - ein Militärbeamter der deutschen Wehrmacht im Spannungsfeld zwischen Legenden und Wahrheit" Diss. (Mannheim, 2002),
Buchner, Alex *Der deutsche Griechenland-Feldzug. Operationen der 12 Armee 1941* (Heidelberg: Vowinckel, 1957)
Buchheim, Christoph "Das Londoner Schuldenabkommen", in: Ludolf Herbst (ed.): *Westdeutschland 1945–1955. Unterwerfung, Kontrolle, Integration* (München; Oldenbourg, 1986), pp. 219-229.
Burkhardt, Hans , Günter Erxleben, Kurt Nettball, (eds.), *Die mit dem blauen Schein. Über den antifaschistischen Widerstand in den 999er Formationen der faschistischen deutschen Wehrmacht (1942-1945)* (Berlin: Deutscher Militärverlag, 1982).

C

Ciano, Galeazzo *Diario 1937-1943* (Milano: Rizzoli, 1994)
Clive, Nigel *A Greek Experience 1943-1948* (London: Michael Russell, 1985),
Couloumbis, Theodore et al., *Foreign Interference in Greek Policis. Historical Perspective* (New York: Pella, 1976)

D

Dertinger, Antje *Der treue Partisan. Ein deutscher Lebenslauf: Ludwig Gehm* (Bonn: Dietz, 1989).
Dimitratos, Giorgios *Απολογισμός και απολογία "από του φοβερού βήματος..."* (Athen: Polytypo, 1991),
-, *Απολογισμός και απολογία "από του φοβερού βήματος* (Athens: Polytypo, 1991)
- *Η φιλοσοφία στη μέση εκπαίδευση* (Athen: Gutenberg, 1993).
- *Byzanz in den deutschen Schulgeschichtsbüchern* (Braunschweig, 1966)
- "Η Γερμανική Αντίσταση κατά του Χίτλερ" *Εθνική Αντισταή* 61(1989), pp. 42-45;

E

Eckert, Georg *"Kurze Geschichte des Komitees 'Freies Deutschland' in Saloniki bis November 1944"* written in June 1946. ASD.
- Siedlungsgeographische Beobachtungen aus der Chalkidike (Thessaloniki, 1943)
E.K.D.E.F. (Ed.), Γιώργος Συμ. Δημητράκος (ο Αγωνιστής, ο Δάσκαλος, ο Στοχαστής) (Athen, 1995),
Ergolavos, Spyros *Η δίκη της Πρίντζου και οι εκτελεσμένοι των Ιωαννίνων* (Athen: Sokolis, 1988).

F

Fleischer, Hagen "Zwischen Goebbels und Goethe. 100 Jahre deutsche kulturelle Präsenz in Thessaloniki und Mazedonien" THETIS 5/6 (1999), p. 328.
- "Der Neubeginn in den deutsch-griechischen Beziehungen nach dem Zweiten Weltkrieg und die 'Bewältigung'der jüngsten Vergangenheit", in: Institute for Balkan Studies (ed.), *Griechenland und die Bundesrepublik Deutschland im Rahmen Nachkriegseuropas* (Thessaloniki: IMXA, 1991), p. 94.
- *Im Kreuzschatten der Mächte. Griechenland 1941-1944*, Band 1 (Frankfurt, Bern, New York: Peter Lang, 1986),
- /Despina Konstantinakou, "Ad calendas graecas?", p. 386;

G

Gilbert, Harald *Das besetzte Kreta* (Ruhpolding: Rutzen, 2014),

Gundelach, Karl "Der Kampf um Kreta", in: Hans-Adolf Jacobson, Jürgen Rohwer (eds.), *Entscheidungs-schlachten des Zweiten Weltkriegs* (Frankfurt: Bernard & Graefe, 1969, pp. 95-134.

H

Hansen, Jens Godber *Das Dörpfeld-Gymnasium in Athen. Geschichte und Gestalt einer deutschen Auslands schule* (Kiel: Ferdinand Hirt, 1971), pp. 52ff.

Harstick, Hans-Peter "Georg Eckert: Wegbereiter einer neuen Konzeption von Geschichte in Wisseschaft und Unterricht (1912-1974)", in: Becher, Ursula A. J. und Rainer Riemenschneider, (eds.), *Internationale Ver-ständigung - 25 Jahre Georg-Eckert-Institut für internationale Schulbuchforschung* (Hannover: Hahnsche Buchhandlung, 2000), pp

Hart, Liddell *Jetzt dürfen sie reden. Hitlers Generale berichten* (Stuttgart, 1950),

Holden, David *Greece without Columns. The making of the modern Greeks.* (London: Faber & Faber, 1972),

Hampe, Roland *Die Rettung Athens im Oktober 1944* (Wiesbaden, 1955),

Hitler, *Le Testament Politique de Hitler. Notes receuillies par Martin Bormann* (Paris: Fayard

Hümmelchen, Gerhard "Balkanräumung 1944" *Wehrwissenschaftliche Rundschau* 9 (1959), p. 573.

Hubatsch, Walter (ed.), *Hitlers Weisungen für die Kriegführung 1940-1945* (München: DTV, 1965),

I

IRK: Raport final de la Commission de Gestion pour le Secours en Grèce sous les auspices du Comité International de la Croix Rouge, *Ravitaillement de la Gèce pendant Occupation 1941-1944* (Athen, 1949)

Internationaler Militärgerichtshof, Der Prozess gegen die Hauptkriegsverbrecher vor dem IMG Nürnberg (Nürnberg, 1947)

J

Jarck, Horst-Rüdiger und Günter Scheel (eds.), *Braunschweigisches Biographisches Lexikon 19. und 20. Jahr hundert* (Hannover: Hahnsche Buchhandlung, 1996),

Jantzen, Ulf *Anekdota* (Kiel: Freunde der Antike, 1990)

K

Kalogrias, Vaios *Makedonien 1941-1944. Okkupation, Widerstand und Kollaboration* (Ruhpolding: Rutzen, 2008)

Klausch, Hans-Peter *Die 999er. von der Brigade "Z" zur Afrika-Division 999: Die Bewährungsbataillone und ihr Anteil am antifaschistischen Widerstand* (Frankfurt: Röderberg, 1986).

Koch, Gerhard "Die deutsche antifaschistische Bewegung im griechischen Widerstand während des Zweiten Weltkrieg" Diss. (Jena, 1970);

Kühnrich, Heinz *Der Partisanenkrieg in Europa 1939-1945* (Berlin: Dietz, 1968),

L

Linardatos, Spyros *Apo ton emfylio sti chounta,* II (Athen: Papazisis, 1977)

M

McNeill, William Hardy *Greece: American Aid in Action 1947-1956* (New York: The Twentieth Century Fund, 1957)

Medlicott, William Norton *The Economic Blockade* (London: HMSO, 1959)

Meyer, Hermann Frank "Die Erinnerungen des Hans Wende von 1942 bis 1944" *THETIS 7* (2000), pp. 320-3343

-, *Von Wien nach Kalvryta. Die Blutige Spur der 117. Jäger-Division durch Serbien und Griechenland* (Möhnesee: Bibliopolis, 2002),

Metaxas, Ioannis *To prosopo tou imerologio,* Vol. IV (Athens, 1960), p.

Molho, Michael *In Memoriam. Hommage aux victimes juives des Nazis en Grèce* (Salonique, 1948).

Molho, Rena *Der Holocaust der griechischen Juden. Studien zur Geschichte und Erinnerung* (Bonn: Dietz, 2016),

N

Neubacher, Hermann *Sonderauftrag Südost 1940-1945. Bericht eines fliegenden Diplomaten* (Seeheim: Buch kreis, 1966),

P

Papagos, Alexander *The Battle of Greece 1940-41* (Athen: Alpha Editions, 1949)

R

Richter, Heinz A. "Zwischen Tradition und Moderne: Die politische Kultur Griechenlands!, in: Peter Reichel (ed.), *Politische Kultur in Westeuropa. Bürger und Staaten in der Europäischen Gemeinschaft* (Bonn: Bundeszetrale, 1984), pp. 145-166
- *British Intervention in Greece. From Varkiza to Civil War, February 1945 to August 1946* (London: Merlin Press, 1985),
- *Η επέμβαση των Άγγλων στην Ελλάδα* (Athen. Estia, 1997).
- *Griechenland zwischen Revolution und Konterrevolution, 1936-1946* (Frankfurt: EVA, 1973),
- "Another type of European democracy: the political culture of Greece", in: Idem, *Greece in the 20th Century. Collected articles* (Wiesbaden: Harrassowitz, 2021), pp. 8-12
- *Operation Merkur. Operation Merkur. Die Eroberung der Insel Kreta im Mai 1941* (Mainz: Rutzen Verlag, 2011)
- *Griechenland im Zweiten Weltkrieg* (Bodenheim: Syndikat, 1997),
- *Η μάχη της Κρήτης* (Athen: Govostis, 2011).
- Griechische Verteidigungsanlagen 1941. Die Metaxas-Linie (Wiesbaden: Harrassowitz, 2021).
- *Greece in World War II 1939-1941*(Wiesbaden: Harrassowitz, 2020)
- *Geschichte Griechenlands im 20. Jahrhundert, Vol. I, 1900-1939* (Mainz: Rutzen, 2015),
- "Georg Dimitrakos" *THETIS* 7 (2000), pp. 253-284.
- *Griechenland im Zwanzigsten Jahrhundert*, I (Köln: Romiosini, 1990)
- (ed.), *Griechenland 1942-1943. Erinnerungen von Elisabeth und Konstantinos Logothetopoulos* (Ruhpolding: Rutzen, 2015)
- *Griechenland im Zweiten Weltkrieg, August 1939 - Juni 1941* (Bodenheim: Syndikat, 1997)
- "The events of 11 July 1942 and the Expropriation of the Jewish Cemetary", in: Idem. *German-Greek Relations 1940-1960 and the Merten Affair* (Wiesbaden. Harrassowitz, 2019), pp. 19-25.
- *Aspekte neugriechischer Geschichte. Gesammelte Aufsätze* (Wiesbaden: Harrassowitz, 2018),
- *Mythen und Legenden in der* griechischen Zeitgeschichte (Ruhpolding: Rutzen-Verlag, 2016),
- *German-Greek Relations 1940-1960 and the Merten Affair* (Wiesbaden: Harrassowitz, 2019), pp. 91-93
- *Geschichte Griechenlands im 20. Jahrhundert, II, 1939-2004* (Ruhpolding: Rutzen, 2015)
- "General Lanz, Napoleon Zervas und die britischen Verbindungsoffiziere," *Militärgeschichtliche Mitteilungen*, 1 (1989), pp. 111-138
- "Sozialdemokratischer Widerstand im besetzten Griechenland: Die Gruppe um Georg Eckert," *THETIS*, 7 (2000), pp. 237-252.
- *British Intervention in Greece: From Varkiza to Civil War, February 1945 -August 1946* (London: The Merlin Press, 1986).

Roth, Karl Heinz *Griechenland am Abgrund. Die deutsche Reparationsschuld* (Hamburg: VSA, 2015).

S

Sakkas, John "The League for Democracy in Greece and the Greek Civil War, 1946-49", *Thetis* 3 (1996), p. 248f.
Santorini, Evgenios "Αναμνήσεις από την προπολεμική Γ. Σ. Α." *Der Dörpfeldianer* 9 (1995), p. 22.
Sarafis, Stefanos *in den Bergen von Hellas* (Berlin: Deutscher Militärverlag, 1964)
Schramm, Percy Ernst (ed.), *Kriegstagebuch des Oberkommandos der Wehrmacht (Wehrmachtführungsstab)*, IV, 1, *1. Januar 1944-22. Mai 1945* (Frankfurt: Bernard & Graefe, 1961),
Schramm-von Thadden, Ehrengard *Griechenland und die Großen Mächte im Zweiten Weltkrieg* (Wiesbaden: Franz Steiner, 1955).
Seckendorf, Martin *Die Okkupationspolitik des deutschen Faschismus in Jugoslawien, Griechenland, Albanien, Italien und Ungarn (1941-1945)* (Heidelberg: Hüthig, 1892)

Sievers, Rosemarie *"Deutscher Widerstand in Griechenland - Versuch einer Deutung"* MS (Braunschweig, 1969)

Speer, Albert *Erinnerungen* (Frankfurt: Propyläen, 1969)

Spiliotis, Susanne-Sophia *Der Fall Merten, Athen 1959: Ein Kriegsverbrecherprozeß im Spannungsfeld von Wiedergutmachungs- und Wirtschaftspolitik* MA-Arbeit (München, 1991),

Stavrianos, Leften S, *The Balkans since 1453* (New York: Rinehart & Winston, 1965)

Student, Kurt *Kreta - Sieg der Kühnsten. Vom Heldenkampf der Fallschirmjäger* (Berlin, 1942),

U

United States, Department of State, *Foreign Relations of the United States 1945,* VIII (Washington: Government Printing Office, 1969)

V

Vafeiadis, Markos *Απομνημονύματα*, III, *1944-1946* (Nea Synora, 1985),

W

Weber, Gerhard *Hellmuth Felmy. Stationen einer militärischen Karriere* (Ruhpolding; Rutzen, 2010).

- "Zu den Generalsprozessen. Unterschiede der Verfahren und Urteile über deutsche Besatzungsgeneräle in Griechenland" *Thetis* 18 (2011), p. 267.

- *"General Hellmuth Felmy 1885-1968. Griechenland und Irak im Zweiten Weltkrieg"* Diss. (Mannheim 2010).

Wittner, Lawrence S. *American Intervention in Greece 1943-1949* (New York: Columbia UP, 1982)

Woodhouse, C. M. *The Struggle for Greece, 1941-1949* (London: Granada, 1976),

X-Z

Zafeiropoulos, D. *Ο αντισυμοριακός αγών* 1945-1949 (Athen, 1956),

Zalokostas, Christos *Το χρονικό της σκλαβίας* (Athen: Estia, o.J.)

Zapantis, Andrew *Greek-Soviet Relations 1941* (New York: Co

Namensindex

A

Acheson, Dean	85
Adenauer, Konrad	88
Alexander, General	12
Atatürk	9
Athanasios, Genios	34

B

Bakirtzis, Evripidis	35
Bakopoulos	13
Barnes, Tom	106, 108
Bauer; Fritz	82
Beckmann, Helmut	57
Blücher, Franz	89
Burckhardt, Carl	73

C

Carol, König	104
Castrucio, Guiseppe	79
Choltitz, Dietrich v.	110
Chrysochoou, Guvewrneur	72
Chrustschow, Nikita	76, 87
Churchill, Winston	85
Clodius, Carl	95
Cremer, Ernst	29, 32, 33
Couloumbis, Theodore	8
Cvetković	10

D

Dalton, Hugh	21
Daskalakis, Apostolos	118
Diamantopoulos, Symon	85
Dimitrakos, Georgios	22, 31, 32, 44-69
Dimitrakos, Stavros	43, 48
Dimitrakos, Ioannitsa	40
Dönhoff, Marion Gräfin	117

E

Eckert, Georg	22, 23, 24, 25, 27, 28, 30, 35, 44, 49
Eden, Anthony	15, 2
Ehrensträle, Hans	115
Erhard, Ludwig	77, 88
Eichler, Dr.	29

F

Faatz, Fred	22, 39. 40, 41
Felmy, Hellmuth	20, 112
Fleischer, Hagen	67, 102
Flume, Dr.	54
Formozis, P. E.	26
Formozis, Smaragda	26, 30
Freisler, Roland	70

G

Gehlen	84
Gehm, Ludwig	22
Ghigi, Pelegrino	94
Georg II., König	46
Glezos, Manolis	91
Globke	87
Göring, Herrmann	14, 16,
Gotzamanis, Sotirios	94

H

Hahn, Paul	99
Hammer, Major	25
Hampe, Roland	105
Hansch, Ernst	36, 37, 39
Hell, Elisabeth	18
Heinemann, Gustav	75
Hitler, Adolf	12, 13, 14, 15, 17, 23, 29; 70
Holden, David	7
Höhne, Ernst	54
Hoover, Herbert	21
Hull, Cordell	21

I-J

Jantzen, Ulf	112, 106, 113

K

Karamnanlis	76
Karvela, Dimitra	65
Kepesis, Nikandros	118
Kielmayer, Direktor	47
Klinsporn, Walter	107
Kordt, Botschafter	55, 89
Koretz, Cevi	28

L

Lange, Admiral	25
Lanz, Hubert	107

Lavdas, Georgios 76, 86
Lenthe, Gebhard 107
Leyherr, Oberst 30
List, Wilhelm 17, 19, 20
Logothetopoulos, Konstantinos 18, 99, 100
Loehr, Generaloberst 25

M
MacVeagh 85
Magnus, Alexander 115
Marbach, Kriegsverwaltungsrat 72
Mackensen, Botschafter 95
Markezinis 88
Mathiopoulos, Vasos 76
Merten, Max 70-84
Metaxas, Ioannis 9
Michalakis, Asterios 107
Möckel, Pastor 57
Moyne, Lord 74, 108
Myers Brigadier 7

N
Neubacher, Herrmann 94-98, 112
Nordling, Raoul 110

P
Pangalos, Theodoros 45
Papalygouras, Panagiotis 89
Papanastasious, Alexandros 45
Papandreou, Andreas 91
Papandreou, Georgios 117
Papathansiou, Ioannis 40
Paragioudakis, Manousos 16
Papagos, Alexandros 13
Parisius, Theodoros Dr. 71
Paulus, Friedrich 16
Posser, Dieter 80
Pyromaglou, Komninos 7

R
Roeske, Kurt 57, 59
Rith, Karl-Heinz 91
Ritter, Karl 97
Romain, Direktor 66

S
Schimana, HSSPF 66

Schmidt, Kapitänleutnant 30
Schramm von Thadden, Percy Ernst 117
Schumacher, Kulturattache 55
Schuster, Admiral 25
Sikelianos, Angelos 58
Simon, Wolfgang 41
Skibbe, Bruno 31, 33
Snell, Bruno 46
Suilkay, Erzchet 70
Sweet-Escott, Bickham 19
Student, Kurt General 14

T
Thälmann, KPD 35
Tsatsos, Konstantinos 78
Tsirimokos, Ilias 79
Tsironikos, Ektoras 109
Tsolakoglou, Georgios 47, 93
Tzimas, Andreas 60

V
Vafeiadis, Markos 35
Vasilas, Thanasis 48
Venizelos, Eleftherios 20
Vrettos, Konstinaos 83

W
Waley, David 99
Weichs, Feldmarschall 106
Welferinger, Johann 41
Weizsächer, Richard v. 60
Wisliceny, Dieter 73

X-Z
Ypsilantis, Thomas 75
Zachariadis, Nikos 50
Zalokostas 116, 118
Zeidler, Joachim 57
Zervas, Napoleon 106

Band 112   Heinz A. Richter, History of the Island of Cyprus. Part 4: 1965–1977. 766 pages, hc, 80,- Euro,
            ISBN 978-3-447-11734-0
Band 111   Heinz A. Richter, History of the Island of Cyprus. Part 3: 1959–1965. 524 pages, hc, 60,- Euro,
            ISBN 978-3-447-11695-4
Band 110   Heinz A. Richter, History of the Island of Cyprus. Part 2: 1950–1959. 534 pages, hc, 60,- Euro,
            ISBN 978-3-447-11659-6
Band 109   Heinz A. Richter, History of the Island of Cyprus. Part 1: 1878–1949. 436 pages, hc, 60,- Euro,
            ISBN 978-3-447-11643-5
Band 108   Heinz A. Richter, Cyprus in the 19th & 20th Century. 180 pages, hc, 30,- Euro,
            ISBN 978-3-447-11629-9
Band 107   Heinz A. Richter, Greece in the 20th Century. 208 pages, hc, 30,- Euro, ISBN 978-3-447-11627-5
Band 106   Heinz A. Richter, The Turkish Straits in International Politics 1900–1917. 270 pages, hc, 40,-
            Euro, ISBN 978-3-447-11591-9
Band 105   Heinz A. Richter, Greek Military Lines of Defence 1941. 94 pages, hc, 35,- Euro,
            ISBN 978-3-447-11589-6
Band 104   Heinz A. Richter, History of the Cypriot Left. 218 pages, hc, 35,- Euro, ISBN 978-3-447-11566-7
Band 103,2 Heinz A. Richter, History of Greece in the 20th Century. 442 pages, hc, 49,- Euro,
            ISBN 978-3-447-11539-1
Band 103,1 Heinz A. Richter, History of Greece in the 20th Century. 320 pages, hc, 40,- Euro,
            ISBN 978-3-447-11538-4
Band 102   Heinz A. Richter, History of the Greek Left. 526 pages, hc, 59,- Euro, ISBN 978-3-447-11526-1
Band 101   Heinz A. Richter, Greece 1950–1974. 528 pages, hc, 59,- Euro, ISBN 978-3-447-11502-5
Band 99   Heinz A. Richter, Greece 1940-1950. 400 pages, hc, 49,- Euro, ISBN 978-3-447-11455-4
Band 98   Eckhard Lisec, Turkish Armed Forces. 154 pages, hc, 30,- Euro, ISBN 978-3-447-11438-7
Band 97   Heinz A. Richter, Greece in World War II. 1939–1941. 422 pages, hc, 45,- Euro,
            ISBN 978-3-447-11436-3
Band 96   Heinz A. Richter, Macedonia 1915–1918. 190 pages, hc, 39,- Euro, ISBN 978-3-447-11422-6
Band 95   Heinz A. Richter, Gallipoli 1915. 270 pages, hc, 45,- Euro, ISBN 978-3-447-11393-9
Band 94   Heinz A. Richter, Griechische Verteidigungslinien 1941. Die Metaxas-Linie. 100 Seiten, gb,
            30,- Euro, ISBN 978-3-447-11378-6
Band 93   Heinz A. Richter, Operation Mercury. 308 pages, hc, 45,- Euro, ISBN 978-3-447-11323-6
Band 92   Heinz A. Richter, Greece 1947–1967. 120 pages, hc, 30,- Euro, ISBN 978-3-447-11255-0
Band 91   Heinz A. Richter, Greece 1936–1946. 192 pages, hc, 35,- Euro, ISBN 978-3-447-11241-3
Band 90   Heinz A. Richter, German-Greek Relations 1940–1960. 108 pages, hc, 30,- Euro,
            ISBN 978-3-447-11177-5
Band 89   Heinz A. Richter, Modern Greek Myths. 104 pages, hc, 19,80 Euro, ISBN 978-3-447-11165-2
Band 88   Heinz A. Richter, Aspekte neugriechischer Geschichte. 132 Seiten, gb, 30,- Euro,
            ISBN 978-3-447-11132-4
Band 87   Heinz A. Richter, The Greeks in the Ottoman Empire 1913–1923. 188 pages, 32 plates, 74
            photos, 4 maps, 40,- Euro, ISBN 978-3-447-11150-8
Band 86   Heinz A. Richter, Die Griechen im Osmanischen Reich 1913–1923. 198 Seiten, gb, 40,- Euro,
            ISBN 978-3-447-11131-7
Band 85   Heinz A. Richter, The Ottoman Empire in World War I until the peace in 1923. 222 pages, hc,
            40,- Euro, ISBN 978-3-447-11045-7
Band 84   Heinz A. Richter, Das Osmanische Reich im Ersten Weltkrieg bis zum Friedenschluss 1923.
            242 Seiten, gb, 40,- Euro, ISBN 978-3-447-11038-9
Band 80   Heinz A. Richter, Die türkischen Meerengen in der internationalen Politik 1900–1917.
            274 Seiten, gb, 40,- Euro, ISBN 978-3-447-10915-4
Band 79   Heinz A. Richter, Geschichte der zypriotischen Linken. 254 Seiten, gb, 30,- Euro,
            ISBN 978-3-447-10867-6
Band 78   Harald Gilbert, Der Krieg in der Ägäis 1943–1944. 332 Seiten, gb, 40,- Euro,
            ISBN 978-3-447-10913-0
Band 77   Heinz A. Richter, Geschichte der griechischen Linken. 558 Seiten, gb, 50,- Euro,
            ISBN 978-3-447-10846-1
Band 76   Heinz A. Richter, Hellas und Zypern in meinem Leben. 179 Seiten, gb, 30,- Euro,
            ISBN 978-3-447-10769-3

Band 74	**Heinz A. Richter, Mythen und Legenden in der griechischen Zeitgeschichte.** 116 Seiten, gb, 19,80 Euro, ISBN 978-3-447-10703-7
Band 73	**Heinz A. Richter, The Greek-Turkish War 1919–1922.** 211 pages, hc, 30,- Euro, ISBN 978-3-447-10671-9
Band 72	**Heinz A. Richter, Griechisch-türkischer Krieg 1919–22.** 222 Seiten, gb, 30,- Euro, ISBN 978-3-447-10656-6
Band 71	**Johannes Fouquet, Lydia Gaitanou (Hg.), Im Schatten der Alten?** 193 Seiten, gb, 40,- Euro, ISBN 978-3-447-10450-0
Band 70	**Heinz A. Richter (Hg.), Griechenland 1942–43.** 320 Seiten, gb, 28,- Euro, ISBN 978-3-447-10460-9
Band 69	**Heinz A. Richter, Griechenland 1945–1946.** 456 Seiten, gb, 49,- Euro, ISBN 978-3-447-10533-0
Band 68	**Heinz A. Richter, Griechenland 1915–1917 im Spiegel russischer Akten.** 118 Seiten, gb, 28,- Euro, ISBN 978-3-447-10612-2
Band 67,2	**Heinz A. Richter, Geschichte Griechenlands im 20. Jahrhundert.** 480 Seiten, gb, 49,- Euro, ISBN 978-3-447-10398-5
Band 67,1	**Heinz A. Richter, Die Geschichte Griechenlands im 20. Jahrhundert.** 360 Seiten, gb, 40,- Euro, ISBN 978-3-447-10396-1
Band 66,1	**Heinz A. Richter, Reinhard Stupperich (Hg.), Von Mainz nach Kreta im Winter 1942–43.** 128 Seiten, gb, 32,- Euro, ISBN 978-3-447-10304-6
Band 65,2	**Heinz A. Richter, Der Krieg im Südosten: Band 2: Makedonien 1915–1918.** 207 Seiten, gb, 35,- Euro, ISBN 978-3-447-10249-0
Band 65,1	**Heinz A. Richter, Der Krieg im Südosten: Band 1: Gallipoli 1915.** 294 Seiten, gb, 42,- Euro, ISBN 978-3-447-10118-9
Band 64	**Harry Cliadakis, Fascism in Greece.** 152 pages, hc, 32,- Euro, ISBN 978-3-447-10188-2
Band 63	**Harald Gilbert, Das besetzte Kreta. 1941–1945.** 404 Seiten, gb, 49,- Euro, ISBN 978-3-447-10186-8
Band 62	**Joachim Franz, Rosmarie Günther, Reinhard Stupperich (Hg.), „Ein Wald von Statuen".** 300 Seiten, gb, 37,- Euro, ISBN 978-3-447-10302-2
Band 61	**Mihailo St. Popović, Historische Geographie und Digital Humanities.** 221 Seiten, gb, 32,- Euro, ISBN 978-3-447-06950-2
Band 60	**Heinz A. Richter, Griechenland 1950–1974.** 549 Seiten, gb, 49,- Euro, ISBN 978-3-447-06908-3
Band 59	**Heinz A. Richter, Griechenland 1940–1950.** 484 Seiten, gb, 49,- Euro, ISBN 978-3-447-06704-1
Band 58	**Thorsten Kruse, Bonn – Nikosia – Ostberlin. Innerdeutsche Fehden auf fremden Boden 1960–1972.** 399 Seiten, gb, 49,- Euro, ISBN 978-3-447-06766-9
Band 57	**Ekrem Akurgal, Erinnerungen eines Archäologen.** 224 Seiten, gb, 35,- Euro, ISBN 978-3-447-06875-8
Band 56	**Alexander Papageorgiou-Venetas, In Focus: Athens. Im Brennpunkt: Athen.** 232 Seiten, gb, 44,- Euro, ISBN 978-3-447-06721-8
Band 55	**John Sakkas, Britain and the Greek Civil War 1944–1949.** 159 pages, hc, 30,- Euro, ISBN 978-3-447-06718-8
Band 54	**Heinz A. Richter, Operation Merkur.** 319 Seiten, gb, 49,- Euro, ISBN 978-3-447-06423-1
Band 53	**G. R. Wright, Cypriot Connections.** 214 pages, hc, 39,90 Euro, ISBN 978-3-447-06301-2
Band 52	**Gerhard Weber, Hellmuth Felmy. Stationen einer militärischen Karriere.** 341 Seiten, gb, 45,- Euro, ISBN 978-3-447-06299-2
Band 51	**Maria Deoudi, Die thrakische Jägerin.** 202 Seiten, gb, 35,- Euro, ISBN 978-3-447-06213-8
Band 50	**Heinz A. Richter, A Concise History of Modern Cyprus 1878–2009.** 287 pages, hc, 35,- Euro, ISBN 978-3-447-06212-1
Band 49	**Heinz A. Richter, Kurze Geschichte des modernen Zypern 1878–2009.** 330 Seiten, gb, 35,- Euro, ISBN 978-3-447-06211-4
Band 48	**Lucie Bonato, Maryse Emery, Louis Dumesnil de Maricourt.** 308 pages, relié, 35,- Euro, ISBN 978-3-447-06128-5
Band 47	**Mustafa Bulba, Geometrische Keramik Kariens.** 282 Seiten, gb, 35,- Euro, ISBN 978-3-447-06132-2
Band 46	**Hans-Martin Kirchner, Friedrich Thiersch.** 286 Seiten, gb, 35,- Euro, ISBN 978-3-447-06123-0
Band 45	**Mihailo St. Popović, Mara Branković.** 254 Seiten, gb, 32,- Euro, ISBN 978-3-447-06124-7
Band 44	**Alfons Kitzinger, Ohne Schwert und Kugeln.** 140 Seiten, gb, 32,- Euro, ISBN 978-3-447-05941-1

Band 43   **Glafkos Clerides, Negotiating for Cyprus 1993–2003**. 170 pages, hc, 30,- Euro,
           ISBN 978-3-447-05989-3

Band 42   **Wolfgang Decker, Die Wiederbelebung der Olympischen Spiele**. 202 Seiten, gb, 30,- Euro,
           ISBN 978-3-447-05988-6

Band 41   **Heinz A. Richter, Geschichte der Insel Zypern**. 808 Seiten, gb, 65,- Euro,
           ISBN 978-3-447-05943-5

Band 39   **Vaïos Kalogrias, Okkupation, Widerstand und Kollaboration in Makedonien 1941–1944**.
           383 Seiten, gb, 42,- Euro, ISBN 978-3-447-05985-5

Band 38   **Tim Potier, A Functional Cyprus Settlement: the Constitutional Dimension**. 764 pages, hc,
           49,- Euro, ISBN 978-3-447-05984-8

Band 37   **Heinz A. Richter, Geschichte der Insel Zypern**. 644 Seiten, gb, 49,- Euro,
           ISBN 978-3-447-05983-1

Band 36   **Ina E. Minner, Ewig ein Fremder im fremden Lande**. 436 Seiten, gb, 42,50 Euro,
           ISBN 978-3-447-05982-4

Band 35   **Heinz A. Richter, Geschichte der Insel Zypern**. 665 Seiten, gb, 49,- Euro,
           ISBN 978-3-447-05981-7

Band 34   **Sozos-Christos Theodoulou, Bases militaires en droit international: le cas de Chypre**. 148 pa-
           ges, relié, 28,- Euro, ISBN 978-3-447-05980-0

Band 33   **Alexander Jossifidis, Die slawophonen Griechen Makedoniens**. 290 Seiten, gb, 38,- Euro,
           ISBN 978-3-447-05979-4

Band 32   **Makarios Drousiotis, Cyprus 1974**. 278 pages, hc, 38,- Euro, ISBN 978-3-447-05978-7

Band 30   **Moshe Ha-Elion, The Straits of Hell**. 120 pages, hc, 21,50 Euro, ISBN 978-3-447-05976-3

Band 29   **Heinz A. Richter, Geschichte der Insel Zypern**. 498 Seiten, gb, 42,50 Euro,
           ISBN 978-3-447-05975-6

Band 28   **Reinhard Stupperich (Hg.), Nova Graecia**. 258 Seiten, gb, 32,- Euro, ISBN 978-3-447-05974-9

Band 27   **James Ker-Lindsay, Britain and the Cyprus Crisis 1963–1964**. 143 pages, hc, 24,50 Euro,
           ISBN 978-3-447-05973-2

Band 26   **Peter Loizos, The Greek Gift**. 326 pages, hc, 36,50 Euro, ISBN 978-3-447-05972-5

Band 24   **Nicolas D. Macris (Ed.), The 1960 Treaties on Cyprus and Selected Subsequent Acts**. 212 pa-
           ges, hc, 32,50 Euro, ISBN 978-3-447-05971-8

Band 23   **Elena Pogiatzi, Die Grabreliefs auf Zypern von der archaischen bis zur römischen Zeit**.
           307 Seiten, gb, 44,50 Euro, ISBN 978-3-447-05970-1

Band 22   **Vassilis K. Fouskas, Heinz A. Richter (Eds.), Cyprus and Europe**. 212 pages, hc, 32,50 Euro,
           ISBN 978-3-447-05969-5

Band 21   **Alexander Papageorgiou-Venetas, Städte und Landschaften in Griechenland zur Zeit König
           Ottos 1833–1862**. 280 Seiten, gb, 49,- Euro, ISBN 978-3-447-05968-8

Band 19   **Hubert Faustmann, Nicos Peristianis (Eds.), Britain in Cyprus**. 660 pages, hc, 49,- Euro,
           ISBN 978-3-447-05966-4

Band 18   **Michael A. Attalides, Cyprus**. 226 pages, hc, 35,- Euro, ISBN 978-3-447-05965-7

Band 16   **Emanuel Turczynski, Sozial- und Kulturgeschichte Griechenlands im 19. Jahrhundert**.
           586 Seiten, gb, 49,50 Euro, ISBN 978-3-447-05964-0

Band 15   **Ioanna Spiliopoulou-Donderer, Kaiserzeitliche Grabaltäre Niedermakedoniens**. 338 Seiten,
           gb, 37,50 Euro, ISBN 978-3-447-05963-3

Band 14   **John Charalambous, Alicia Chrysostomou, Denis Judd, Heinz A. Richter, Reinhard
           Stupperich (Eds.), Cyprus: 40 Years on from Independence**. 199 pages, hc, 29,- Euro,
           ISBN 978-3-447-05962-6

Band 13   **Andreas Stergiou, Im Spagat zwischen Solidarität und Realpolitik**. 199 Seiten, gb, 32,70 Euro,
           ISBN 978-3-447-05961-9

Band 12   **Hermann Frank Meyer, Von Wien nach Kalavryta**. 556 Seiten, gb, 49,- Euro,
           ISBN 978-3-447-05960-2

Band 11   **Alexander Papageorgiou-Venetas, Eduard Schaubert 1804–1860**. 192 Seiten, gb, 39,90 Euro,
           ISBN 978-3-447-05959-6

Band 10   **Ingeborg Huber, Die Ikonographie der Trauer in der Griechischen Kunst**. 271 Seiten, gb,
           34,80 Euro, ISBN 978-3-447-05958-9

Band 9   **Claude Nicolet, United States Policy Towards Cyprus 1954–1974**. 483 pages, hc, 42,90 Euro,
           ISBN 978-3-447-05957-2

Band 8   **Karl Giebeler, Heinz A. Richter, Reinhard Stupperich (Hg.), Versöhnung ohne Wahrheit?**
          98 Seiten, gb, 19,90 Euro, ISBN 978-3-447-05956-5
Band 7   **Özdemir A. Özgür, Cyprus in My Life**. 174 pages, hc, 24,50 Euro, ISBN 978-3-447-05955-8
Band 6   **Michael Wedde, Towards a Hermeneutics of Aegean Bronze Age Ship Imagery**. 356 pages, hc,
          46,- Euro, ISBN 978-3-447-05954-1
Band 5   **Joachim G. Joachim, Ioannis Metaxas**. 367 pages, hc, 32,20 Euro, ISBN 978-3-447-05953-4
Band 4   **Evangelos Chrysos, Dimitrios Letsios, Heinz A. Richter, Reinhard Stupperich (Hg.),
          Griechenland und das Meer**. 222 Seiten, gb, 24,50 Euro, ISBN 978-3-447-05952-7
Band 3   **Volker Heenes, Die Vasen der Sammlung des Grafen Franz I. von Erbach zu Erbach**.
          131 Seiten, br, 25,50 Euro, ISBN 978-3-447-05951-0
Band 2   **Heinz A. Richter, Griechenland im Zweiten Weltkrieg 1939–1941**. 456 Seiten, br, 49,- Euro,
          ISBN 978-3-447-06410-1
Band 1   **Ingrid Krauskopf, Heroen, Götter und Dämonen auf etruskischen Skarabäen**. 146 Seiten, br,
          14,90 Euro, ISBN 978-3-447-05950-3